南开政治学丛书

# 卡斯尔雷的对欧政策

## （1812—1822）

### 霍　特　著

南开大学出版社

天　津

**图书在版编目(CIP)数据**

卡斯尔雷的对欧政策:1812～1822 / 霍特著.—天津:
南开大学出版社,2012.12
(南开政治学丛书)
ISBN 978-7-310-04055-1

Ⅰ.①卡… Ⅱ.①霍… Ⅲ.①卡斯尔雷(1769～1822)
－对外政策－研究 Ⅳ.①D856.10

中国版本图书馆 CIP 数据核字(2012)第 243583 号

### 南开大学出版社出版发行

**出版人:孙克强**

地址:天津市南开区卫津路 94 号 邮政编码:300071

营销部电话:(022)23508339 23500755

营销部传真:(022)23508542 邮购部电话:(022)23502200

\*

河北昌黎太阳红彩色印刷有限责任公司印刷

全国各地新华书店经销

\*

2012 年 12 月第 1 版 2012 年 12 月第 1 次印刷

230×155 毫米 16 开本 13.625 印张 2 插页 200 千字

### 定价:28.00 元

如遇图书印装质量问题,请与本社营销部联系调换,电话:(022)23507125

# 摘　要

　　18、19 世纪之交,作为拥有制海权的岛国外交大臣,卡斯尔雷是英国历史上最具欧洲色彩的伟大政治家,具有同时代的英国人当中没有的广阔的欧洲观和世界观。卡斯尔雷出生于爱尔兰的贵族家庭,早年在爱尔兰议会供职,曾担任爱尔兰总督的秘书。1798 年,爱尔兰爆发反英起义,他执行英国首相小皮特的命令,将爱尔兰议会并入英国议会,并从此供职于英国政府。1802 年,他担任殖民事务督察委员会主席,1807 年改任陆军大臣。1809 年,因与时任外交大臣的坎宁决斗,卡斯尔雷被迫辞职。

　　1812 年 2 月,卡斯尔雷复出就任英国外交大臣。卡斯尔雷不同于他的同僚和国人是因为他具有良好的意识能力,愿意考虑其他人的观点,愿意使英国的政策适应欧洲的现实和需要。卡斯尔雷不仅显示出良好的意识和克制,而且显然对欧洲感兴趣,愿意倾听他们和与他们工作。1812—1813 年的形势是如此飘忽不定,以至一步的失招就可能使拿破仑挽救他的制度。因此关键是卡斯尔雷的 1814 年 1 月的大陆之行。卡斯尔雷以机智圆通、临事镇静的本领,在弥合分歧方面创造了奇迹。他的努力终于得到了回报,"结果就是卡斯尔雷艰辛和耐心寻求的普遍同盟条约最终实现了"。1814 年 3 月 9 日,四大国签订了《肖蒙条约》,日期倒填为 3 月 1 日。他们很快地认识到它是欧洲新秩序的基础。"肖蒙是非凡的英国成就,为胜利和平和战后安全奠定了基础。"①

肖蒙会议后,形势如卡斯尔雷所希望的那样发展。波旁王朝得以复辟,并签订了温和的第一次巴黎和约。在伦敦会议上,卡斯尔雷又悄悄地以对英国和欧洲有利的方式解决了许多难题。在维也纳会议上,卡斯尔雷直接违背了训令,积极投身于重建欧洲均势的谈判中。在关键时刻的果敢表明了一位政治家的负责任的观念:机会一旦失去就无法挽回。重建了欧洲均势。"胜利的前提是全力以赴,而稳定的前提是自我约束。"②百日事变后,他成为克制的主要倡导者之一,阻止了"绝对安全"的诱惑。再次与法国缔结了温和的和约,保持了四国同盟,建立了欧洲协调,为战后大国合作管理欧洲秩序奠定了基础。

在 1818 年的亚琛会议上,卡斯尔雷说服了不愿把英国卷入会议制度中去的自己的同胞,挫败了沙皇建立团结同盟的方案。会议找到了解决欧洲政治紧迫问题的方法。撤出了占领军,法国履行了条约并加入大国协调。亚琛会议证明了会议外交的有效性,消除了彼此间的误解,再次展现了良好的愿望不言自明的益处。卡斯尔雷充满信心地表示:"我真的觉得,这是欧洲政治中的一种新发现,一下子消除了外交方面模糊人们眼界的那些陈腐的污垢⋯⋯使各大国的协商富有成效,几乎像处理一个国家的事务那样单纯。"③1820 年的西班牙革命爆发时,他联合其他大国,抵制了沙皇对同盟的解释,促使他们放弃了干涉计划。

然而,意大利革命使俄奥走到一起,结果造成了干涉。卡斯尔雷强烈抨击这种政策。是他第一个明确表示英国反对将同盟用于这种目的的立场。希腊革命的发生使英奥恢复了合作,联合制止沙皇干涉希腊的企图。虽然希腊人的遭遇令人同情,但帮助他们会导致欧洲的混乱。沙皇最终退缩了,和平得以拯救。

当卡斯尔雷准备参加维罗纳会议时,他已经有了一个解决西班牙、

---

①　Paul Schroeder, The Transformation of European Politics 1763 — 1848, Oxford, Clarendon Press,1994, p.501.

②　Henry A. Kissinger, A World Restored,Gloucester,Mass. ,1973, p.138.

③　H. G. Schenk, The Aftermath of The Napoleonic Wars :the Concert of Europe — an Experiment , London,Kegan Paul, 1974, p.126.

南美革命和希腊的综合方案。然而长期的过度紧张工作使他心力憔悴，导致精神错乱而自杀。由于其政敌和自由主义作家的长期诋毁，卡斯尔雷蒙受了不白之冤。他的政策非常高明，但超出本国人民的经验太远，不能得到举国拥护。因此，政治家必须是教育家；他必须填补本国人民的经验和自己的预见之间、本国的传统和其未来之间的鸿沟。卡斯尔雷的性格不能博取公众对他政策的支持。虽然他创立的"会议制度"归于失败，但这种在处理国际事务时的协商精神为处理近代国际关系提出了可供探索的新思路。

**关键词**　卡斯尔雷　欧洲均势　四国同盟　会议制度　欧洲协调

# 目　录

# 导　论

## 0.1　论文题目及其界定

　　卡斯尔雷是 19 世纪英国杰出的外交家和卓越的国务活动家,是 19 世纪初期英国对外政策的制定者和实施者,与他的前辈相比,他是那样的卓异不凡。1812－1822 年,卡斯尔雷在托利党政府任外交大臣,并任下院领袖,在政府和议会中起主要作用。在反对拿破仑的侵略战争中积极组织反法同盟,协调盟国间的关系,为最终战胜拿破仑作出了巨大的贡献。并在维也纳会议上,在缔造维也纳体系的过程中起到了举足轻重的作用。为维护该体系,他首创"欧洲协调"机制,维护了欧洲各国间的合作,维持了欧洲近半个世纪的和平。他是"欧洲列强共同行动"的组织者,倡导多边主义,建立国际联盟的先驱。这是国际关系史上国际和平与合作的第一次伟大的尝试。然而,由于他的做法与英国的外交传统相悖,也无法得到国内政府与议会的有效支持,最终无法贯彻和实施自己的对外政策,导致精神极度紧张而自杀。卡斯尔雷的十年的对欧政策既取得了成绩也遭受了失败,毁誉参半。本书的研究主题是卡斯尔雷的对欧政策,包括他的外交思想和外交实践,兼顾1815 年前与后的异同,但着重于他 1815 年后的对欧政策。

　　选题原因与价值:

本人与导师商讨关于研究方向与论文写作的问题。作为国际政治专业的学生,外交一直是我个人的兴趣之所在。而外交与战争一样,也是构成传统国家间关系的主要内容。导师一直致力于国际关系理论与国际关系史的研究,在这方面有着很深的造诣和修养。所以,就决定在国际政治和外交方面选择研究课题。

外交和国际政治的关系是很密切的,甚至是相互依存、相互包容。"外交"广义上是指一个国家或国家集团的对外政策及其实施,狭义指对外政策的一种工具。国际政治指的是国际行为主体围绕权力和利益实施外向决策的活动,及其相互作用形成的有机整体。"国际"政治是客观存在的,而不是一国政府的行为。一国政府针对国际政治的现状和趋势所作出的回应就是"外交"了。对外交政策的研究属于特殊性的研究,它具有针对性强的特点,因而也就更多着重实用性价值;而国际政治具有普遍性、一般性的特点,其价值在于其基础性和根本性。当然其各自的优点正是另一方缺点的所在。令人欣喜的是,存在某些选题处于两种类型的交叉之中,既具有特殊性,能提供某种具体而实用的信息,又能提供基础性、普遍性的国际政治理论研究。19 世纪,英国杰出的外交家卡斯尔雷的对欧政策就是这样一个具有双重价值的研究课题。

一方面,外交是塑造和维持国际政治格局的重要手段之一,它是掌握在国家手中的最有力的武器。任何一个国家,如果不愿意在其他国家中间处于不利的地位,不愿意别的国家靠牺牲它来壮大自己,它就不能没有精心布置和组织良好的外交事务,历史这样教导我们,而现代国际局势也证明了这一点。作为国家对外工具的外交的作用,任何时候都是非常之大的。外交活动在极大的程度上影响着国家的命运,若能巧妙地利用这一强有力的工具,就会取得巨大的效果。许多国际间的灾祸,都和原因不同的拙劣外交有关。而外交政策的制定和执行是无法离开外交官的。每个国家都需要有一批能忠诚和熟练地维护本国利益,能帮助本国政府及时弄清有关国家国内发生的变化,能正确地执行本国的对外政策的富有经验和教养的外交官。毫无疑问,英国的近代外交史给我们提供了丰富的材料。在同拿破仑的斗争中,英国主要是依靠它的外交和财政资源而最终取得胜利的。英国只是在个别时期才使用自己的武力,而在其余全部的时间内,它都运用外交手腕来唆使一个个大陆国家去反对拿破仑。在战后的安排中,英国又取得了巨大的成绩。这一切都离不开 1812 年出任外交大臣的卡斯尔雷,他巧妙地运用外交技巧设法将脆弱的反法联盟一直维系到取得反法战争的最后胜利,并成功地在维也纳会议上达成一项既能符合英国利益和要求,又能在相当一段时间内确保欧洲的均势与稳定的解决办法。为此,丘吉尔盛赞卡斯尔雷,称他那"对大陆事务所表现出来的不温不火的、松弛而平衡的姿态,将成为尔后近一个世纪内的英国外交政策的最好不过的特色"。

另一方面,国际政治是外交政策制定和实施的重要依据。战争与和平的交替转折,一种新格局的形成,一个突发的国际事件等等,都会迫使一个国家改变其外交政策的思路。外部压力可以促进国内的团结,由于需要一致对外而取强硬立场;也可因外部压力太大而内部的"抗压力"不足相抵而取妥协姿态,或者对外政策上作相应的若干调整,拿破仑战争中英国同法国签订的亚眠和约即属此;国际局势发生了重大的变化,原有格局被打破,外交政策随之作相应的调整。拿破仑战争彻底地打破了威斯特伐里亚体系,导致了国际格局的大变化。当时欧洲各大国都不得不调整对外政策的思路寻求能够"与时俱进"的外交策略,而在这方面,英国的外交政策无疑是杰出的代表。当前人类正处于世界格局大转换的前所未有的时期。由于苏联解体,美苏冷战的两极格局结束,世界格局正在向多极化演变,国际政治进入了一个新的阶段。在世界格局转换的过渡时期,研究卡斯尔雷的对欧政策及其对国际合作体制所作出的贡献,有助于国家主动把握历史转折,及时调整对外政策战略,适时捕捉有利的历史机遇,在新的格局中占据有利的位置。

## 0.2　论文的基本研究方法

姑且不论地理因素是否决定外交政策的首要因素,在解释一国外交政策的连贯性时,地缘政治的作用毋庸置疑。一国可以更换其领导人或政治制度或经济制度,但无法改变自己的地理位置。经典现实主义的杰出代表汉斯·摩根索不仅强调地理是国军强权所依据的最稳定的因素,且指出所有国家都必须考虑到这个因素,不管它对政治决策的意义在今天怎样不同于别的历史时期。① 此外,地缘政治还以权势(特别是权势的军事方面)为基本概念、以安全或同安全有关的权势扩张为基本价值取向,把国家行为置于全球框架之中进行总体把握。所以,地缘政治理论是用以阐释英国外交传统及卡斯尔雷对欧政策连贯性的基本方法。

同样的,以权势为中心的均势论也是论文的基本研究方法。历史上,几乎所有的大国要在无政府的国际体系中求得生存、自主和安全,一项基本的战略就是缔造均势,以遏制任何一个有实力且有野心主宰国际体系的大国的谋霸努力。就论文而言,均势理论不仅揭示了英国在国际体系结构中的位置,且最本质地揭示了英国和卡斯尔雷在海外超越均势、在欧洲大陆塑造均势的内在机理②,从而合理地解释了英国既谋求霸权又反对霸权这两者看似自相矛盾的政策的内在统一性。

国际机制③理论是阐释欧洲协调的基本理论依据。欧洲协调被视为"安全机制的最好例子"。其中一个显著的特点在于它与英国外交传统存在着巨大的反差。英国在和平时期对欧洲大陆不承担义务,除非遇到重大紧急情势,那它就要公开干涉欧洲事务,同时尽可能不担负更多的义务,而保持"均势"。卡斯尔雷认为,在一场毁灭性的战争后所建立的国际秩序,惟有靠国际社会所有主要成员,尤其是国内主导人物积极参与,始能获得保障。对它而言,安全必然是集体的。不论英国对个别问题持何种观点,维持整体和平即维持整体均势理应符合英国整体

---

① 〔美〕汉斯·摩根索:《国际纵横策论——争强权、求和平》,上海译文出版社,1995年,第151页。

② 有关均势自动生成论及其重大缺陷的论述,参见时殷弘:《国际政治——理论探究·历史概观·战略思考》,当代世界出版社,2002年,第147—169页。

③ "国际机制"英文为 International Regimes,国内学者也有把它译为"国际制度"、"国际体制"的,但据南京大学任东来教授考证,应该译为"国际体制"最为合适。参见任东来:《对国际体制和国际制度的理解和翻译》,《国际问题研究》2006年第6期。本文沿用研究中的一般译法"国际机制"。

利益。他首创"欧洲协调"机制,在和平时期保持一个大国同盟,并且时常集会协商国际事务,以预防和阻止侵略的发生。鉴于本书的研究对象和研究特点,本书拟采用史学、国际关系史和外交史的传统方法来展开研究,在可能之处将历史考察与国际政治理论性思考相结合。具体而言,首先是通过对原始资料(指外交档案、文件集、日记、通信录等)进行考证。对原始资料要采取慎重的态度,因为那些编辑和写出来的东西部分的是为了给别人、包括后人看的,因而都有愿让人知道但其实并不完全真实的东西。所以要对这些原始资料进行鉴定,作严格的分析批判,对具体的历史史实,尽可能求得准确无误。其次,对有关卡斯尔雷外交政策的专著和论文认真阅读,仔细比较。不同的作者对同一事件和同一人物所持的观点不尽相同,有的甚至截然相反。这就需要笔者有独立的判断能力,得出尽量符合事实的结论。再次,要把卡斯尔雷的对欧政策放到工业革命的发展、自由主义的勃兴、旧的国际体系瓦解和新的国际体系的创建的大背景中去考虑,体现出在历史的转折关头,卡斯尔雷的外交思想和外交实践的得失,使后人得到更好的借鉴。

## 0.3　关于卡斯尔雷与其对欧政策研究的历史与现状

自卡斯尔雷辞世以来,一百多年来,西方世界对卡斯尔雷其人和他的外交政策的解读、研究与接受,也经历了反复的波动。由于卡斯尔雷本质上比较保守,漠视公众舆论,而且他的名字是与欧洲复辟时代、欧洲反动分子的名字紧紧联系在一起的。所以,不但辉格党和自由主义作家对他公开攻击,甚至一些保守人士对他也评价甚低。当时唯一的例外就是19世纪后期的曾任英国外交大臣和首相的索尔兹伯里侯爵。1862年他发表文章,其中不乏对卡斯尔雷的批评,但同时对他表示了深切的同情。即使如此,他仍得出结论,认为卡斯尔雷的影响随着他的去世而终结,没有在外交事务上的追随者。另一方面,他相信卡斯尔雷是英国对外政策的制定者中一个里程碑似的人物,他的政策应为人们所尊重。

直到 20 世纪初期,这一状况才得到根本的改变。而在这一领域作出卓越贡献的是 C. K. Webster 教授,他是 20 世纪初期英国著名的对外关系史方面的学者,长期致力于卡斯尔雷任外交大臣时列强对外政策史的研究。他熟悉关于卡斯尔雷的大量史料,除外交档案外,他作为历史学家还第一个接触了温泽和伦敦德里的档案,此外他还研究过巴黎、维也纳、汉诺威和圣彼得堡的有关文献,单以资料而论他的著作极有价值。早在 1912 年他就发表了一篇文章,极其缜密地证明了卡斯尔雷在掌握英国对于西班牙及其反叛的美洲帝国的政策时具有高度的原则性和灵活性。1913 年他向皇家历史学会宣读了一篇论文,以更大的胆识称赞卡斯尔雷在促成维也纳会议解决波兰萨克森问题上表现出的勇气和治国之才。此时,Webster 已确立了自己的权威地位。随着一战的爆发,他的工作也一度中断。1918 年 5 月,他奉外交部之命为预期中的和会准备背景材料。他的工作是编写一本有关维也纳会议的概述。关于这次会议,正如他自己所说,还不曾有过一本精辟的有学术价值的历史著作。他用 11 个星期的时间写出了这本优秀的著作,以后一直是论述这个题目的权威著作。《维也纳会议 1814—1815》是简洁的典范,文中列有年表,对会议背景及其机构、工作、结果进行了精湛的考察,还提供了一个到 1815 年底为止的外交发展的梗概及一个附录。该书之凝练,令人敬佩,清新朴实而不沉闷单调。书中大部分资料来自 Webster 在战前的文献调查,见解无疑是他个人独有的。有两点特别突出:卡斯尔雷几乎在每个争端中居有主导性的重要地位,以及体面地阐述了 1814—1815 年的解决方案。如果说作者似乎给了这位英国外交大臣以过多的荣誉,那么他后来的著作将使持怀疑态度的人相信他的见解是正确的。然而 Webster 丝毫没有顾此失彼,他直接写到卡斯尔雷最初在波兰萨克森问题上的失败、对来自内阁的不容更改的命令的不予服从,以及在处理西西里和那不勒斯的问题时踌躇不决。当 1919 年条约的失败开始为人们所认识时,这位历史学家对 1815 年条约所作的含蓄的辩护显得更加适合。Webster 虽然简单复述了一下对早期那个解决方法带有某些责难,但是指出:"任何一个时代的主动精神,很少能被在其中生活的活动家作出正确的判断。"他还推测:"如果有人企图用当时人民和政治家均理解的十分片面的民族和民主的模糊原则来代替那些使欧洲团结起来反对拿破仑的种种成文或不成文的协定,结果必然会是灾难性的。"Webster 在复员时已完全确立外交史家的地位。战后,他应剑桥某一团体之请,选编了一部关于 1813－1815 年英国政策的文件集(British Diplomacy 1813－1815)。关于这个时期,过去从拿破仑方面研究相当充分,而从盟国方面探讨相对较少。在查阅了外交部的五万多份文件以及已发表的卡斯尔雷与威灵顿的文书之后,Webster 出版了这部有用的文件集。导言篇幅不长,却又给了他一次机会来强调卡斯尔雷外交的崇高性质,实际上即卡斯尔雷政治家才能的崇高性质。与此同时,Webster 还参编了由 G. P. Gooch 和 A. W. Ward 主编的三卷本的《剑桥英国对外政策史 1783－1919》。这是一部大型概括性著作,作者们选择地吸收了从 18 世纪以来几乎所有对外史方面的研究成果,阅读了大量的蓝皮书,外交家们的私人档案,1870 年以前外交部的一些档案,乃至一些外国史料。著作前言明确宣布是根据官方的观点阐述的对外政策问题。由于此书资料丰富,内容广泛,长期以来被推崇为对外政策方面的权威性著作,并列为重要的教学参考书。Webster 为该书撰写了有关 1813－1815 年欧洲媾和的部分。在那里,Webster 再次证明卡斯尔雷在指导反对拿破仑的决定性努力中的伟大之处,尽管作者承认这位固执的托利党人最不善适应战争中获得解放的新的力量,也承认他的主要错误不是在忽视了不准备给以承认的民族原则,而是在对流行起来的制度缺乏信任。1924 年 7 月 Webster 完成了关于卡斯尔雷对外政策研究的第一卷。他选择 1815－1822 年主人公当外交大臣的第二阶段生涯开始叙述,这反映了他在国际联盟头几年对国际体系的高度关注。这本书是根据欧洲主要国家首都档案馆的三四十万份信件、公文和备忘录写成的。作者并没有想写成一部传记,因为卡斯尔雷作为个人,无论是对同时代人还是对历史学家都是难以琢磨和理解的。确切地说,作者研究的是卡斯尔雷的对外政策,并坦率地声明他的观点是英国观点。这本书是以年代先后为序、按专题为基础编撰的,对于背景和人物预先作了细致分析,另外还有一个附录,其体例与 Webster 后来的著作一样。Webster 的主题远不止是确认了一位英国已谢世一个世纪的伟大政治家的地位。他还力求说明,最早的一种国际体系,如何使列强保持了若干年的和睦,卡斯尔雷开创了会议外交的思想,并且使这种方法在一个时期起了作用。如果他没有死,那么一旦他遭迫害,也许还会得以恢复。这种体系是卡斯尔雷的同胞所不理解,即使理解也未必会赞成的体系。在论述这个主题时,Webster 强调在推翻拿破仑的过程中那些曾经同甘共苦、甚至长期在一起吃住的政治家们特殊的亲密关系。到 1815 年,卡斯尔雷已在那些君主和大臣中获得一种优势地位。在维也纳会议上,正是他"在引导,而梅特涅在跟随"。卡斯尔雷对欧洲事务的控制在 1818 年达到了顶点。在那里,卡斯尔雷说服了不愿意英国卷进大国重新结盟的长久体系中去的自己的同胞,挫败了沙皇的计划。在 1819—1820 年德意志人骚动时期,卡斯尔雷不动声色而又卓有成效地支持了奥地利,从而使俄国不敢轻举妄动。1820 年伊比利亚半岛发生革命时,卡斯尔雷又成功地抵制了沙皇的干涉计划。虽然他还为国内国王与王后之间的困难问题而伤透了脑筋,但如往常一样,他的稳健外交仍达到了目的。然而卡斯尔雷在 1821 年遭到了一次惨重的失败。Webster 认为,国际体系由一些大国干涉小国内政的诱惑而被瓦解,可能是难以避免的。卡斯尔雷强烈抨击这种干涉政策,是卡斯尔雷而不是坎宁第一个明确表示英国反对将神圣同盟用于这种目的的立场。还有卡斯尔雷虽然有时对威尔伯福斯和圣徒们取缔奴隶贸易变得不耐烦,但他在这项事业中的工作是认真的,切合实际的,并且是成功的。在该书的结尾,Webster 认为卡斯尔雷已经有一个解决西班牙、希腊和拉美问题的综合性方案。然后作者叙说了卡斯尔雷精神崩溃以及自杀的悲惨故事。他坚持认为,是过度紧张的工作使卡斯尔雷心力憔悴,并无其他原因。结束叙述时,作者回顾了其主人公的声望由默默无闻到崭露头角的过程,认为这种状况完全是由于他的继任者坎宁以及辉格党和自由主义作家的诋毁造成的。这时 Webster 在全面记录下卡斯尔雷的功绩之后,概述了一下反对他的情况。然而,即使他设想的国际合作体系是一个不可能实现的任务,但"他为自己确立的目标是这样的崇高伟大,他在克服遇到的重重困难中作出的努力是这样的英勇顽强,以至不能不对他富有胆略的政治家才能肃然起敬"。尽管卡斯尔雷性格内向,沉默寡言,作为一个个人我们对他无从了解,但就其工作而言,卡斯尔雷"不仅值得他的同胞而且值得人类向他致以谢意"。1924—1931 年期间,他还觅出时间完成了一部卡斯尔雷 1812－1815 年掌管英国外交的历史。他在一战前已收集了大部分材料，但由于战后外交档案的开放，他必须访问得累斯顿和慕尼黑，并再次查阅巴黎、维也纳和柏林的档案。而且他还可以利用伦敦德里的档案了。该书于 1931 年 1 月完成，该书与前一卷一样极为出色，他完全是根据文件紧扣按年代划分的主题编纂而成。作者考察了 1812－1813 年的形势，当时的情况是如此飘忽不定，以至一步失招就可能使拿破仑得以挽救他的制度，甚至在莱比锡大战之后，拿破仑仍有可能瓦解盟国。值此关键时刻，卡斯尔雷亲赴大陆，最终签订了肖蒙条约，加强了盟国的团结，确保了战争的终结，并为大国在即将来临的岁月中的合作奠定了基础。

　　Webster 对维也纳会议的论述和以前的相同但更加详尽，根据也更为充分。Webster 再次强调卡斯尔雷的勇敢和机敏，当在波兰萨克森问题的危机中取得惊人胜利后，一切都遵从他的意见。他确保了四国同盟，这样大国之间依然相互制约，并且有义务继续保持会议外交的体系。该书结尾对卡斯尔雷和维也纳解决办法作了非常精辟的评价。Webster 在权衡褒贬之后用这样的论断结束全书："对于英国那个不共戴天的被推翻，对于以确保英国享有最持久和平的方式来缔造一个新欧洲，卡斯尔雷做出的贡献比他那个时代任何别的政治家都要多。这些成就足以使他永远置身于他的国家最伟大的外交大臣之列。"该书同上一本书一样获得了广泛的赞誉。

　　与 Webster 同时期的 W. Alison Phillips 在 1914 年出版了《The Confederation of Europe》一书。该书试图推翻由于前几代人的偏见和无知而加之于卡斯尔雷身上的肤浅判断，恢复他在英国和欧洲历史上的崇高地位。这是第一次在一本书中包含了对卡斯尔雷的好评。一战后，他又参编了《剑桥英国对外政策史 1783－1919》有关 1816－1822 年欧洲会议时期的大国外交的章节。该书引用了大量外交档案，进一步阐述了卡斯尔雷为维护欧洲和平作出的巨大贡献。R. W. Seton－Watson 是当时与 Webster 齐名的著名的国际关系史学家，是伦敦斯拉夫学派的成员之一，长期致力于研究 19 世纪欧洲列强的外交。1931 年出版了他的名著《Britain in Europe》。作者花费了 30 年时间，收集和阅读了英国和欧洲大陆的文件、备忘录和通信录等，依据大量的原始材料并吸收了当时对该领域研究的最新成果,独自一人完成了这样一部皇皇巨著。该书相当清晰、明确地阐述了 1815—1874 年英国同法俄的关系,尖锐地批评了 19 世纪西方列强对中近东的争夺。在论述到卡斯尔雷的时候,他认为近代历史上没有一个英国政治家像卡斯尔雷那样被当时的人所误解。尽管他有崇高的品格、非凡的外交才能,但是他漠视公众舆论,比较保守,与他的后继者坎宁相比,在这方面无疑逊色很多。同时 Watson 指出卡斯尔雷是尝试创建国际组织的先驱者,同时代的英国人当中无人像卡斯尔雷那样具有广阔的欧洲观和世界观。毫无疑问,Watson 的观点是客观而公正的。

1945 年以后,在研究卡斯尔雷的著作中亨利·基辛格的观点是非常引人注目的。1957 年在他的博士论文《A World Restored》中,强调了梅特涅追求稳定的社会国际秩序和卡斯尔雷寻求有效的均势机制之间的互动关系。虽然有的史实不太准确、依据不太充分,但包含了重要的和有影响力的观点。他肯定了卡斯尔雷对组建反法联盟和维持战后欧洲和平所作出的贡献,但认为他的历史地位并不重要。在 20 世纪 90 年代出版的《Diplomacy》一书中,基辛格又重申了自己的观点。他认为"卡斯尔雷不但与同时代的英国人见解不同,甚至与整个英国近代的外交政策都格格不入。他未留下典范,没有英国政治家曾以他为榜样"。W. N. Medilicott 教授在《British Foreign Policy Since Versallies》一书中也持同样的观点。而温斯顿·丘吉尔的看法与上述二人截然相反。在《英语国家史略》一书中,他认为"卡斯尔雷在重建欧洲的使命中扮演了重要角色。在实现公正和体面的和平这一过程中,他的意见具有决定性的作用"。

就马列主义思想体系而言,由于恩格斯认为"对拿破仑的胜利就是欧洲的君主国对法国革命的胜利",维也纳会议是一次分赃会议,欧洲从此进入了反动时期。作为维也纳体系创建者之一的卡斯尔雷的命运也可想而知。前苏联学者认为卡斯尔雷的政策有助于在欧洲建立封建的反动势力,特别批判了卡斯尔雷政策中的反俄倾向。

在我国,关于卡斯尔雷时期英国的对外政策迄今为止国内的研究著述并不多见。尤其以当时英国外交政策的主要决策者及执行者卡斯尔雷为切入点的更少,只在国际关系史的著作和通史性的著作中略有提及。王绳祖先生主编的十卷本《国际关系史》中,对这时期欧洲各国关系及英国在国际事务中的对策都有章节阐述,但多以事件为主,较少涉及卡斯尔雷个人。蒋孟引先生主编的《英国史》和王觉非先生主编的《近代英国史》论及卡斯尔雷的更少。只有陈乐民先生主编的《西方外交思想史》中,对卡斯尔雷的外交思想略作点评,并认为他"为英国外交确立了实用主义和功利主义的基本原则"。目前为止,笔者只见到两篇系统阐述卡斯尔雷对外政策的文章:朱寿庆《论卡斯尔雷的欧洲政策》(载于《山东师大学报》1996 年第 3 期)和他的《论卡斯尔雷的对欧政策》(载于《四川师大学报》2002 年第 5 期)。两篇文章的观点是一致的,认为卡斯尔雷是英国历史上一位颇具才干的外交家、出色的国务活动家,同时也指出了他的历史和阶级的局限性。总之,长期以来,国内对卡斯尔雷的研究并未深入展开,尚处于有待开拓的状态。

## 0.4　论文的准备、已取得的初步进展与可能的贡献

本书的一个先天不足就是语言上的障碍。当时的外交语言是法语,而本人没有学习过法语,这是一个无法弥补的缺陷。好在很多重要的文献有英译本和中译本,可以部分地弥补其不足。研究国际关系史应当尽可能地利用第一手史料,其中档案尤为宝贵,因为其中绝大部分是机密性质的文件。只有批判地研究这些文件,才能充分、具体地理解一国对外政策的制定和国际谈判的经过。研究一个问题,最好能同时阅读相关几个国家的档案,经过比较对照,去伪存真,去粗取精,才能避免单纯阅读一方材料产生的片面性,得出比较客观公正的结论。虽然不具备这样的条件,但关于这一时期的文件集、传记和回忆录等在国内还是可以找到的。此外,大量的专著和一些颇有价值的论文,笔者已收集到很多。尤其是通过电子期刊的检索,我又直接找到了相关的文章几十篇,对这些资料的整理消化工作仍在进行之中,其中重要的部分大多进行了摘录和翻译。

国内外关于欧洲协调的研究并不多,有关卡斯尔雷在创建该机制中所起的作用尤少。本书将首先把欧洲协调作为一项国际机制来看

待,结合国际机制理论和均势理论来分析欧洲协调产生的原因,以及维持该机制运行的正常条件。其次,一个完整清晰的卡斯尔雷的对欧政策将是本书对卡斯尔雷外交政策研究的一个贡献。再次,把当代西方尤其是英语世界的最新成果引入本书中,也是对国际关系史研究的一种贡献。最后,将立足于本书对卡斯尔雷外交政策的理解,探讨在世界格局转变之际,良好的外交素质对实现国家战略目标的重要贡献。

# 第1章 近代英国国家外交传统的形成

## 1.1 路易十四称霸图谋的失败与英国世界性权势的兴起

"地理位置和距离可以极大地影响国家的行为。"[①]英国四面环水、隔英吉利海峡与欧陆相望的岛国地理位置及其特定的经济/社会特征奠定了它的宏大战略,即外交政策的总方针。这一方针基于它的重大利益、这些利益面临的潜在威胁,以及如何利用现有的经济、军事和政治实力保护这些利益的根本方式。最概括地说,英国的宏大战略包含两个相辅相成的主要方面。

一是海洋战略。正如马汉所说:"如果一个国家的位置既不是在陆地上保卫本国,也不是被诱使利用陆地来设法扩充领地,那么与以大陆作为部分边界的民族相比,这个国家可以通过将其目标集中地指向海洋而取得优势。"[②]海洋战略在近代英国的崛起过程中起到了至关重要的作用,近代英国的强盛与英国海上力量的崛起基本上是同步的。繁荣的海外贸易促进了英国经济,刺激了航海业和造船业的发展,为国家财政提供了资金,同时它还是通向殖民地的生命线,而殖民地不仅为英

---

① 〔美〕小约瑟夫·奈:《理解国际冲突》,上海人民出版社,2002年,第51页。
② 〔美〕马汉:《海权论》,中国言实出版社,1997年,第29页。

国的产品提供了广阔的市场,还为英国提供了充足的原料。在英国自现代早期开始的主要战略目标中间,"首当其冲的是依靠保有对英吉利海峡的控制来防止入侵,第二项是保护英国的海外贸易和鼓励殖民地的发展"①。这样,"贸易、殖民地和海军组成了一个'良性三角',他们之间相互作用,保证了英国的长期优势"②。

英国国家大战略的另一目标是在几百年间逐渐形成的,亦即在于阻止任何欧洲强国取得欧陆霸权。③ 英国基于其历史经验,相信任何有能力亦有意愿主宰欧洲的大国迟早会倾其力量征服英伦三岛。毕竟英国是欧陆的一个"近邻",狭窄的英吉利海峡不足以经久阻止欧陆霸国致命地威胁英国的国家安全。因此英国的大战略中还有一个同海洋战略同等重要的方面——大陆战略,即在拥有强大的海军以维护英国本土及海外属地并确保海上交通线安全的同时,必须支持欧陆国家反对某个强国称霸欧洲的企图。英国所以反对某国称霸欧洲,首先是因为这样的霸国将依据其主宰下巨大的欧陆资源建立头等强大的海军,从而致命地威胁英国的本土安全及其海外利益。同样从这根本安全考虑出发,英国就欧陆而言特别不能容忍英吉利海峡对岸的低地国家落入敌国之手。不仅如此,欧洲大陆是英国至关紧要的市场和一大粮食和原料的来源地,倘若欧洲大陆落入某个敌对强国手中,英国经济便岌岌可危。④

因此,英国的海上和大陆战略相辅相成,而不是彼此排斥。争夺海上霸权保持海外优势是为了扩充英国的实力,如果没有海上霸权,英国就不具备有效地维护欧洲大陆均势体系的能力;另一方面,如果某个强国独霸欧洲,从而英国的安全、海外利益和国内经济将如前所述陷入严

---

① 〔美〕威廉森·默里、〔英〕麦格雷戈·诺克斯、〔美〕阿尔文·伯恩斯坦编:《缔造战略:统治者、国家与战争》,世界知识出版社,2004 年,第 158 页。

② 〔美〕保罗·肯尼迪:《大国的兴衰》,求实出版社,1988 年,第 115 页。

③ 〔美〕威廉森·默里、〔英〕麦格雷戈·诺克斯、〔美〕阿尔文·伯恩斯坦编:《缔造战略:统治者、国家与战争》,世界知识出版社,2004 年,第 158 页。

④ 诚如温斯顿·丘吉尔所言:"英国 400 年来的对外政策,就是反对大陆上出现最强大、最富于侵略性和最霸道的国家,特别是防止低地国家落入这个国家的手中。……英国总是……参加不那么强大的一方,同它们联合起来,打败或挫败大陆上的军事霸主,不管他是谁,不管他所统治的是哪一个国家。……这是英国对外政策的不自觉的优秀传统。"Winston S. Churchill, The Second World War, Vol. Ⅰ, London, Cassel, 1967, pp. 186—187.

重危险。地理上的必需和经济上的必需结合在一起,要求英国实行其两面战略:"一面转向欧洲大陆,调整均势,另一面则转向大海,加强其制海权。"①近代英国外交或对外政策的这一双重主题集中地体现在它与法国的反复争夺之中。从 1689 年到 1815 年,英国对法国断断续续地进行了一系列的战争,它们历时百年,可称第二次英法百年战争。②

在近代历史上,英国的崛起与法国的强盛几乎是同步的,经过三十年战争,哈布斯堡王朝的奥地利和西班牙相继受到削弱,法国则一跃成为欧洲强国。到 1661 年法国路易十四亲政时,法国已完全具备了称雄欧洲大陆的实力,路易十四亲政之后,积极推行对外扩张政策。具体的目标就是在东南部攻打西班牙,吞并西属尼德兰,征服荷兰联合省,实现旨在尝试奥地利/德意志提出的"故土归并",使法国的疆界扩展到以莱茵河、大西洋、比利牛斯山和阿尔卑斯山这些以天然疆界为界限的领土上。③毫无疑问,开疆拓土会给路易十四带来无尽的荣誉,正如国王自己所说:"一位国王追求荣誉是永远也不必感到羞耻的,因为它是一件人们永不满足的和劲头十足的予以追求的善,并且它本身比任何其他事物能更好的保证我们(国家和君主)成功地达到目的。"④九年战争肇始于路易十四进一步的领土要求和兼并。不论路易的目的本身是什么,各国普遍认为他拥有创建一个以法国为中心的"世界王国"的野心。至少也是一个能够让他充当欧洲仲裁者的霸权位置。法国的行为不仅遭到了欧洲国家的不满和反抗,而且也严重威胁了英国在欧洲大陆的战略利益。面对欧洲大陆的均势体系可能遭到破坏的危险,英国的对外政策此时也发生了深刻的变化。

1688 年的"光荣革命"标志着近代英国进入了一个崭新的历史时

---

① Ludwig Dehio, The Precarious Balance: The Politics of Power in Europe 1494—1945, London, Chatto&Windus, 1963, p. 118.

② 参见 Derek Mckay and H. M. Scott, The Rise of the Great Powers 1648—1815, London, Longman, 1983, p. 95.

③ 参见 Ludwig Dehio, The Precarious Balance: The Politics of Power in Europe 1494—1945, London, Chatto&Windus, 1963, p. 75. 但法国认为它的行动是防卫性的。参见〔美〕威廉森·默里、〔英〕麦格雷戈·诺克斯、〔美〕阿尔文·伯恩斯坦编:《缔造战略:统治者、国家与战争》,世界知识出版社,2004 年,第 210—211 页。

④ John B. Wolf, Louis X Ⅳ, New York, 1968, p. 185.

期,这场革命不仅改变了近代英国的政治制度,为宪政奠定了基础,还彻底地改变了英国近代外交政策的方向。1688 年,英国爆发了"光荣革命",结束了斯图亚特王朝的统治。荷兰执政者奥兰治亲王威廉即英国王位,又称为威廉三世。英国王冠的主要吸引力在于它提供了一种机会,那就是将英国添入反对他的主要对手路易十四的大联盟。"由此创立了路易十四不能容忍的一种力量统治。"①威廉三世也正确地认识到"路易十四已是欧洲权势最大的国君,倘若听凭他征服西班牙统治下的尼德兰,那英格兰便岌岌可危,因此务必要结成一个能制得住法国的联盟,这不是为了抽象的均势理论而做,而是基于维持英国及荷兰独立的实际需要"②。毫无疑问,"从长期观点来看,体系的未来取决于英国"③。1689 年英国加入了反对法国的奥格斯堡同盟,进一步加强了反法阵营。④ 在此情况下,路易十四决定不能再让不利于法国的形势继续发展,采取了先发制人的战略。于 1688 年向神圣罗马帝国皇帝挑战,进攻莱茵地区。次年,奥格斯堡同盟国家订立盟约,明确规定要迫使法国退回到 1659 年以前的疆界,路易十四拒绝了这个要求,战争正式爆发,史称"九年战争",又称"奥格斯堡同盟战争"。

　　1689 年 5 月,英国正式对法国宣战,英国参战首先是为了巩固"光荣革命"的成果,即保证新教徒对英国君主立宪政体的继承,反对天主教对君主立宪制政体的复辟,这是由于路易十四支持流亡到法国的英王詹姆斯二世复辟;其次,威廉三世也希望通过战争遏止法国霸权,维护欧洲均势。英国在大陆和海上同时对法国采取行动,在大陆,英国通过向同盟国提供财政援助,支持盟国抵抗法军;在海上,拥有巨大优势的英属海军掌握着制海权。在 1692 年 6 月的拉奥格海战中取得了决定性的胜利,法国舰队遭到惨重的失败,挫败了路易十四试图通过远征英伦而建立法国式和平的计划。此后,战争陷入僵持状态。1697 年,

---

　　① 〔美〕威廉森·默里、〔英〕麦格雷戈·诺克斯、〔美〕阿尔文·伯恩斯坦编:《缔造战略:统治者、国家与战争》,世界知识出版社,2004 年,第 167 页。

　　② 〔美〕亨利·基辛格:《大外交》,海南出版社,1998 年,第 52 页。

　　③ Ludwig Dehio, The Precarious Balance: The Politics of Power in Europe 1494—1945, London, Chatto & Windus, 1963, p. 79.

　　④ T. G. Otte ed., The Makers of British Foreign Policy, New York, Palgrave, 2002, p. 37.

经过交战双方的谈判结束了战争。在《里斯维克和约》中,英国实现了参战目的,法国的野心在大陆上受到重挫,在海上实力也削弱了。路易十四承认威廉三世为英国国王。1688 年"光荣革命"的成果得到了巩固,英格兰确保了它在爱尔兰的侧翼,强化它的财政制度,重建了陆军和海军。同时,英国、荷兰和德意志不让法国进入低地国家和莱茵地区的传统形成了。更重要的是,"欧洲的多极政治体系再次被肯定下来"①。

九年战争结束后不久,由于西班牙国王查理二世久病命危,将不久于人世,且无男性子嗣继承他的王位,于是由谁来继承西班牙王位,就成了举世瞩目和列强纷争的问题。西班牙虽已没落,但却保有封建殖民大国时期掠夺的庞大领土,除欧洲领地外,在海外还有广阔的殖民地。"狭义地说,这是个王朝性问题:谁将继承无子嗣的查理而成为一个西班牙国王? 如果它只是关于谁将继承其头衔的法律问题,它本来能容易解决,然而并非如此,因为一个新国王即位涉及国际政治中最基本的的考虑。"②欧洲的均势和贸易自由都会受到影响。当时对西班牙王位享有继承权的有三方:法国国王路易十四的子孙,神圣罗马帝国皇帝利奥波德一世及其子孙和巴伐利亚选侯之子。

既作为英国国王,也作为荷兰执政的威廉三世对西班牙遗产问题异常关注。英国追求的目标是对西班牙领土进行分割,"这种分割将创造出政治均势,从而使得海上强国对自己不会被排除出任何贸易区感到放心"③。1698 年 10 月,英荷法三国签订了第一次瓜分条约。条约规定,由巴伐利亚选侯之子约瑟夫·斐迪南继承西班牙王位,并领有西班牙、美洲殖民地及南尼德兰;皇帝次子奥地利查理大公获得米兰地区和卢森堡,法国王太子获得那不勒斯、西西里还有用以保卫法国南部与西班牙间边界的吉普斯夸地区的巴斯克省;英国与荷兰则相应获得商业和殖民地方面的巨大利益。可是,神圣罗马帝国皇帝和西班牙国王都反对这一瓜分条约,拒绝履行条约规定。1699 年 2 月,约瑟夫·斐

---

① 〔美〕保罗·肯尼迪:《大国的兴衰》,求实出版社,1988 年,第 123—124 页。
② 〔美〕保罗·肯尼迪编:《战争与和平的大战略》,世界知识出版社,2005 年,第 12 页。
③ 〔美〕保罗·肯尼迪编:《战争与和平的大战略》,世界知识出版社,2005 年,第 13 页。

迪南突然死亡,英荷法三国于 1700 年 5 月签订了第二次瓜分条约。条约规定:皇帝次子查理大公为西班牙王位继承人,并领有西班牙、美洲殖民地及南尼德兰;法国王太子获得米兰地区,可将其与洛林公爵领地交换,将洛林归并给法国;英荷同第一次瓜分条约一样享有在西班牙领地通商等权利;还秘密规定,在皇帝接受此条约前,查理大公不得去西班牙,如果规定时间内皇帝不承认此条约,则查理大公的继承权无效。① 皇帝始终不予承认,认为西班牙的全部遗产应由哈布斯堡的奥地利皇室来继承。查理二世最关心的是整个西班牙领土的完整,至于哪个君主统治则是次要问题。1700 年 10 月,查理二世在西班牙宫廷内法兰西党的影响下,签署了他的最后遗嘱,将其王位传给路易十四的孙子安茹公爵,条件是西班牙所有遗产不得瓜分,西班牙和法兰西两国永远不能合并;如法国拒绝,皇帝的次子查理大公将作为第二继承人继承王位,西奥两国同样永远不得合并。

查理二世的遗嘱对路易十四是一次严重的考验,路易十四不会轻易就决定承认这份遗嘱的,瓜分条约为法国战略利益提供了远景,而遗嘱则和路易与威廉之间的联盟完全对立,一个波旁家族的成员到马德里执政,他就成为西班牙人,要站在西班牙的利益这边,而西班牙的利益是不可能永远和他在法国的堂兄弟们的利益一致的。不过在路易周围又有庞大压力促使他承认遗嘱,其中最急迫的压力是,遗嘱中指明,若法国放弃,那么将由查理大公即位为西班牙国王。一旦如此,路易确信利奥波德皇帝会紧紧抓住这个攫取西班牙哈布斯堡王朝基业的机会,与他的奥地利哈布斯堡帝国势力合并,而且路易十四也警觉到,威廉三世似乎不会为了保卫瓜分协定而对旧日盟友利奥波德皇帝动武。此外,他确信自己的家族对西班牙王位是有合法继承权的,而且他非常自豪于自己世袭统治者的身份,无法拒绝这样一声迈向荣耀的响亮呼唤。最终,路易十四承认了遗嘱,决定让其孙安茹公爵继承西班牙王位。西班牙人也接受了这一现实。在这种情况下,威廉三世也感到必须承认安茹公爵为西班牙国王腓力五世。路易接受遗嘱这件事本身并不构成引发战争的理由,但是他必须为自己在此后几个月里一连串极

---

① 黎国彬等:《十七、十八世纪的欧洲大陆诸国》,三联书店,1959 年,第 36 页。

为轻率又带有挑衅性质的行为负责。1701 年初,路易十四违背已故国王关于西法永远不能合并的遗嘱,正式声明腓力五世的法国王位继承权仍然有效且无人可以质疑,不仅如此,他还出兵尼德兰,攻打荷兰要塞。威廉三世认识到:"路易十四对西班牙及其属地的图谋万一实现,将使法国成为超级强权,其他国家再怎么组合也无法向其挑战。"①显然法国的霸权迫在眉睫,不仅欧洲的均势被破坏,而且英国和荷兰的商业利益也受到威胁,合并后的法国和西班牙海军完全可以向英国船只关闭地中海的入口,而法国在西属尼德兰上的主权将减少或阻碍英国通向中欧的通道。法国对西属尼德兰的统治对英荷来说是一个致命的威胁。"若路易十四成功地占领这些要塞,不但荷兰的独立地位不保,法国称霸欧洲的可能将大大增加,而且英国也会受到直接威胁。"②为此,威廉三世积极寻求盟友,组建反法大同盟。1701 年 9 月,流亡在法国的英王詹姆斯二世去世,路易宣布詹姆斯之子为英国国王。这就否认了英国"光荣革命"的成果,违反了《里斯维克和约》中的有关条款,英国对此作出强烈反应,认为这一行动侵犯了他们的独立地位和尊严,一场战争不可避免。

英国反对法国进一步称霸欧洲,为维护它的海外殖民地和商业利益,带头组成第二次反法大同盟。1701 年,威廉三世向国会宣布英国要"掌握欧洲均势"③。1702 年 2 月,安妮女王继承英国王位,表示继续威廉三世的外交政策。1702 年 5 月,盟国共同对法宣战。在这场战争中,"果断的英国政府将大量国民资源投入这场战争。它以大量金钱资助同盟国,保持着一支压倒敌人的舰队,还非同寻常地派遣了一支在天才统帅马尔巴勒率领下的庞大的陆军远征军。……以挫败路易十四将其意志强加欧洲的企图"④。英国对欧洲大陆的大战略传统最终形成了。

战争初期,法西联军占据了优势,无论在陆战还是海战方面,法军均取得了很大胜利。1705 年,战争进入第二时期,双方的作战力量发

---

① 〔美〕亨利·基辛格:《大外交》,海南出版社,1998 年,第 52 页。

② 〔美〕亨利·基辛格:《大外交》,海南出版社,1998 年,第 52 页。

③ George Modelski, Long Cycles in World Politics, University of Washington Press, 1987, p. 51.

④ 〔美〕保罗·肯尼迪:《大国的兴衰》,求实出版社,1988 年,第 124 页。

生了明显的变化。盟军在马尔巴勒和欧根亲王的指挥下不断取得胜利。在欧洲大陆，相继取得布伦海姆和拉米伊大捷，重创法军，并攻入西班牙本土。在海战方面，英国先后攻占了直布罗陀海峡和米诺卡岛，取得了绝对的优势。在败局已定的形势下，1709 年路易十四向盟军提议媾和，同盟国要求至少波旁王朝要无条件投降。此外还要求路易将他的孙子赶出西班牙，否则将重燃战火。路易十四愤怒地表示："倘若必须战争，我将同敌人一决雌雄，而不会同我的孙子自相残杀。"①谈判失败后，同年发生的马尔普拉凯战役为同盟国带来一连串挫败。1710年，战争形势发生了变化，进入了第三个阶段。英国公众对战争僵持不下变得更加不满。英国内阁发生了交替，主和的托利党人取代了主战的辉格党人政权，反对辉格党参与欧陆战争的政策，开始对法国执行和平政策。此时，欧洲的局势也发生了深刻的变化，俄军在北方战争中节节取胜，使得俄国有可能取得波罗的海霸权，从而威胁到英国在东北欧的贸易特权。1711 年 4 月，皇帝约瑟夫一世逝世，同年 11 月，查理大公——同盟国中意的西班牙国王候选人——当选约瑟夫的后继者，是为查理六世皇帝。这意味着如果彻底打败西班牙并剥夺腓力的王位，"均势就会由于将西班牙、意大利和东西印度群岛纳入奥地利直接控制之下（如果查理同时还是西班牙国王的话）而倾覆"②。如今可以主导欧洲局势、让局面重返查理五世时代，这样的状况使英国感到应减少对查理大公的支持，不愿让法国在战争中彻底毁灭，而应保有与皇帝对峙的力量。"英国参战的基本目的在于确保它自身的安全，阻止对革命解决办法的外国干预，并且获得和维护它在国外的贸易，英国的国务家们相信，为了实现这些目的，欧洲就必须存在一种……权势均衡。"③英国绝不同意奥地利控制全部西班牙领土。为此，英国想尽早结束战争，准备与法国单独媾和。1713 年，英法等国签订了《乌特勒支和约》，皇帝查理六世拒绝与法和谈，继续与法国单独作战，奥地利在进行了一年无效的战争后，最终与法国签订了《拉拖塔特和约》。

---

①　〔英〕温斯顿·丘吉尔：《英语国家史略》下卷，新华出版社，1985 年，第 66 页。

②　〔美〕保罗·肯尼迪编：《战争与和平的大战略》，世界知识出版社，2005 年，第 23—24页。

③　〔美〕保罗·肯尼迪编：《战争与和平的大战略》，世界知识出版社，2005 年，第 16 页。

在历年的战争中,西班牙王位继承战是一场很少带有宗教色彩的战争,是第一次为商业和海上霸权的利益角逐的战争。是英国金钱第一次慷慨地用在欧洲政治上的战争,是第一次可称为"世界大战"的战争,因为这场战争使欧洲各个主要国家都卷进去,而且还牵连到海外世界。《乌特勒支和约》是第一个专门提到均势的欧洲条约。在安妮女王和路易十四之间附于条约第六款的特别换文中,法王声明西班牙放弃对法国王位的一切权利系出于"依靠均势实现普遍和平,保障欧洲安宁"的希望,而且西班牙国王认识到下述准则的重要性,即"依靠力量均衡永葆欧洲普遍裨益和安宁,俾诸国团结一致,所愿之均势庶可不致有利一国而危害其余"[1]。总体看来,西班牙王位继承战争中的最大受益者毫无疑问是英国。它通过这场战争获得了西班牙原有的大批海外殖民地以及西属新大陆的贸易和特权。获得了进出地中海的咽喉要塞直布罗陀和米诺卡岛,从而掌握了进入地中海的通道和地中海的控制权。"更重要的是,1714 年的解决方案(和约)承认了英国的海军优势。"[2]这为英国日后进一步向海外扩张奠定了坚实的基础。在欧洲大陆,路易十四扩展其王朝和疆土的野心最终被彻底遏制。在哈布斯堡家族和波旁家族之间分割了西班牙君主国,它还保留了英国王位仅由新教徒继承。"在欧洲大陆和约保证了大国之间的实力均势,而在海上,英国获得了主宰权。"[3]对英国而言,欧洲均势……不是它本身的目的,而仅仅是超越海洋获得霸权的先决条件。[4]

## 1.2　英国海外权势的第一轮巅峰

西班牙对欧洲列强宰割它的领土和夺取它的商业贸易特权一直耿

---

[1]　〔美〕戈登·克雷格、亚历山大·乔治:《武力与治国方略——我们时代的外交问题》,商务印书馆,2004 年,第 18—19 页。

[2]　T. G. Otte ed., The Makers of British Foreign Policy, New York, Palgrave, 2002, p. 4.

[3]　〔美〕保罗·肯尼迪:《大国的兴衰》,求实出版社,1988 年,第 128 页。

[4]　Ludwig Dehio, The Precarious Balance: The Politics of Power in Europe 1494—1945, London, Chatto & Windus, 1963, p. 85.

耿于怀,力图寻机报复,以收回 1702—1713 年战争中失去的权势。作为《乌特勒支和约》的最大受益者英国,自然要防备西班牙的不满。而法王路易十四去世之后,法西关系就发生变化:一是腓力五世也要求继承法国王位,致使法国陷入内政不稳,摄政王奥尔良公爵为了法国政局的稳定,竭力反对西班牙国王的要求;二是西班牙对路易十四在《乌特勒支和约》中出卖西班牙领地,牺牲西班牙的商业和殖民地利益非常不满,路易十四死后,这种不满加剧,使法西两国处于交恶状态。西班牙对英法的对抗状态不仅冲淡了两国之间一直存在的矛盾,而且为了对付西班牙的挑战,为了维护《乌特勒支和约》构成的欧洲均势,英法间产生了暂时合作的势头。路易十四死后,流亡在法国的詹姆斯二世党人受到了沉重的打击,接替法国政权的摄政王奥尔良公爵对他们的复辟计划漠然置之。此时,英国政局也发生了变化。1714 年 9 月,德意志汉诺威选侯乔治继承英国王位,称乔治一世(1714—1727 年在位)。作为一位典型的大陆专制君主,他更专注于欧洲大陆事务,关切汉诺威家族在德意志北部的利益。而与欧洲大陆首强法国的合作,毫无疑问会保护和促进汉诺威选侯的王朝利益。在此情况下,英法两国表示要摒弃前嫌,共同合作。1716 年 11 月,双方签订了一项同盟条约。条约规定英法两国共同保证《乌特勒支和约》。英国保证法国的摄政王统治及奥尔良家族的王位继承权,法国保证汉诺威王朝的英国王位继承权;法国许诺在北方事务中给予英国以善意支持。"英法之间持续了近 20 年的缓和保证了欧洲政治、军事和经济力量的这种总体均势。"[1]1739 年,欧洲又开始了新一轮战争,"争夺殖民地的斗争首次突出成为首要问题"[2]。英国的主要目标是新大陆的西班牙人。在 1713 年至 1739 年的和平时期,英国利用《乌特勒支和约》取得的合法权利,不断扩大在美洲的贸易规模。除和约授权的正常贸易外,英国商人背着西班牙殖民当局进行非法的走私贸易,尤其是一本万利的奴隶贸易。从这些合法和走私的贸易中,英国商人攫取了巨额利润,大大增长了他们的经济实

---

① 〔美〕保罗·肯尼迪:《大国的兴衰》,求实出版社,1988 年,第 130 页。

② Ludwig Dehio, The Precarious Balance: The Politics of Power in Europe 1494—1945, London, Chatto & Windus, 1963, p. 108.

力,但却极大地破坏了西班牙的殖民地贸易利益。英国商人和西班牙殖民当局冲突不断,英西关系紧张起来。此时已恢复元气的法国也改变了联英反西政策,转而和西班牙重温家族友谊。1733 年 11 月,法国与西班牙缔结了第一个家族公约。在公约中,法国答应帮助西班牙收复直布罗陀,西班牙同意如果英国干预西班牙事务,它将消减英国在西属美洲和西班牙本土的商业特权,并把这些权利给予法国。在法国的支持下,西班牙加强了在南美洲的操纵活动,拦截和抓捕英国的走私船,还不经宣战就出兵围困英国占领的直布罗陀。此事在英国政界和商界引起强烈反响,商人集团和主战派"越来越关心英国在西半球利润丰厚的殖民地贸易和互相冲突的殖民地的扩张"[1],利用其在议会和舆论界的力量,大肆鼓动渲染问题的严重性,强烈要求英国政府进行干预,给西班牙以有力的回击。时任英国首相的罗伯特·沃波尔主张和平解决同西班牙的争端,不愿诉诸武力,他并不希望与西班牙发生战争,西班牙也不希望与英国发生争吵。但是沃波尔的反对派借此大做文章,煽动英国人的政治情绪。1738 年 3 月,他们邀请曾被西班牙缉私队俘获割掉耳朵的詹金斯船长在议院发表演说,煽动复仇情绪,要求英国政府正式对西班牙开战,英国民众群情激愤,一时,英西关系极度紧张。

　　面对上述情况,沃波尔仍主张谨慎从事,坚决和平解决英西争端。1739 年 1 月,英西双方在马德里举行谈判,初步达成了《普拉多公约》。公约规定:西班牙撤出围困直布罗陀的军队,英国商人未经允许不得与西属殖民地通商,西班牙同意付给英国商人 9.5 万镑赔款,英国商人也应付给西班牙国王年金和西属美洲通商的税款 6.5 万镑,但双方都没有认真履行条约,冲突不仅没有缓解,而且还在继续加剧。迫于反对派的压力,沃波尔也担心法国会配合西班牙联合行动。1739 年 10 月,英国向西班牙宣战,即所谓的"詹金斯之耳"之战。作为西班牙的盟国,法国不允许英国使西班牙帝国分裂,因为法国除了与西班牙王室的亲缘关系外,长期以来法国也是英国在西属美洲进行贸易的主要对手。英国渴望永久地征服西班牙的属地,这必然导致与法国的矛盾。更现实

---

[1]　〔美〕保罗·肯尼迪:《大国的兴衰》,求实出版社,1988 年,第 131 页。

的原因是:"英国的胜利……会损害法国与加的斯的贸易,可能危及它的富有价值盛产食糖的马提尼克岛、瓜德罗普岛和海地。"①1740年,法国加入西班牙一方同英国作战。

对英国来说,战争的进攻不是很顺利,战争初期,在美洲战场上,英军初战失利,战争的失利导致英国政府发生了更替。不久,英法又在奥地利王位继承问题上发生冲突。英西战争开始同欧洲大陆的奥地利王位继承战争融合到一起。战争从美洲扩大到欧洲,战争的主角也由英西双方转变为英法两国。

奥地利早在1716年就与英国结盟,并参加了由英国发起的反对西班牙的战争。根据哈布斯堡家族的协议,女性不得登上帝位,而奥地利皇帝查理六世一直没有男性继承人,他为了避免奥地利"世袭领地"被分割,在1720年颁布了《国本诏书》,规定所有奥地利领地是永远不能分割的。他宣布:如果他死后没有男嗣继承,除神圣罗马帝国皇帝称号外,奥地利王位由他的长女玛利亚·特雷西亚继承。诏书颁布后,德意志境内诸侯们给了它以法律上的承认。欧洲大陆的诸大国也表示承认并愿给予保证。1740年10月,皇帝查理六世去世,其长女玛利亚·特雷西亚继位,并向欧洲各国宫廷发出通告,要求对她继承王位一事予以承认。普鲁士国王腓特烈二世违背其父承认的诺言,要求割让西里西亚领土作为承认女王即位的条件。法国路易十五继续推行敌视奥地利的政策,以牺牲哈布斯堡王朝为代价进行领土扩张。"事实上,彻底摧毁哈布斯堡的更好机会不会再出现了。"②法国支持普鲁士侵占西里西亚,企图以此来分割奥地利,确立法国在大陆的优势。对英国而言,大陆上战争的爆发迅速地改变了局势,而且奥地利的存在对维护欧洲均势是必不可少的。如果奥地利灭亡,法国及其盟友的权势就会上升,最终会危及汉诺威和英国自身的安全。英国很快就放弃了沃波尔政府时期对欧陆的中立政策。1741年6月,英奥缔结同盟条约,英国许诺给予财政援助并派遣12 000人的军队,但英王乔治二世也出于保护汉诺

---

① Derek Mckay and H. M. Scott, The Rise of the Great Powers 1648—1815, London, Longman, 1983, p. 161.

② Derek Mckay and H. M. Scott, The Rise of the Great Powers 1648—1815, London, Longman, 1983, p. 165.

威的目的,仍希望能和法国进行和谈。直到 1742 年 2 月,沃波尔下台,英国对大陆的政策才发生了决定性的变化。[①] 正式加入了奥地利王位继承战争,一场王位继承战争演变为一场英法争霸战争。

在这场战争中,英国的战略目的很清晰,1742 年纽卡斯尔公爵明确地表述了这一战略意图的要旨:"一旦在大陆上消除了后顾之忧,法国就将会在海上超过我们。我一贯主张我们的海军应当保护我们欧洲大陆上的盟友,借以牵制法国的力量,保证我们的海上优势。"[②] 大陆战争与海外战争交织在一起,在欧洲大陆,英国派遣远征军同法国作战,但抗击普法的主力军仍是奥地利,英国的军事行动对整个战局没有产生实质性的影响。1745 年后,英国由于国内的原因将军队撤回本土,此后英国主要通过财政援助来支援奥地利。战争进行到 1746 年,双方互有胜负,谁也未取得绝对优势,进入相持阶段。在海上,英国海军取得了战果。战争初期,英国出师不利,一度败于法军,但是到了 1747 年 8 月和 10 月,英国舰队在西班牙的菲尼斯特雷角的两次战斗中,重创法军,俘获了法国所有的军舰和商船。1748 年 10 月,在西印度群岛的哈瓦那近海战争中,英海军大败西班牙海军,迫使其下旗投降。在东方的印度,英国的势力受到来自法国的挑战,法属本地治理总督杜普莱克斯派出一支海军摧毁了英国海军在孟加拉湾的优势。1746 年法军又对英国主要殖民据点马德拉斯水陆并进,大获全胜。1748 年,英国虽派遣一只强大海军舰队增援也未能扭转形势,直至战争结束。

长期的战争,使双方人力物力消耗巨大,彼此都有精疲力竭之感,于是产生了停战与和谈的念头。1748 年,英国、荷兰与法国签署了《亚琛和约》,结束了战争,和约强调维护西欧的领土现状:法国归还它在尼德兰占领的地区,荷兰仍作为堡垒要塞的重要监护人;查理六世的《国本诏书》得到保证,承认玛利亚·特雷西亚的继承权;保证普鲁士占有西里西亚;奥地利把意大利境内的某些属地割让给西班牙和撒丁;法国再次驱逐了斯图亚特的后代,保证新教徒对英国王位的继承权并同意

---

① Derek Mckay and H. M. Scott, *The Rise of the Great Powers 1648—1815*, London, Longman, 1983, p. 166.

② 〔美〕保罗·肯尼迪:《大国的兴衰》,求实出版社,1988 年,第 116 页。

拆毁敦刻尔克的防御工事。在海外,英国并没有达到占领西属殖民地的目的,没有解决英法之间在西印度群岛的任何重要问题,双方的属地没有易手。英国与西属美洲的贸易没有得到发展,这是英国所始料未及的。"《亚琛和约》实质上仅是一个停战协定而不是一个持久的和平条约,它使玛利亚·特雷西亚急于报复普鲁士,使法国考虑如何在陆上取胜的同时也在海上取胜,并使英国处心积虑地要在下一场战争中不仅将它的劲敌在海上和殖民地战争中彻底打败,也要在大陆战争中把它彻底打败。"①

《亚琛和约》后,英国继续沿着维持欧陆均势和保持海外优势的双重目的前进。奥地利王位继承战争结束后,英法在北美和印度的殖民纷争并未停止,双方在海外竞争的冲突日益加剧。与此同时,奥地利发誓要从普鲁士手中收复西里西亚,而俄国也在寻机报复腓特烈,新兴强国普鲁士不会轻易放弃具有重要经济价值和战略地位的西里西亚,普王还计划彻底摧垮奥地利,实现他独霸德意志的目的。为了争夺中欧的领导权,普奥战争迟早都要发生。

为了能在海外战胜法国,英国抛弃了自己传统的盟友奥地利,同迅速崛起的普鲁士结盟。与此同时,法国与奥地利哈布斯堡王朝捐弃前嫌,与俄奥缔结了凡尔塞同盟,这便是1756年著名的"外交革命"。②欧洲大国关系重组之后,面临法、奥、俄三方包围的普王腓特烈二世决定先发制人,1756年8月,普鲁士突然进攻萨克森,揭开了"七年战争"的序幕。

"七年战争"分东西两个战场,即欧陆战场和海外殖民地战场。在欧洲大陆战场上,英国没有投入多少兵力,主要是给普鲁士提供财政支援,主要由普军独自对抗法、奥、俄的进攻;在海外,战争主要是在英法间进行。英国希望用普鲁士在欧陆战场牵制住法国,以减轻英国在海外战场的压力。战争初期,普鲁士军队大胜奥军。但随着法俄的参战,普鲁士的处境变得困难起来。法、奥、俄三方有实力很快击败普鲁士,但三国战争目标的分歧导致三方无法协同行动,使普鲁士逃脱了亡国

---

① 〔美〕保罗·肯尼迪:《大国的兴衰》,求实出版社,1988年,第134—135页。

② 〔美〕保罗·肯尼迪:《大国的兴衰》,求实出版社,1988年,第138页。

的命运。法国的目标是要将英国的势力赶出欧洲大陆,奥地利的目标是要打败普鲁士夺回西里西亚,俄国则关心其在波罗的海扩张领土。"每个国家希望它的伙伴交出他们的资源以实现自己确定的目标。"[①]

在海外,英国和法国的战斗是在 1754 年就开始了。英国初战不利,继米诺卡岛败于法国后,在北美又遭到失败。时任首相的纽卡斯尔在战略方针上摇摆不定,没有一个统一的政策,一会儿倾向求和,表现软弱无能,一会儿又寄希望于当地主战派的复兴将战争局限于美洲。[②]直至 1757 年后,威廉·皮特在战局不利的情况下掌握了军事大权,情况才得以改观,皮特代表积极向海外扩张的商业利益,他力主扩大殖民地,主张建立海外帝国,在英国王室对海外战争的重要性还没有达成共识时,皮特就极力主张无论以多大代价也要取得战争的胜利。同时皮特还意识到,通向最后胜利的成功之路,在于用一项"大陆"战略来弥补大家所热心的"海上"战略之不足,其条件是向腓特烈的军队提供大规模的资助,并向在德意志的一支规模可观的"警戒大军"付款,以保护汉诺威并遏制法国。

皮特上台之后,贯彻实行了一种有效的大战略意图,通过大量的财政援助,皮特努力延长和加强腓特烈二世的抵抗能力,资助德意志的警戒大军,将法军主力牵制在欧洲大陆,使英国能够集中资源,打赢海外的战争。正如皮特自己所说:"美洲是在德意志被征服的。"[③]

在海上,1759 年皇家海军先后击败了法国地中海舰队和大西洋舰队,封锁了法国大西洋港口,重新夺回了地中海的优势,英国的封锁政策不仅遏止了法国大部分海上贸易,而且还阻止了法国向西印度群岛、加拿大和印度派遣足够的增援部队。在北美战场,英军兵分三路进攻加拿大,在英裔美洲人的支持下,凭借着巨大的军队数量,到 1760 年完全征服了加拿大。在 1758 年随后一年里,英军在加勒比地区水陆并进,占领了重要的产糖地瓜德罗普岛与马提尼克岛,以及格林纳达、多

① Derek Mckay and H. M. Scott, The Rise of the Great Powers 1648—1815, London, Longman, 1983, p. 194.

② Read Browning, The Duke of Newscastle, New Haven, 1975, pp. 206—218.

③ Derek Mckay and H. M. Scott, The Rise of the Great Powers 1648—1815, London, Longman, 1983, p. 198.

米尼加、多巴哥和圣文森特地区。在印度由罗伯特·克莱武率领的军队在普拉西战役中击败法军,收复了加尔各达,占领了法属马德拉斯,完全控制了孟加拉。1761 年,英军攻克了法军占领下的本地治理。英军在印度的战争以全面胜利而告结束。

战争进行到 1761 年,英国在海外取得优势是不可逆转的。在欧陆战争,虽有英国的大量财政援助,普军仍无法扭转困难,双方都承受着战争的重负,希望尽早和谈,结束战争,皮特仍极力主张不惜任何代价取得对法战争的胜利,而且建议对与法国结盟的西班牙作战,英国国内的反战派厌战情绪高涨,并担忧日益增长的国债,要求停止对普鲁士的支援进行和谈。英王乔治三世也不再支持皮特。当皮特提议同西班牙宣战遭到拒绝后,被迫辞职。由于法国拒绝和谈,1762 年 1 月,英国向西班牙宣战,英军占领了菲律宾的马尼拉,并夺取了古巴的哈瓦那港。与此同时,欧陆战场也发生了意想不到的变化。1762 年 1 月,俄国女沙皇伊丽莎白去世,亲普的彼得三世继位,迅速退出了战争。

皮特的下台和俄国退出战争,长年的战争使双方都感到力不从心。1763 年 2 月,英法签订了《巴黎条约》,随后普奥也签订了《胡贝图斯堡条约》,"七年战争"结束了。

"七年战争"是英国第一帝国时期最后一次争夺殖民地的战争。"是世界历史上的一个转折点。"[1]"1763 年的巴黎和约是奠定了英国在 18 世纪国际地位的基石之一。"[2]战争的结果是法国在北美和印度的殖民统治宣告结束,英国得到了加拿大,以及佛罗里达以西直到密西西比河口的所有土地。"英国已成为北美大陆大部分地区的主宰。"[3]在印度,英国基本上肃清了法国的势力。在加勒比海,英国得到了圣文森特、多巴哥、多米尼加和格林纳达等岛屿。在西非,英国得到了塞内冈比亚。"因此,七年战争决定性地建立起了英国的海上和殖民优势。"[4]

---

①　〔美〕斯塔夫里阿诺斯:《全球通史——1500 年以后的世界》,上海社会科学院出版社,1992 年,第 184 页。

②　T. G. Otteed. , The Makers of British Foreign Policy, New York, Palgrave, 2002, p. 6.

③　〔美〕保罗·肯尼迪:《大国的兴衰》,求实出版社,1988 年,第 139 页。

④　Derek Mckay and H. M. Scott, The Rise of the Great Powers 1648—1815, London, Longman, 1983, p. 200.

此外,英国在欧洲范围内遏止了法国外交和军事上的野心。"在欧洲政局中,法国几乎降为一个微不足道的角色"①,在欧洲大陆创造了一种新的均势。②

## 1.3　美国独立与英国世界优势的严重危机

"七年战争"结束后,法国的势力被逐出北美大陆。英国政府谋求强化对北美殖民地的管理和控制,对殖民地实行高压政策,双方矛盾日益加剧,出现了重大危机。

自 17 世纪初起,英国不断向北美大陆移民,到 1732 年,英国在北美大陆已经拥有了 13 个比较大的殖民地。北美殖民地的居民大都是英国移民或英国人后裔,很少有忠于王朝的传统,而把英国人的自由传统完全继承过来了。此外,还有很多来自德国、法国和荷兰的移民。他们更不会忠于英国。同时,北美殖民地一开始就具有较强的自治倾向,大部分事务由殖民地人民自己处理。随着时间的推移,北美殖民地的离心倾向不断发展;英国政治家们也不熟悉北美的事务,使得离心倾向更加发展。

18 世纪中叶,美利坚民族开始逐渐形成,北美的殖民地人民认为他们是和英国本土居民有所不同的"美利坚人","美利坚人是一种新人,他们根据新的原则行事,因而他们必然拥有新的思想,形成新的看法"。随着资本主义经济的发展,各殖民地间的经济贸易、文化交流日益加强。在反对英国的斗争中,北美殖民地走向了联合,形成了美利坚民族意识,削弱了殖民地人民对英国的认同感。然而,"七年战争"结束之前,英国和北美殖民地之间相互都需要对方的支持,尽管双方存在着激烈的矛盾,但并未激化。

---

①　〔美〕S. F. 比米斯:《美国外交史》第一分册,商务印书馆,1985 年,第 20 页。

②　普鲁士的崛起及对国际政局的重要和深远影响,参见 Ludwig Dehio, The Precarious Balance: The Politics of Power in Europe 1494－1945, London, Chatto&Windus, 1963, pp. 111－112."七年战争"对英国的不利之处的分析,参见〔英〕温斯顿·丘吉尔:《英语国家史略》下卷,新华出版社,1985 年,第 132－133 页。

"七年战争"结束后,北美 13 个殖民地的经济已有很大发展,某些产业已经和英国并驾齐驱,北美殖民地已成为英国对外贸易中仅次于欧洲的重要贸易对象。经济上的发展使得北美殖民地社会自由性日益加强,对于英国在经济上的限制更加不满,双方矛盾越来越多。同时,"七年战争"后,英国夺取了法属加拿大,法国的威胁消失了,北美殖民地人民对于自身的防卫能力充满了信心,感到即使没有宗主国的保护,也能打败外敌,对于英国保护的依赖程度大大减弱,因而对于英国在"七年战争"之后实施的对殖民地的高压政策越来越不满,北美殖民地人民强烈要求英国放松对殖民地经济上的控制,而英国为了获得更多的利润,需要加强对殖民地的控制,双方的矛盾是无法调和的。

"七年战争"使英国债台高筑,财政亏空高达 1.4 亿英镑。英国希望把财政危机转嫁给殖民地,实行高压政策。1763 年,英国政府颁布了《1763 年公告》,宣布阿勒格尼以西地区禁止移民。[①] 以加强对殖民地人民的控制。1764 年英国颁布《食糖法》,增加了《航海条例》中"列举品"的种类,扩大了对外国商品的征税范围并增收"附加税"。对殖民地人民而言,这些法令触犯了他们的财产权利,已不是一般的关税措施,多数殖民地议会下院通过了正式的抗议书,纽约议会还向英国议会下院递交了请愿书。1765 年 3 月,英国格伦维尔政府颁布了《印花税法》,规定对所有印刷品征收印花税,这是英国政府对北美殖民地第一次征收的直接税。该法案激起了殖民地人民的强烈不满。因为它剥夺了殖民地自主征税的权利,侵犯了他们最根本的自由。而且,英国议会的企图一旦成功,它还会颁布其他法案,征收别的税。[②] 殖民地人民掀起了声势浩大的抗税运动,北美 9 个殖民地的代表在纽约集会,向英国请愿,各界人士组织起来,反对印花税,抵制进口英货。1766 年 3 月,英国新上台的罗金厄姆政府被迫作出让步,宣布废除《印花税法》,但与此同时通过了《公告法》,重申英国议会对殖民地具有至高无上的权力。

罗金厄姆不久下台,由威廉·皮特接替。为了弥补赤字,增加财政

---

① 〔美〕莫里森等:《美利坚共和国的成长》(上),天津人民出版社,1980 年,第 182 页。

② Bernard Bailyn, The Ideological Origins of the American Revolution, Harvard University, 1976, p. 101.

收入,时任财政大臣的查尔斯·汤森德建议对殖民地的进口商品征税,并在议会获得通过。《汤森德法案》规定,对殖民地进口商品征收进口税;设立美洲海关税务司总署,加强税收工作,解散纽约议会。该法案使得英国政府同殖民地人民的矛盾进一步激化。1770 年 3 月 5 日,驻波士顿的英军士兵对抗议群众开枪,打死数人,制造了"波士顿惨案",导致当地的反英情绪高涨,总督被迫从波士顿撤出军队,审讯枪杀群众的士兵。同一天,英国新任首相诺斯迫于殖民地人民的压力,建议废除《汤森德法案》,但保留对茶叶的征税,以维护英国议会有权向殖民地征税的原则,诺斯的政策缓和了英国与北美殖民地的紧张关系,但根本矛盾并未解决。殖民地人民不承认这一原则,他们抵制茶叶进口。1773 年 12 月 16 日爆发了"波士顿倾茶事件",揭开了北美独立战争的序幕。该事件发生后,英国政府决定严惩波士顿群众反抗,以维持并进一步巩固英国的殖民统治。英国政府颁布了一系列惩罚的法令,其结果是进一步激化了英国同殖民地人民之间的矛盾。激起了他们的联合反抗。1774 年 9 月,在费城召开了第一届大陆会议,起草了《权利宣言和怨由陈情书》,向国王递交了请愿书,但没有公开提出独立的要求,承认英国议会有权管理北美的商业,提出英国无权向他们收税并撤出英国驻军。面对北美殖民地的反抗运动,英国决定采取武装镇压的方式,乔治三世失去了与殖民地和解的机会。1775 年 4 月 18 日,英军前往列克星敦,企图逮捕波士顿的反英领导人亚当斯和汉考克,并摧毁康科德的军火库。英军遭到当地民兵的武装抵抗。列克星敦的枪声打响了北美独立战争的第一枪。1775 年 5 月,第二届大陆会议在费城召开,会议仍希望避免与英国彻底决裂,通过了《橄榄枝请愿书》,表示仍效忠于英王。乔治三世再次拒绝接受它,并颁布诏谕,宣布殖民地处于叛乱状态,派兵镇压。英国的暴虐政策,促使大陆会议作出强有力的答复。1776 年 7 月 4 日,大陆会议通过了《独立宣言》,正式宣布独立,北美独立战争进入了一个新阶段。

北美独立战争开始时,英国占有很大的优势,殖民地处于绝对的劣势。殖民地人民一方面进行艰苦的斗争,另一方面也积极争取国际援助。"在签订了 1763 年条约之后,法国政府几乎立即就试图利用英属殖民地的叛乱来向英国复仇,并撕毁巴黎条约。"①法国一直对殖民地进行秘密的经济和军事援助,采取"只差参战"的政策;对英国保证实行"中立"。1777年10月,北美军民在纽约的萨拉托加打败了英军,成为美国独立战争的转折点。1778年2月,美国与法国签订了同盟条约,不久法国参战,西班牙和荷兰也相继对英宣战。1780年,葡萄牙也加入了反英战争,欧洲国家的加入牵制了英军在北美的行动,为美国独立战争的胜利提供了必要的保证。在海上,英国海军为了配合陆军在北美大陆的军事行动,对北美实行封锁,并时常强行登上中立国船只搜查违禁品,严重破坏了中立国的贸易,引起了许多国家的公愤。1780年,俄国联合丹麦、瑞典等国组成了"武装中立同盟",俄国实行武装中立的目的是为了加强俄国在国际上的地位,打破英国的海上独霸局面,保证他们与北美的贸易关系。"武装中立同盟"使英国在外交上处于孤立的境地,客观上有利于北美人民的反英斗争。

战争的形势朝着有利于美国的方向发展。1781年10月,美军取得了约克敦大捷,彻底摧毁了英国企图武力征服美洲的梦想。美国战争的巨大消耗以及再无取胜的希望,使英国认识到继续战争是徒劳的,约克敦战役导致国内反战运动高涨,诺思内阁垮台。新上台的首相罗金厄姆决定与美和谈。1783年9月,英美双方在巴黎签订了《凡尔塞条约》,根据凡尔塞条约,英国被迫承认北美13个殖民地的独立。英国须归还法国在多巴哥及西非的一些贸易点。法国在印度、北美和非洲取得了新的立足点。割让佛罗里达给西班牙,西班牙收回了米诺卡。英国在北美失败的原因,首先是当时英国的领导人执政能力不佳,不能提供全国性的领导,也提不出一项首尾一致的大战略,国内党派纷争不断,国家也因此而分裂了。其次,英国是在相隔万里的海面上保卫自己的殖民地,遥远的距离及其造成的距离上的迟钝,阻碍了英国的战略指挥,也加重了后勤保障的困难。此外,英国固守在欧洲战争中的战术——夺取城市,希望通过军事上的胜利来使北美殖民地重新归顺。但是北美殖民地是一个政治、军事分散的社会,其特殊的地理环境不利于英军的正规战。再次,英军是孤军奋战;在欧洲大陆没有一个盟友帮它

---

①　〔美〕S. F. 比米斯:《美国外交史》第一分册,商务印书馆,1985年,第20页。

牵制法国。面对法西联合舰队,后来又得到了荷兰以及波罗的海的武装中立同盟的支援。最后,法国又首次将它的全部力量集中到海战和殖民地战争上去,这样一来,就使英国传统战略的"海军"力量同"大陆"力量脱节了。"岛国人的不幸处境在很大程度上同法国陆军不在欧洲作战这一事实有关。"[①]尽管由于北美战争的失败而失去了北美殖民地,英国的权势和威望受到了沉重的打击,但英国依然保留了加拿大、新斯科舍、纽芬兰、哈德逊湾,在加勒比海,除多巴哥外,英国还保留了原来的殖民地。在西非,还留有几个奴隶贸易据点。在印度,也还占领着加尔各答、孟加拉和马德拉斯等三个地区。"凡尔塞和约很大程度上恢复了 1767 年巴黎和约造成的局势,因此确保了英国对殖民地和商业的统治。"[②]

---

① 〔美〕保罗·肯尼迪:《大国的兴衰》,求实出版社,1988 年,第 143 页。

② Derek Mckay and H. M. Scott, The Rise of the Great Powers 1648—1815, London, Longman, 1983, p. 264.

# 第 2 章　法国大革命时期的英国外交：
## 　卡斯尔雷的特殊贡献

## 2.1　法国大革命与英国大陆政策的转变：
### 中立到干涉(1789－1793 年初)

1789 年法国爆发革命。[①] 消息刚传入英国时,激起的最初反应竟是普遍的欢欣和快慰。《晨邮报》在报道巴士底狱被攻陷的消息时,盛赞法国的事态是"世界经历过的最重要的革命",指责英国丧失了"所有的道德和自由感",以致对这场革命不表敬仰和赞赏。[②] 大多数英国人都对法国适才爆发的变更持积极肯定态度,虽然程度有所不同:有的强烈支持,有的感到快慰,也有的以一种幸灾乐祸的心理注视他们在欧洲的夙敌——法国波旁王朝——崩溃的可能前景。

对绝大多数英国人来说,法国一向是欧洲大陆最强大的君主专制

---

　　① 　法国大革命的根本原因要到 18 世纪欧洲国际关系及其基本模式和形态(几乎毫无制约的国际权势政治,完全无政府的国际体系)中去寻找,参见 Paul Schroeder, The Transformation of European Politics 1763－1848, Oxford, Clarendon Press,1994, pp.51－52.时殷弘、郝莹:《利奥波德·冯·兰克的国际政治观》,《欧洲》1998 年第 4 期。〔英〕艾瑞克·霍布斯鲍姆:《革命年代》,江苏人民出版社,1999 年,第 72－73 页。关于 18 世纪欧洲国际关系的基本模式和形态,见 Gordon A. Craig and Alexander L. George, Force and Statecraft, Diplomatic problem of Our Time, Oxford University Press,1990,chapter 2.

　　② 　〔英〕艾瑞克·霍布斯鲍姆:《革命年代》,江苏人民出版社,1999 年,第 69 页。

国家，既是欧洲均势的常在可能威胁和英国殖民扩张的主要竞争者，更是欧洲"旧制度"的最大堡垒，与君主立宪制的英国格格不入。现在突如其来的大革命严重冲击了波旁王朝，不仅大有助于英国扫除其维护欧洲均势和海外扩张的一个障碍，而且弘扬了英国人赞赏的自由价值，可能标志政治自由的新时代的到来。约翰·卡特莱特宣称："法国人并不是仅仅为了维护他们自己的权利，他们是在维护整个人类的普遍自由。"传统上敌视法国的辉格党人大都把法国革命看作 1688 年英国光荣革命的翻版。该党领袖福克斯说攻占巴士底狱"是世界上发生的一次最伟大的事件，最好的事件"，"波旁王朝的推翻有利于欧洲自由……因为它伴随着专制主义的垮台"。激进主义者普莱斯欢呼："这是一个多么重大的时代啊！我庆幸我生活在这个时代，能够亲眼看到……人权比以前任何时候都更得到理解。"①著名诗人华兹华斯写道："生活在那个黎明时代是一大幸福。"有如"国际革命"②时代常有的那样，当时英国某些思想进步的科学家和政治思想家热烈拥护外国的革命思想，在自己的协会召开的会议上为法国的革命宪法喝彩。激进工人团体更是如此，它们在各大城市如雨后春笋破土而出，并且与巴黎的雅各宾党人保持密切的联系。

　　然而，大政论家和辉格党思想家柏克对法国革命采取了非常突出的敌视态度，是他首先强烈地意识到法国大革命对英国制度、传统和根本安全包含的巨大危险，坚持疾呼大力反对法国革命，竭力说服英国政府改弦易辙。1790 年底，他发表了最终产生巨大影响的《法国革命论》。在书中，柏克猛烈抨击法国的革命，乃至所有激进的政治变更。他认为，推翻任何政府，即使是推翻一个不好的政府，都是罪恶的行径；社会存在等级之分天经地义，法国革命提出的自由、平等、博爱无异于破坏事物的自然次序，其恐怖行动更是极端残暴，毁坏人伦。他笔下的法国革命者"既不自由又不体面地上演一出深思熟虑的滑稽剧。他们表演得好像是市场上一群骚乱的观众面前的喜剧演员；他们在一群不

---

① 蒋孟引主编：《英国史》，中国社会科学出版社，1988 年，第 443 页。

② 有关"国际革命"的最佳论述，参见〔英〕马丁·怀特：《权力政治》，世界知识出版社，2004 年，第 7 章。

顾羞耻的穷凶极恶的男人们和女人们的混乱喊叫声中进行表演……既然他们颠覆了一切事物的秩序,看台也就代替了议会厅。这个推翻了国王和王国的议会,甚至并不具有一个严肃的立法团体的面貌和形象……他们被赋予一种威力,就像那种邪恶原则的威力一样,在进行颠覆和毁灭,却没有任何进行建设的力量"[①]。总之,法国革命不是一场高尚而有秩序的变革,不像1688年英国革命那样尊重传统并富有建设性,而是与过去的传统彻底决裂,同时近乎毁灭一切。

柏克希望英国政府主持旨在对付革命宣传的和平封锁。他认为,这仅是一项防御性措施。他主张对这个向野蛮倒退的民族发动十字军征讨。对柏克来说,使维持现状国家对他国的进攻,必须作出反应的不是经过等待出现的革命性国家。而是这一事实,一个立足于完全不同的基础上的社会的存在形成意识形态上的挑战。柏克断言,法国革命的存在就意味着它的敌意。"我从未想到我们会与这个制度息兵言和;因为我们相互争雄并不是为争夺某个什物,我们是与那个制度交战。据我对此事的理解,我们不是与其行为抗争;我们深信,只要它存在,它就会敌视我们。"[②]但柏克的观点此时和者寥寥。

对1789年时的英国政府来说,法国革命大概是欧洲发生的一场不会太大或太久的风波,甚至到有必要正式制定对它的政策时它已临近尾声。英国政府与英国大部分舆论一样,认为这场革命似乎已经实现了它的目标,特权已被消灭,人民得到了应有的权利,国王和议会将坐下来为国家的前途作出新的规划。英国驻法大使在报告中说:"一场最伟大的革命以微小的生命代价结束了,我们从此可以把法国当作一个自由的国家了。"[③]不干涉或中立的政策被当作英国唯一合理也合算的选择。1789年7月,外交大臣利兹公爵写道:"对我们而言,法国人做的比我们可能做的要好的多的多",因而"中立是最安全的行动方针"。[④]1789年7月,英国发表中立宣言。用乔治三世10月间给首相小

---

①　〔英〕柏克:《法国革命论》,商务印书馆,1999年,第91页。

②　周启朋、杨闯等编译:《国外外交学》,中国人民公安大学出版社,1980年,第179页。

③　〔英〕温斯顿·丘吉尔:《英语国家史略》下卷,新华出版社,1985年,第198页。

④　Jennifer Mori, William Pitt and French Revolution 1785—1795, Edingburgh, Keele University Press,1997, p.72.

皮特信中的话说:"无论法国内部如何,不能干涉。不要站在法国任何党派一边。我们不干涉法国内部纷争。没有任何理由促使我们背叛这一点。"①政府官员们认为,如果横加干涉,可能促使革命脱离目前的温和状况。就此,英国驻法大使告诫道:"外国力量……仅能使这个国家团结起来更强烈地反对他(路易十六),迫使法国形成一个良好的政府;如果顺其自然,法国可能会消耗殆尽陷入无法描述的形而上学的永久无政府状态。"②尤其对小皮特来说,中立政策是一种让英国坐收其利的政策。他以幸灾乐祸的心情,来看待法国革命这一事件。他认为革命将给法国以沉重打击,至少使法国在短期内不再能够成为欧洲的一个强国。与此同时,他和其他人一样,预料在为时不长的动荡之后,法国会在新的较自由状态中恢复平静,欧洲政治也会回到英国熟悉的正常状态。至于法国革命给英国国内的激进主义带来的鼓动力,虽然在英国当权者看来不失为麻烦,因为它使得处理国内重点问题(小皮特的经济改革和 1790 年大选)受到干扰,但没有也不大可能变成严重的内部威胁。

对其余欧洲列强就像对英国一样,法国发生的革命引起了注意,但"几乎没有影响国际政治"③。事实上,它们总的来说近乎"乐观其成",因为革命使得法国这一对它们来说多少意味着潜在威胁的大强国遭到削弱。法国的混乱会削弱其国力,甚至导致其瘫痪,它们便可以从中获利。"法国在欧洲强权政治体系中已变得无足轻重了。"④列强决没有想到大革命会对它们构成致命威胁。它们没有过度注意巴黎的事件,而且一般也没有强烈地敌视巴黎的新体制即制宪会议。事实上,在国际政治中,革命第一年的直接影响是隔离法国,好像它不再是体系的一部分。甚至特别保守的俄国君主的看法和政策也大致如此。叶卡特琳娜二世虽然指责"(法国)政权是一个长着一千二百个头的水螅",只有

　　①　A. W. Ward and G. P. Gooch,ed., The Cambridge History of British Foreign Policy, London, Cambridge University Press,1922,Vol. Ⅰ, p. 201.

　　②　David Armstrong, Revolution and World Order, the Revolutionary State in International Society, Oxford, Clarendon Press, 1993, p. 99.

　　③　Paul Schroeder, The Transformation of European Politics 1763 — 1848, Oxford, Clarendon Press,1994, p. 61.

　　④　〔美〕保罗·肯尼迪:《大国的兴衰》,求实出版社,1985 年,第 147 页。

砍掉这些脑袋,才会恢复国泰民安,但她觉得自己比那些与法国为邻的德意志君主们安全得多,远不那么受到革命的直接威胁。女皇关心的不是俄国出兵干涉法国,而是怂恿德意志诸侯卷入法国的冲突,从而使她不受牵制的在波兰和土耳其采取行动:"为了使柏林和维也纳宫廷卷入法国事务……并为了使我们的行动完全自由,我费尽了心计。"①至于奥地利,除了对土战争和处理比利时问题外,还要进行内部改革,而奥皇约瑟夫二世在 1790 年初的去世,更使维也纳无暇稍多地顾及法国的事态。普鲁士国王更是向法国革命献过殷勤,甚至通过驻巴黎大使与法国立宪党人建立了亲密的关系。在欧洲的重要君主中间,只有瑞典的古斯塔夫三世主张对法发动十字军远征,援助法国王室,但即使是他,也认为"国王和王后本人确实可能身处险境,但这种危险并没有危及所有国王的头"②。

　　此时,英国密切关注的是奥属尼德兰(比利时)问题。1789 年,奥皇约瑟夫二世在那里仓促地推行改革,包括改革性的宗教政策,招致特权阶层的反抗,不久骚动波及其他阶层。一时间,天主教保守派与激进的政治力量结成了一个独特的反奥同盟,于 7 月间发展为公开的起义。10 月,在普鲁士的暗中鼓动下,比利时对奥宣战。"推翻奥地利在比利时的统治对国际政治有革命性的含义。"③英国在低地国家有传统的重大战略和贸易利益,皮特担心一个弱小独立的尼德兰将使这一重要地区落入法国控制之下。皮特宣布为防止这种前景值得冒战争风险。他不想看到法国权势和法国革命扩散到低地国家。此时英国的目标是让奥地利成为英国在大陆的"天然盟友",拆散法奥同盟,为英国在大陆的目标服务。英国希望奥地利继续占有比利时,防卫法国,但对奥地利在比利时的统治加以限制,使之更依靠英国。似乎证实皮特和其他欧洲国家统治者此时对法国革命的看法,1789 年 9 月法国拒绝比利时造反

---

　　①　T. C. W. Blanning, The Origins of the French Revolutionary Wars, London, Longman, 1986, p. 186.

　　②　〔英〕阿克顿:《法国大革命史讲稿》,贵州人民出版社,2004 年,第 191 页。

　　③　Paul Schroeder, The Transformation of European Politics 1763 — 1848, Oxford, Clarendon Press, 1994, p. 61.

者的求援呼吁，不肯承认尼德兰独立。① 结果，法国的无所作为使奥地利事实上放弃了奥法同盟，法国的羸弱杜绝了它干涉低地国家的危险。在英国的外交努力下，1790 年 7 月英国、荷兰、奥地利和普鲁士达成《莱亨巴赫协定》，规定英普两国帮助奥地利恢复其在比利时的统治，以交换奥地利放弃在土耳其占领的一切领土并退出战争。到 1790 年 12 月，奥军已经占领布鲁塞尔，镇压了比利时起义。同月，奥地利在比利时的属地得到英国、荷兰和普鲁士的正式保障。

　　在海外，英国与西班牙也发生了冲突。1790 年初，在太平洋沿岸加拿大温哥华附近的诺特卡角海湾，西班牙抓获了四艘进行非法皮毛贸易的英国商船，并捣毁了一个英国商站，导致了英国与西班牙的冲突。尽管该海湾的归属历来存有争议，但小皮特政府态度坚决，寸步不让，英国议会通过了加强海军的议案。英国舰队也整装待发准备前往西班牙的殖民地墨西哥，扬言要与墨西哥的反西班牙人士合作，推翻西班牙在美洲的统治。面对英国的强大攻势，5 月初，西班牙依据《家族公约》向法国求援。法国表示要居间调解英西冲突，但被英国委婉而坚定地拒绝。5 月 22 日，法国制宪会议颁布法令，宣布它"保证不进行任何以征服为目的的战争，它永远不会用武力反对任何人民的自由"。看到这份声明，西班牙就没有多大指望了，皮特变得目空一切。制宪会议于 8 月 6 日同意武装 45 艘战舰，其主要目的是为法国的贸易和殖民地提供安全保障，根本未提及西班牙问题。同时又宣布王朝间的同盟已经不再有效，如果支持西班牙，应当根据革命外交政策重新谈判两国的同盟条约，并向西班牙提出非正式建议，为了巩固联盟关系，西班牙或许可以将路易斯安娜归还法国。于是英国迫使西班牙释放船只，并在有争议地区作出让步。10 月 28 日，西班牙承认温哥华是英国的殖民地，承认英国在太平洋的航海自由和在加利福尼亚北部的贸易自由。就这样，小皮特政府未诉诸武力即取得了对西班牙的胜利，从而最后挫

---

　　① 正如雅各宾俱乐部的主席所说："尽管我们对他们的事业绝对真诚感兴趣，但我们决不从事反对荷兰和普鲁士的十字军战争……我们必须满足表达我们对普遍自由和整个人类真正幸福的愿望……毕竟，此时，我们已经没有足够多的敌人吗？" David Armstrong, Revolution and World Order, the Revolutionary State in International Society, Oxford, Clarendon Press, 1993, pp. 105—106.

败了西班牙垄断北美西海岸贸易和殖民的要求。西班牙也放弃了作为盟友的法国。

外交上的捷报频传使皮特得意忘形。在 1791 年 1 月的奥查科夫事件中,皮特却铩羽而归。在俄土战争中,俄国兼并了奥查科夫以及位于布格河和德涅斯特河之间的一部分草原地区。奥查科夫的重要性在于它控制着布格河和第聂伯河的航运,通过它波兰的商品才会运到黑海。皮特认为这样一来便有使俄国在整个黑海区域和在波兰建立霸权的危险,使之成为南方的海军大国。皮特决心由英国发起,联合瑞典、波兰、土耳其和普鲁士等国,组成反俄同盟,彻底打退俄国的扩张。内阁于 3 月 21 日和 22 日作出决定,向叶卡特琳娜二世发出最后通牒。要求俄国放弃奥查科夫以及位于布格河和德涅斯特河之间的一部分草原地区,否则在波罗的海将遭到英国舰队的攻击。普鲁士立即表示响应,准备进军格但斯克和托伦。但皮特没有考虑到辉格党的反对。在俄国驻英大使沃龙佐夫的的合谋下,辉格党煽动舆论反对这场战争。俄国四分之三的进口商品来自英国,英国人难道要支持土耳其异教徒反对购买英国商品的俄国吗?为了奥查科夫和远在黑海沿岸的一块草原而遭到这样的损失并且要同俄国作战,这是英国工商界决不允许的。在下院,拥护皮特的多数派发生了分化,大臣也分成了两派。为了保住首相的位置,皮特于 4 月 6 日无可奈何地收回了成命。

法国革命初期,尽管法国的国际行为比较克制,然而,法国革命的行动和言辞的确直接和含蓄地对国际社会构成了基本挑战。随着法国革命形势的发展,法王路易十六于 1791 年 6 月逃亡国外,但在瓦伦被发现,出逃失败。瓦伦事件给了法国君主制致命的打击,它对革命和欧洲的关系也具有决定性的影响。法国人立刻想到,国王的出逃是外国入侵的预兆。法国人担心外国干涉即将来临,匆忙地进行军事准备,明显存在的外部对法国革命的威胁成为法国国内政治中的日益重要的因素。欧洲对国王的命运表示关切,法国王后进行密谋活动,要求外国干涉。

1791 年 6 月路易被捕后,外国开始考虑武装干涉的可能。1791 年 7 月 6 日,奥地利皇帝利奥波德二世建议由君主们发表一个共同宣言,采取协调一致的行动恢复法国王室的自由。[①] 但他从未想发动一场反对革命法国的战争。皇帝努力形成一种大国协调来处理法国革命，不是通过武力干涉而是通过道德与政治压力。1791 年 8 月 27 日，奥普发表匹尔尼茨宣言，这是"18 世纪第一个外交上的意识形态宣言"[②]。宣布法王路易十六的命运是欧洲所有君主共同关切的事情，要求法国人民起来反对革命，根据这份宣言，除非让法国国王恢复其应有之地位，否则，法国将面临欧洲各国联合行动之危险。这个行动其实并没有多大危险，因为它必须以列强协调一致同意为条件。由于为干涉设定了许多限制条件，"该宣言实质是谨慎的不采取行动的方案"[③]。利奥波德以为，发表宣言进行威胁将慑服乱党和扩大宪政派的权威，摆脱法国流亡者 。利奥波德不准备采取除了威慑[④]以外的其他措施，他不寻求一场反对革命法国的战争。"利奥波德寻求的是稳定而不是战争，但是错误地考虑了如何使用威胁来维护和平。"[⑤]他相信激进派必定会感到害怕，因而听任法国王公把这项宣言解释成最后通牒。奥国干涉是因为要保卫领土，捍卫德意志诸侯们的特权，反抗法国企图统治莱茵河的军事扩张行动。就国土的地理位置和同法国王后的兄弟关系而言，他很自然地关心法国王室的安全。利奥波德理应是反法同盟的当然领袖，而他却偏偏最不主张动武。制宪会议的大部分改革措施并不使他感到可怕。何况，他不认为旧制度在法国复辟是有益的和可能的。奥地利政府直率地反对恢复法国旧制度，坚持认为与英国相同的宪政政府使法国更不具有危险性，当然，他并不想放弃自己一丝一毫的权威，

---

① Jeremy Black, From Louis XⅣ to Napoleon, the Fate of a Great Power, London, UCL Press,1999, p. 159.

② Kalevi J. Holsti, Peace and War: Armed Conflicts and International Order 1648－1989,New York, Cambridge University Press,1991, p. 96.

③ Derek Mckay and H. M. Scott, The Rise of the Great Powers 1648－1815, London, Longmon, 1983, p. 277.

④ 亚历山大·乔治和理查德·斯莫科对威慑下了这样的定义："就其最普遍的形式而言，威慑不过是使对手信服，他为采取的某种行动而付出的代价或所冒的风险超过其收益。" Alexander L. George and Richard Smoke, Deterrence in American Foreign Policy:Theory and Practice, New York, Columbia University Press,1974, p. 11.

⑤ Jeremy Black, From LouisⅩⅣ to Napoleon, the Fate of a Great Power, London, UCL Press,1999, p. 162.

但他又觉得法国国王权威的削弱对他并非是件坏事。最后,他在本国为解决约瑟夫二世留下的难题已伤透了脑筋。因此,他不鼓励他的妹夫倒行逆施,而希望后者同宪政党达成妥协。他借口别国意见不一致或行动迟缓,又借口英国态度不明,竭力推托拖延。其实,对于革命宣传的危险,以及对于自己因血缘联系和君主间的声援而应尽的义务,利奥波德并不是无动于衷的,但是他像其他君主一样正确地看到,他没有必要害怕法国革命。当时,他正忙于平定匈牙利的暴乱,因而认为,在着手去管路易十六的事情以前,理应去管好自己的事情。与此同时,在东欧实现和平和欧洲对法国革命取得团结一致前,法国王室先于欧洲行动的尝试会毁掉一切。

因而奥皇利奥波德二世认为。他这样表示一下,不用冒什么风险,而真正激怒法国人民的仍然是流亡者。但在法王自愿接受 1791 年宪法之后,宣言就成了无的放矢。如果他本人对自己的地位已心满意足,列强也不可能有义务浪费鲜血和财富去试图修改它。最好的办法是法国人自己解决自己的问题。奥地利的真正目的在于威慑,是用宣言"粉碎暴力派领袖们,预防作出绝望的决定"。事实上,宣言起到了相反的作用,非但没有消减革命愿望,反而在法国国内激起强烈的反应并促成了导致 1792 年战争的大规模动员。"巴黎把它视为普鲁士和奥地利联合干预革命的先声。"[①]"这一同盟引起革命者的想象,认为存在一个集体的反革命的十字军东征的威胁。事实上并非如此,事实上同盟成员国一点也不关心法兰西共和国的死活。在他们的眼中最有意义的事就是瓜分波兰,因为它的瓜分要比法国民主政治的兴起对于欧洲的普遍均势重要的多。这是一个典型的不相称的利害关系和误解的案例。"[②]这个宣言大部分是虚张声势,但法国人民无法了解真相。于是他们见奥国皇帝与成千累万已离法国而今从事于反革命阴谋的贵族经常勾结,就更加恐慌。法国人错误地认为该宣言会对欧洲其他宫廷产生很大的影响。面对这些威胁性措辞,法国相信自己陷于危险境地。法国

---

①  Kalevi J. Holsti, Peace and War: Armed Conflicts and International Order 1648－1989,Cambridge University Press,1991, p. 100.

②  Kyung－won Kim, Revolution and International System, New York, New York University Press,1970, p. 54.

人认为各国要协调一致推翻宪政，颠覆平等权原则。这给了主战派以口实。吉伦特派的领袖布里索认为，如果对奥国发动突然袭击，法国肯定可以迅速获胜，革命对被压迫民族的号召将具有不可抗拒的威力。他宣称："进行一场新十字军东征的时机已经到来，这将是为世界争得自由的一场十字军东征。"

　　有一个强国却是不可能同意该宣言的。英国正等待时机从法国的困境中获益。英国对法王逃跑事件仅仅是密切观察。1791 年 9 月，英国外交大臣格伦维尔评论道："这些伟大的王公渴望多说点，渴望对事态的进展产生巨大的影响，但是……他们决心什么都不做。"[①]英国拒绝卷入奥普进行国际干涉使法国皇室获得自由的建议。小皮特为普王作为英国的盟国将名字签署在宣言上感到遗憾。英国外交大臣发表英国严守中立的声明，并令驻外使节不得违背中立政策。10 月 14 日，英国承认了法国的 1791 年宪法。1792 年 2 月 17 日，小皮特在下院发表预算演说时宣布，英国的安全与繁荣、信贷的加强、资本的迅速增长和商业的迅猛扩展完全必须与和平相联。持久的和平必须是国家对外政策的首要目的。"毫无疑问，在这个国家（英国）的历史上从未有这样一个时期，从欧洲的局势来看，我们希望有 15 年的和平，这超过了目前我们的预期。"[②]为此，他削减了两千名水兵和五千名士兵。他进一步削减军费，致力于国内的经济和财政改革。他还没有认识到法国新宪法带来的危险。只有发生异乎寻常的事件，他才会考虑参战的问题，这种事件对英国来说必须比屠杀贵族更严重，比在制宪会议发表的演说更重要，比世界革命的危险更具体。

　　路易十六暗中致信奥皇，要求列强进行干涉。随着革命的发展，奥地利建议普奥在德意志边境组建警戒大军。两国建议要求欧洲协调一致，法国应恢复德意志王公在阿尔萨斯的特权，并对损失作出赔偿，归还教皇领地，保证欧洲的君主制和法国王室的自由与安全。"该计划的

————————

　　①　Jeremy Black, From Louis ⅩⅣ to Napoleon, the Fate of a Great Power, London, UCL Press, 1999, p. 100.

　　②　Ian R. Christie, War and Revolution, Britain 1760—1815, London, Edward Arnold Ltd, 1982, p. 212.

目标毫无疑问是和平的。"①10 月,利奥波德改变了自己的和平政策。表示要通过在法国境内的一场反革命活动来增强国王的权力。11 月 17 日,他要求普鲁士派军队来支援他。12 月 10 日,他公开谴责法国吞并阿尔萨斯的德意志领土。1792 年 1 月 25 日,利奥波德迈出了决定性的一步,完成了从防御到进攻的转换。3 月 1 日,利奥波德驾崩。新即位的弗兰茨二世更加速了走向冲突的步伐,对法干涉获得了他无保留的赞同。在维也纳,作为替代战争的威慑战略被作为战争序幕的威慑战略所取代。

　　而法国先于奥地利,1792 年 4 月 20 日法对奥宣战。② 他们把外交政策作为逃避内部棘手问题和达到国内聚合力的手段。对普奥而言,这场战争实质上是恢复法国秩序的警察行动。而法国声称其目标是保护革命政府免遭外部的干涉。意识形态的分歧使双方改善恶化关系的希望很难实现。通过急剧增加产生国际误解的机会,意识形态上的差异会使既有的国际体系承受额外的紧张压力。一方面,双方不仅把对方看作传统的敌对大国,而且认为对方危及其生存;另一方面,这种感觉影响了双方评价对方动机的方法,以至于微小的象征性姿态也被放大远远超出了其真实的意义。1792 年 7 月 25 日,身为联军统帅的布伦瑞克公爵错误地判断了法国的形势,发表宣言,要求法国人民起来反对革命,"毫不犹豫的回到理智、正义、秩序和和平的方面来",表明"联军的意图是结束法国的无政府状态,制止侵犯王室和教堂的行为",并威胁说:"如果杜伊勒里宫被攻占或遭破坏,如果敢动国王陛下、王后和整个王室半根毫毛或对他们稍有不敬,如果他们的安全、生命和自由得不到保证,他们将采取行动给予严惩以儆效尤,还将军事占领巴黎城并把它夷为平地;犯上作乱罪该万死的暴民将被处以极刑。"然而该宣言

---

① Paul Schroeder, The Transformation of European Politics 1763 - 1848, Oxford, Clarendon Press, 1994, p. 96.

② 法国宣战原因:吉仑特派希望转嫁国内危机,企图通过一场民族解放战争来维持它在国内岌岌可危的统治,迫使各国承认革命,同时还可以为法国商品打开更大的销路;王室希望外国干涉导致革命失败;而罗伯斯庇尔持反对意见。参见 David Kaiser, Politics and War, European Conflict from Philip II to Hitler, Harvard University Press, 2000, pp. 214—215. 奥地利拒绝承认法国国民主权的合法性。David Armstrong, Revolution and World Order, the Revolutionary State in International Society, Oxford, Clarendon Press, 1993, p. 91.

并"不意味着同盟正计划着发动一场对法国的报复战争"①。他们当时没有搞明白，更明智、更温和的措辞会更有好处。这一宣言的直接后果是导致巴黎的愤怒和革命激情的高涨，君主政体被推翻，更导致了六周后保王党人遭受大屠杀。

4 月战争爆发时，英国没有感到震惊，它继续采取中立政策，认为一个内部混乱不堪的国家是无法抵御训练有素的普奥联军的。而且普奥的武装干涉只会加强巴黎激进派的权力，只能延长法国的无政府状态，延缓法国秩序的重建。当联军抵达巴黎时，法国会请英国出面调停。它密切地关注战争进程，希望同盟轻松取胜，只担心荷兰被卷入战争。1792 年 5 月 25 日，英国向法国代表肖夫兰表示对战争的爆发感到遗憾，宣布英国奉行中立政策，它将遵守全部条约，希望与法国和平相处，相信法国通过尊重英王及其盟友的权利对和平作出贡献。肖夫兰表示尊重英国盟友的领土完整。法国获得了英国非官方的保持中立的政策，尽管英国外交大臣格伦维尔拒绝法国要求正式保证或结盟。整体而言小皮特认为法国的激进政策对英国是有益的，削弱了法国，分化了国内的辉格党。法国不断增长的革命暴力和日益上升的公众对暴力的愤怒使英国政府拒绝采取行动，拒绝与法结盟，他们很高兴置身事外，这个"侧翼大国带着某种满足心理观察西欧爆发的战争……英国未卷入并且确信局势不可能影响到自己"②。

事态的发展出乎英国的意料。1792 年 9 月 20 日，法军在凡尔登西部的瓦尔米打败了普奥联军，取得了瓦尔米大捷，"瓦尔米……在心理上……是革命对其敌人的一次大胜"③。这场胜利也使法军争取到时间，挫败了敌人的士气。使普奥联盟摇摇欲坠。9 月 21 日，法国宣布成立共和国。9 月份看来还合情合理的恐慌，现在已经转换成一种过分的自信了。整个欧洲的军事力量都没有什么可以担心的了。法国人现在可以与整个世界开战了。他们认为，除了丢失几座产糖的海岛

① Paul Schroeder, The Transformation of European Politics 1763 − 1848, Oxford, Clarendon Press, 1994, p. 109.

② Paul Schroeder, The Transformation of European Politics 1763 − 1848, Oxford, Clarendon Press, 1994, p. 99.

③ 〔法〕乔治·勒费弗尔：《法国革命史》，商务印书馆，1989 年，第 230 页。

之外,他们不会遭受任何严重的挑战。法国人现在发现,整个欧洲大陆都在自己的掌握之中了;一场最初是为了拯救君主政体的战斗,却变成了扩大共和制度的战争。1792年底法军肃清了境内之敌,乘胜进入莱茵地区。在北方,1792年11月6日法军攻入比利时,在热马普击败奥军,成立了共和国。"把胜利的三色带到了荷兰共和国的边界"①,并希望乘胜追击进入荷兰,用从荷兰人手中抢来的战利品来恢复财政平衡。法国在热马普的大捷和轻易征服奥属尼德兰震惊了英国。"低地国家的不稳定被看作是对英国安全的威胁。"②

　　11月11日,荷兰驻英公使要求皮特作出明确保证,当荷兰遭到外敌入侵时,给予军事和外交支援。13日,内阁同意了荷兰的请求。无论法国政府建立在何种原则之上,决不允许法国完全控制如此重要的战略和贸易地区。必要的话,为了荷兰不惜一战。

　　法国于11月16日发布命令,无论奥军撤退到哪里,法军应乘胜追击,这危及到了荷兰的中立。同日,为了赢得在法国行政委员会的同僚的支持,法国外长勒布伦不顾国际条约而求助于自然法的原则,宣布斯凯尔特河航运自由,向沿岸国家开放。③ 然而,自从1648年的威斯特伐里亚条约以来,斯凯尔特河就对除荷兰以外的一切国家关闭。宣布斯凯尔特河航运自由不仅是单方面篡改了一项重要的国际条约,而且侵犯了由英普两国于1788年共同保证的联省共和国的权利和特权。国民公会于11月20日批准了这项行政法令。23日,法国炮舰强行闯入斯凯尔特河口。对荷兰的直接威胁和最终对英国的威胁使皮特再也不能不闻不问了。法国以自然法的名义要求单边搁置关于斯凯尔特河现存条约的权利是无法接受的,因为它将瘫痪现存国际体系的基础,直接危及英国自身的安全。伦敦认为新的自然法国际信条是法国进行征服的欺骗性借口。

---

　　① A. W. Ward and G. P. Gooch,ed. ,The Cambridge History of British Foreign Policy,London,Cambridge University Press,1922,Vol. Ⅰ, p. 224.

　　② Derek Mckay and H. M. Scott, The Rise of the Great Powers 1648—1815, London,Longmon, 1983, p. 282.

　　③ Arthur Nussbaum, A Concise History of the Law of Nations, New York, Macmillan Company,1954, p. 133.

与此同时,为了响应来自莱茵兰请求法国保护的各种请愿书,1792
年11月19日,国民公会通过了一个非凡的文件,这就是由国民公会议
员拉雷韦耶尔·勒波提出并根据国民公会决议"用所有语言"发表的宣
言。该宣言写道:"国民公会以法兰西国民的名义宣布,它视万民为弟
兄并将援助所有想要收复自由的人民,它责成行政机构向将军们发布
必要的命令以援助这些人民和保护因自由事业而受到或可能受到迫害
的公民。"①法国人公布了认为不会产生特殊影响的友谊与援助法令,
这意味着它很容易被看作是法国计划引起全欧革命的证据。实际上,
更有争议性的11月法令在法国从未被认为如同在国外获得的重要意
义。12月勒布伦在与英国政府的谈判中一再就友谊与援助法令的目
的作出了限制性的解释,以消除英国对该法令的恐惧。② 至于开放斯
凯尔特河,没有比利时人民同意而缔结的条约是无效的。

11月26日,法国打开斯凯尔特河和11月法令的消息传到英国,
英国坚持认为该法令是"正式宣布计划普遍扩张在法国采纳的新的政
府原则,鼓励所有国家,甚至中立国家的混乱无序和革命"③。"他们的
11月19日法令……不是控诉某些特殊的国家,而是控诉已确立政府
形式的每一个国家的法令;不是敌视某个人,而是敌视人类的法令;是
精心策划四处播下叛乱和社会纷争种子的法令;是把战争从欧洲的一
端传播到另一端,从地球的一个角落传播到另一个角落的法令。"④正
如皮特所说,它"鼓动世界各国的叛乱和造反"。格伦维尔把它描述为
"精心策划的计划,迫使我们走向极端"。法国的行为被看作是对欧洲
的政治体制构成了挑战。皮特和保守人士认为斯凯尔特河的开放和友
谊与援助法令是蓄意挑衅行为,旨在将英国拖入战争,大大增加了皮特
对所预料的来自英国激进团体的危险的担心,而直接的后果是英国放

---

① R. J. Vincent, Nonintervention and International Order, New Jersey, Princeton U-
niversity Press, 1974, p. 67.

② 勒布伦争辩说,该法令只适用与法国作战的国家,而且援助并非要提供给少数不满
分子,而是提供给那些正在努力摆脱外国统治而面临被镇压的全体人民。

③ David Armstrong, Revolution and World Order, the Revolutionary State in Interna-
tional Society, Oxford, Clarendon Press,1993, p. 102.

④ James Joll, ed., Britain and Europe, Pitt to Churill, 1793—1940,London,Nicholas
Kaye,Ltd., 1950, p. 36.

弃了已经在海牙开始的关于全面和解的非正式谈判。① 他们宣布 11 月 19 日法令是一份"宣战书"。英国逐渐相信性命攸关的不仅是特殊利益的安全,然而更重要的是整个国际体系的安全。11 月 27 日,国民公会议员格雷古瓦在接见前来祝贺共和国取得成功的一个英国代表团时,预祝一个新的共和国不久将在泰晤士河两岸诞生。同日,国民公会同意萨瓦并入法国。这"预示着侵略意图,是对国际法和均势的蔑视"②。然而,法国依然错误地认为英国的公众舆论是支持革命的,英国正处在革命的前夜。11 月 27 日,肖夫兰要求英国政府正式承认法兰西共和国。英国打破了外交沉默。11 月 28 日,格伦维尔接见了肖夫兰,向他指出必须撤消 11 月的法令。会谈无果而终。12 月 1 日,皮特政府采取了动员部分民兵和加强英国海军战备的措施,12 月 2 日,皮特会见了法国外交界的知名人士、以私人身份来访的勒布伦的代表马累。皮特要求法国撤消 11 月法令,马累表示该法令只是针对敌对国家而不是中立。议会也于 13 日复会,除个别例外,辉格党议员决定支持政府。

12 月 15 日,国民公会又通过了新的法令,并把它们付诸实施:"在共和国军队占领和将要占领的领土上,将军们以法兰西民族的名义立即宣布人民主权的原则,宣布废止既有的权力、税收和现存的捐款,宣布废除什一税、封建主义、领主权利——无论这些权利是封地的、代役税形式的、固定的或临时的,宣布废除各种陈腐的东西、实物剥削和人身劳役、狩猎和捕鱼的特权、徭役,宣布废除贵族阶层并从总体上废除所有的特权。他们将会向人民宣布,他们会给人民带来和平、自由和平等;他们将立即召集初级和社区会议以建立和组织临时行政及司法机关;他们将保护个人及财产的安全;他们将以被占领国的语言或方言印刷这一法令及其附属宣言,毫不延迟地在每一个社区张贴和执行。"③

① 在荷兰议长范·德·斯皮格尔与法国驻海牙代表德·莫尔德于 11 月 17 日和 19 日举行的会议上,讨论了在普遍承认法兰西共和国和保证法国王室安全的基础上实现全面和解的可能性。这项建议是由英国驻海牙大使奥克兰勋爵提出,并经英国政府批准的。英国也曾在法国与普奥之间进行过调停。

② Ian R. Christie, War and Revolution, Britain 1760—1815, London, Edward Arnold Ltd,1982, p. 216.

③ 〔英〕弗·哈利迪:《革命与世界政治》,世界知识出版社,2006 年,第 97 页。

在此后所附的宣言中，法国人民向那些被征服地区的人民发出呼吁，请求他们与法国人民一起共同声明人民主权的原则："弟兄们和朋友们，从这一刻起，你们都是公民，人人权利平等，人人都被平等地要求去管理、服务和保卫你们的祖国。"国民公会议员康邦在做有关这一法令的报告时，提出了革命军的著名口号："对茅屋和平，对宫廷战争！"国民公会宣布："法兰西民族宣布，凡拒绝或排斥自由平等，希望保持、恢复君主和特权阶级地位或与他们进行谈判的民族都是法国的敌人；另一方面法国决不与之缔约也决不放下武器，直至共和国的军队所在的地区主权恢复，人民独立，并按平等的原则建立起自由民主的政府为止。"这显然是在输出革命①，把自己的价值观念、政体强加于其他民族，无视其他民族权利的民族沙文主义的体现。"这个著名的法令……在法国刺刀的保护下，少数革命分子着手建立专政，他们不顾人民愿意与否，强要人民出钱去换得幸福。"②"12 月法令的真正目的……是通过把费用强加于被征服地区，为军费找到着落。"③现在革命的新秩序将随着进行征服的法军输出到国外；解放的代价则由没收特权阶级的财产来承担。临时政府在法国的控制下建立，通过法国的特派员来管理。法国以前向比利时人作出的尊重他们独立的一切保证就这样被弃之一边了。如果法国的革命政府是正当的，那么，其他国家保守的政府就不是正当的。它们必然会彼此感受到对方的威胁。通过挑战所有外国政府的合法性，法国革命者也招致所有的外国政府去挑战他们政府的合法性。12 月法令很明显地从 11 月法令的普世性要求转变过来，在被占领土的法国将领们遵守一系列现实的指导方针。"政策的真实性质被意识形态的辩解和文饰所掩盖了。"④小皮特认为："这等于是发动一场对所有宫廷和文明政府战争的普遍宣言。"此时，皮特仍认为强有力

---

① 〔英〕弗·哈利迪：《革命与世界政治》，世界知识出版社，2006 年，第 97 页。

② 〔法〕乔治·勒费弗尔：《法国革命史》，商务印书馆，1989 年，第 246 页。

③ David Armstrong, Revolution and World Order, the Revolutionary State in International Society, Oxford, Clarendon Press, 1993, p. 106. 也可参见 David Kaiser, Politics and war, European Conflict from Philip Ⅱ to Hitler, Harvard University Press, 2000, pp. 215 − 217.

④ 〔美〕汉斯·摩根索：《国际纵横策论——争强权、求和平》，上海译文出版社，1995 年，第 122 页。

的外交是避免战争的唯一方法。但态度已趋向强硬。1792 年 12 月 31
日,英国外交大臣格伦维尔勋爵照会法国代表,阐明了英王政府的立
场,从此人们一直把这个照会当作英国外交政策的集中体现:"英国决
不允许法国以自称的合法权利为借口,随意否认通过庄严的条约建立
起来的、经各国同意的政治制度。本政府将奉行它一百多年来所坚持
的原则,决不会坐视法国直接或间接地成为低地国家的主人,或者成为
欧洲权利与自由的主宰,如果法国确实希望同英国保持友好与和平,它
必须表示愿意放弃侵略和扩张的政策,不侵犯别国领土,不欺负别国政
府,不扰乱他们的秩序,不侵犯他们的权利。"①同日,议会通过了旨在
针对法国间谍的外侨法案。

　　双方的谈判还在继续。法国人在与英国谈判中,用顽强好战的语
调模糊他们急于达成解决方案的事实。双方在此点上互不让步,格伦
维尔认为谈判是示弱的表现,会使法国提出更多的要求。只要法国撤
消 11 月和 12 月的法令,发表不干涉他国内政的宣言,不再输出革命,
遵守欧洲外交的惯例,放弃被征服的领土,撤回到 1789 年的疆界内,英
国将放弃对法国的敌对,与之友好相处。格伦维尔准备寻求国际承诺
不干涉法国内政,甚至承认共和国。②但他不准备进行公开谈判,法国
必须首先让步。法国政府担心示弱会导致政权在国内垮台,为了获得
国际尊重,共和国作出让步之前,英国先承认共和国。"对革命的法国
而言,承认共和国是生死攸关的问题。""两国政府不可能在国内不失
体面的情况下作出让步。"③在这种情况下,双方不可能举行严肃认真
的谈判,大打文字战,力求在自己公众的眼里,证明自己是正确的。④ 1
月 7 日,勒布伦作出回应,虽语调缓和,但拒绝在关键的斯凯尔特河问
题上作出让步。1 月 10 日,法国行政委员会发布在 12 天内入侵荷兰

---

　　① 〔英〕温斯顿·丘吉尔:《英语国家史略》下卷,新华出版社,1985 年,第 233 页。

　　② A. W. Ward and G. P. Gooch,ed. , The Cambridge History of British Foreign Poli-
cy, London, Cambridge University Press,1922,Vol. Ⅰ p. 230. 和 p. 232.

　　③ Jennifer Mori, William Pitt and French Revolution, 1785—1795,Edingburgh, Keele
University Press,1997, p. 132.

　　④ 双方互不让步的原因是由于彼此间的物质利益、国家荣誉和原则的冲突。参见 A.
W. Ward and G. P. Gooch,ed. , The Cambridge History of British Foreign Policy ,London,
Cambridge University Press,1922,Vol. Ⅰ , p. 228.

的密令。种种迹象表明法国的侵略已迫在眉睫。1 月 20 日,英国决定如荷兰遭到侵略,将派兵援助。直到此时,皮特才感到战争已不可避免。1 月 21 日,法王路易十六被处决。"处死国王的行动是蔑视权威的顶点。"皮特称之为"世界目睹的最令人厌恶、最残忍的行动"。处死路易十六充分展示了巴黎新制度的极端共和主义,加剧了日益增加的对巴黎新的、非常激进的制度的国际焦虑。布里索事后回忆:"当我们辩论(如何处置国王)时,我们未曾充分估计到欧洲的反应。"[①] 1793 年 1 月 23 日晚上,处死国王的消息传到伦敦,在剧院观众的坚持下,中断了演出。本来计划英国国王次日正式接见法国代表,现在取消了这次安排。国王召开了一次御前会议,终于作出了一个具有重要意义的决定。24 日,英国命令法国代表肖夫兰在 8 日内离境。直到此时,英国政府才认为谈判仅仅是为了荷兰的备战赢得时间。皮特明确地指出:"战争不仅不可避免,而且目前的形势已经关系到了英国和欧洲的生死存亡。"

　　同时,国民公会在传播法国革命原则,帮助其他民族获得解放的旗帜下,还想进行一场征服其他国家的扩张战争,以确立共和国的自然疆界。1793 年 1 月 31 日,丹东提出兼并比利时的要求,并明确提出了自然疆界的政策,"担心共和国过分扩张疆界是杞人忧天。共和国的疆界是自然确定好了的。我们将在地平线的各个角落——莱茵河畔、大洋之滨、阿尔卑斯山麓达到这些边界。这些应该是我们共和国的最后疆界"[②]。就实质而言,丹东等人的自然疆界只不过是封建王朝扩张政策的继续,是法国民族欲望的显露,只不过他们在这种过去古老陈旧的王朝目标的框架中加进了革命的原则。同时,他们要把已经激昂起来的民族热情引向对外征服,甚至还想通过建立自然疆界,通过在欧洲建立一系列共和国,将在法国外围形成一条"共和国圈",各民族将组成一个大民族。法国渴望的是天然疆界,其目的不是要扩大而是要限制革命的兼并,而英国认为这是法国独霸西北欧的起点。

　　冲突的根源是法国想通过天然疆界获得在西欧的霸权,想取得绝

---

　　①　郭华榕、徐天新:《欧洲的分与合》,京华出版社,1999 年,第 256 页。

　　②　〔法〕阿尔贝·索布尔:《法国大革命史》,中国社会科学出版社,1989 年,第 220 页。

对安全。对法国而言通过扩大势力范围寻求安全是很自然的。而采用均势论点的英国认为法国的目标是侵略性的、是危险的,英国认为它是自卫,是维护英国和欧洲的独立与和平。"两国的政策反映了一个共同的现象,在安全困境中,一国的安全等于另一国的不安全……每一方看到获取安全的唯一方法是增大另一方的不安全,在这种情况下,冲突实际上是不可避免的。除非双方达成交易,通常或者其中一方策略性地默认另一方的优势而接受相对不安全,或者双方都接受相互间的相对不安全,同意瓜分或分享有争议地区。"①从一开始,英法之战不是一场简单的双方的敌对,而是"谁控制欧洲,尤其是西欧的斗争"。法国总是必然努力组织起欧洲,来对抗英国。而英国则实现相反的目的。

1793 年 2 月 1 日,国民公会向英国宣战。宣布只是对国王开战,而不是对人民发动侵略战争。法国人觉得,这场战争在英国国内是不受欢迎的,具有革命精神的群体——辉格党人和爱尔兰人会让这场战争很快终结。并同意了由托马斯·潘恩起草的呼吁英国人民起义、推翻英王统治的提议。2 月 12 日,皮特在下院发表了对法宣战的演讲。"英国参战代表了自 1789 年来官方政策的转变和公众态度的大变"②。此时,战争才在战略和意识形态方面全面展开。"但是最关键的是法国在低地国家的扩张"③。英对法的官方政策基本上仍是防御性的。英国首要的战争目标是荷兰的安全,保持荷兰的独立,把比利时归还给奥地利,以反抗法国的权势和野心;其次是永久占有法属西印度和东印度,贬损法国的权势,扩大本身的财富和安全,确保海上霸权;再次,结束法国的无政府状态,建立一个确保人类利益的政府。

小皮特在下院的讲话中首次建议拨款备战,并且概述了冲突的根源:"我们参战的原因是多方面的。我听说过维护尊严的战争,人们认为这样的战争是谨慎而有政策性的战争,就目前形势而言,能够激发民

---

① Paul Schroeder, The Transformation of European Politics 1763 — 1848, Oxford, Clarendon Press,1994, p. 116.

② Derek Mckay and H. M. Scott, The Rise of the Great Powers 1648—1815, London,Longmon, 1983, p. 282.

③ 这是由于革命内部的斗争,传统的英法敌对,军事能力的对比,军队和政府需要战利品。

族情绪的各种因素都促使我们参战。法国人蔑视我们严守中立的态度,他们违背自己的庄严誓言,妄图干涉我国的内政,煽动我国人民反对政府;他们污蔑我们所感激、尊敬和爱戴的君主,企图把王室和人民分开,说它别有目的并代表着其他利益,在经常发生如此放肆而严重的挑衅之后,这对于我们来说难道不是一场维护尊严的战争吗?难道不是一场旨在发扬民族精神和维护民族尊严的战争吗?我听到过为了整个欧洲的安全而进行的多次战争。在那些战争中,欧洲可曾受到法军长驱直入和大肆扩张的威胁吗?我也听说过保卫新教的战争,我们的敌人正是路德派和加尔文派等新教教派的公敌,他们试图以武力传播他们公开信奉的异教。我还听说过捍卫合法继承权的战争,而如今我们正在捍卫世代相承的君主制,正在同企图摧毁我国政体的人进行战争。我考虑到这些,便得到鼓舞和安慰,满怀信心地执行我义不容辞的艰巨使命。我们回顾我国在战前的繁荣景象,应该懂得当前形势的严重性,对那些仇视和嫉妒我们的人企图破坏他们无法享受的这种幸福生活的阴谋要进行反击。我们应该知道,在目前的危机中,那种繁荣景象促使我们努力奋斗,同时也提供了应付这场危机所需要的手段。我认为,我们在目前的这场斗争中应该做到:生命不息,战斗不止。由于以上种种原因,我提出这些建议。根据这些情况,我相信一定能够得到各位的支持。"[1]他阐明了战争的目标,以恰当的言辞慷慨激昂地驳斥自己的对手:"他(福克斯先生)说我不能用一句话概括出这场战争的目标,我不知能否用一句话概括出这个目标,但我可以用一个词告诉他,这个词就是'安全'[2]即争取在威胁世界的极大危险中得到安全。这种安全意味着反对人类史上前所未有的危险,反对空前严重的危险。这种危险遭到欧洲各国的遏制,但是,哪一个国家也没有像英国这样获得成功,因为哪一个国家都不如英国这样戮力同心,不遗余力。"[3]一场长

---

① 〔英〕温斯顿·丘吉尔:《英语国家史略》下卷,新华出版社,1985 年,第 233—234 页。

② 安全包括两个方面即主观方面和客观方面。正如阿诺德·沃尔弗斯在《冲突与合作》中指出:"安全,在客观意义上,表明对所获得价值不存在威胁,在主观意义上,表明不存在这样的价值会受到攻击的恐惧。"这个说法也许可以概括成这样,即所谓安全,就是客观上不存在威胁,主观上不存在恐惧。参见 Arnold Wolfers , Discord and Collaboration ,Essays on International Politics, Baltimore, Johns Hopkins Press,1971, pp. 149—150.

③ 〔英〕温斯顿·丘吉尔:《英语国家史略》下卷,新华出版社,1985 年,第 242 页。

达近四分之一世纪的战争拉开了序幕。

## 2.2 英国与反法同盟(1793—1812)

英国外交的主要任务就是与大陆国家缔结同盟,并与反对革命极端主义的法国人合作。这对英国来讲是极端必要的。首先,英国人口不及法国的一半。与任何一个大陆主要国家相比,传统上英国对常备军的疑虑使得其军事力量弱小。战争爆发时,英国仅有5万军事人员,其中一半担负着维护国内安全和秩序的任务,其余分散于海外各殖民地。而且军队缺乏指挥和组织,战斗力低下。与拥有50万训练有素的法军较量,英国是无力单独把它逐出低地国家的。无法期望英国在陆战中起到主要作用。此外,英国也拒绝在大陆承担更多的军事义务,只想有限度地卷入,以避免本国人员的伤亡。格伦维尔在上院发表演说时坦率地承认:"从农田和工厂中征集我们自己的年轻人,这不仅会使国内的全部工业陷入停顿,而且会耗尽岛国的人口,削弱我们天赋的力量。与之相比,资助外国军队肯定是更廉价、更精明的。"[1]而资助的钱却非白白扔掉,因为它将用于向英国购买军需品。近年来,英国的经济增长超过了其他国家,它不希望战争干扰经济的发展。在对法作战中,如果双方血流成河,必将严重损害其经济潜力,英国乐观其成。其次,虽然英国拥有强大的海上力量来征服法国的海外殖民地,但它需要盟友在大陆进行抵抗以分散法国的力量,使其在海战和殖民战争中无法全力以赴。而且反法同盟也会阻止法国建立欧洲霸权,通过掠夺和统治海洋邻国恢复其海上力量,危及英国的海权。最后,法国的反革命力量太弱小,仅靠自身实力和英国的援助,根本无法取得成功。因此,大陆盟友的帮助是必不可少的。

---

[1] John Clark, British Diplomacy and Foreign Policy 1782—1865, London, Unwin Hyman, 1989, p. 87.

英国是第一次反法同盟①的组织者和领导者。宣战后,它相继与俄国、撒丁王国、西班牙、那不勒斯、普鲁士、奥地利和葡萄牙缔结条约,提供补助金和贷款。在德意志招募了17 000名雇佣兵。并象征性地派遣了7 000多名远征军奔赴比利时的佛兰德斯。

战争初期,盟军取得了一系列的胜利。英国海军炮轰敦刻尔克,攻占了科西嘉岛,并占领了地中海的土伦军港。奥军击溃了法军,重占比利时。北路军司令杜穆里埃叛变投敌。普军占领了莱茵河左岸,西班牙军队越过了比利牛斯山,外国军队重又侵入法国。法国西部旺代郡的王党分子发动武装叛乱,公开要求恢复王室。② 叛乱迅速蔓延到了60 个郡。为了扩展财富、保障安全,英国的海洋战略仍是传统的殖民地战争模式,把法国束缚在欧洲而在海外打败它。英国占领了印度的法属昌德纳格尔和本地治理。在西印度群岛,战略位置重要而又盛产食糖的多巴哥和圣多明各也落入英国手中。在西印度取得胜利似乎是容易的,它很快成为英国战争努力的焦点。英国领导人不指望海外的胜利会击溃法国,仅仅有助于为战争付款、消耗和削弱敌人。此外,英国还力图开辟反对法国革命的第二战场,帮助大批流亡国外的王党分子返回法国从事颠覆活动。但由于保王派内部的纷争及其对英国的敌视,英国的这一策略收效甚微。③ 总的来说,战事顺利。内阁认为将在12 个月内结束战争。"目前的形势……使得……实现我们目的的希望是合乎情理的。"④

革命的法国面临着生死存亡的危险局面。根据丹东的要求,国民公会于 4 月变相撤消了 1792 年 11 月 19 日法令,宣布共和国将不再干

---

① 这里只是沿袭传统的用法,严格意义上的同盟须符合四个条件才有效:(1)有共同目标——通常是抵御共同的危险;(2)一定程度的共同政策,至少足以解释宣战的理由;(3)万一决定采取共同行动,有具体的合作手段;(4)不合作须受惩罚——也即不予援助的可能性必须存在——否则,受保护会被视为理所当然的事,而相互应尽的义务就会终止。Henry Kissinger, American Foreign Policy, New York, Norton Company Inc.,1969, pp.65—66.

② 关于旺代叛乱的最有名的著作,自然是维克多·雨果的小说《93 年》。

③ 英国支持保王党的原因及王党的内部争论,见 H. T. Dickinson, ed., Britain and the French Revolution,1789—1815,New York, St. Martin's Press,1989, pp.134—137.

④ Jennifer Mori, William Pitt and French Revolution, 1785—1795,Edingburgh, Keele University Press,1997, pp.157—158.

涉他国内政,放弃了在法国境外进行武装革命的宣传。[①] 丹东向盟国方面进行和平试探。盟国已收复了失地,并准备以牺牲法国为代价,作为战争补偿。因此,他们把已经陷入绝境的弑君者提出的不值一文的建议当作笑柄。经济危机一天比一天严重。6 月,肥皂涨价在巴黎触发了新的暴乱。法国只能在胜利或屈服两者中作出选择,便孤注一掷,宣布把战争进行到底:"不自由毋宁死。"激进的雅各宾派掌握了政权,施行"恐怖专政"。改组了救国委员会,实行"统制经济",军事上的最大创新便是确立了大众征兵制,这个构成了所谓总体战的一个基本方面的创新。1793 年 8 月,国民公会决议所有法国人及其所有财产皆须为法兰西民族战争服务。男女老幼同仇敌忾,加上大众支持的革命专政,使之在差不多可想象的最大程度上成了现实。[②] 在国内,法军击溃了旺代叛军的主力,基本稳定了局势。此外,波兰问题牵制了反法同盟的注意力,减轻了对法国革命的压力。在波兰问题上,普奥彼此之间的恐惧和对俄国的恐惧,要比对法国革命的恐惧更大。普奥不可能两线作战,只能在法国和波兰上选择其一。俄国认为普奥注意力集中在法国,自己会有更多的自由处理波兰问题。柏林和维也纳也在思考着同一问题。第二次瓜分波兰毁掉了普奥在 1790—1792 年建立起的良好关系,双方的紧张关系削弱了反法的军事努力。奥地利憎恨第二次瓜分波兰时被排除在外,很快与俄国第三次瓜分了波兰。波兰问题毁掉了第一次反法同盟。波兰牺牲了自己的独立,却为拯救法国革命作出了贡献。[③] 此时,战场上的军事形势发生了转变。1793 年 9 月法军解除了对敦刻尔克的包围,10 月在瓦提尼大败奥军,12 月收复土伦。到 1793 年底,法国肃清了境内的所有外国军队,并转入外线作战。1794 年 6

---

① 见 David Armstrong, Revolution and World Order, the Revolutionary State in International Society, Oxford, Clarendon Press, 1993, pp. 107—108.

② David Armstrong, Revolution and World Order, the Revolutionary State in International Society, Oxford, Clarendon Press, 1993, pp. 88—89.〔英〕迈克尔·霍华德:《欧洲历史上的战争》,辽宁教育出版社,1998 年,第 79—98 页。时殷弘:《新趋势·新格局·新趋势》,法律出版社,2000 年,第二章。

③ 同盟各国在波兰问题上的矛盾使法国渡过了革命最初几年的危机关头,参见〔法〕乔治·勒费弗尔:《法国革命史》,商务印书馆,1989 年,第 257—261 页。〔美〕保罗·肯尼迪:《大国的兴衰》,求实出版社,1988 年,第 148—149 页。Derek Mckay and H. M. Scott, The Rise of the Great Powers 1648—1815, London, Longman, 1983, p. 284.

月弗勒拉斯一役的胜利,使比利时重新落入法国手中。

军事上的失败使同盟到了解体的边缘。虽然这个同盟以英国为主体,共同对敌的需要使各国在一定程度上互相声援,但这种团结从未以正式条约形式固定下来,更谈不上建立统一的指挥和共同使用各国的资源。各国对战争的目标始终未能取得一致意见[①],尽管各盟国承认有击败法国的必要,但他们更关心追求自己的目标。因而作战时兵力分散。它们对波兰、海战和殖民战争的关心至少等于或甚至超过对法国的陆上进攻。同盟战争仍是新颖之事,法国的对手们缺少必要的政治协调和明确的战略。结果,从未有有效的战略。一旦战事不顺,就丧失信心。"第一次同盟中没有一个成员主要为推翻革命而战斗,一些成员根本不愿意打仗。"[②]1795 年 1 月,荷兰退出战争,很快被迫加入法国一方,成为法国的卫星国。由于军事失败和财政困难,普鲁士更关心波兰。1795 年 4 月普法双方签订了《巴塞尔条约》,普鲁士承认莱茵河左岸是法国的东部疆界,这实现了从亨利四世以来法国历代君主所抱的"天然疆界"的夙愿。普鲁士在德意志北部建立了中立区。此后普鲁士一直坚持中立政策,它的中立减少了对法国的战略威胁,对同盟是沉重一击。正如英国陆军大臣邓达司所说,没有普鲁士的支援,"我们将转入悲惨的防御状态"[③]。西班牙于 1795 年 6 月退出战争。拿破仑在意大利的胜利迫使撒丁媾和,摧毁了奥地利在意大利的优势。在大陆上

---

①　反法同盟各国在战争中拥有自己的领土目标,这远比击败法国更重要。英国希望从法国手中夺取更多的殖民地,这不可避免地分散了英国对大陆的注意力,加深了大陆国家对英国的猜疑。英国想延长陆战,扩展海外帝国。英国希望以牺牲法国为代价寻求补偿,特别是劝说奥地利占有比利时,并将其扩张到法属佛兰德斯。盟国的目标与英国是截然相反的。普鲁士的战争目标是解决安全问题和满足自己的领土野心。奥地利的目标是解决它的安全困境,因为它地处俄、法之间,易受侵略和攻击。奥地利想用比利时交换巴伐利亚。普奥要求在波兰得到补偿。在盟军的指挥权上奥地利与普鲁士存在着分歧。见 Derek Mckay and H. M. Scott, The Rise of the Great Powers 1648—1815, London, Longmon, 1983, pp. 284—285. Paul Schroeder, The Transformation of European Politics 1763—1848, Oxford, Clarendon Press,1994,chapter 3.

②　Paul Schroeder, The Transformation of European Politics 1763 — 1848, Oxford, Clarendon Press,1994, p. 100.

③　Jennifer Mori, William Pitt and French Revolution, 1785—1795,Edingburgh, Keele University Press,1997, p. 207.

只剩下奥军成为反法主力。[①] 1797 年 4 月,双方签订停战《累欧本协定》。10 月,奥地利被迫签订了《坎波·佛米奥和约》,放弃了比利时,把莱茵河左岸割让给法国,承认法国在意大利北部的优势地位,这超越了路易十四和路易十五的夙愿。该条约是"第一次同盟的政治讣告"[②]。

1795 年秋,英国认真考虑在大陆的抵抗崩溃前,与法国和谈结束战争。[③] 1796 年 10 月,马姆斯伯里勋爵赴巴黎谈判,谈判务必要保证比利时的独立并确保奥地利的利益,拒绝与法国单独媾和。英国要求法国放弃已征服的欧洲领土,承认英国对法国海外殖民地的占领。法国的要求则截然相反。12 月,谈判失败。英国想拉俄普加入同盟,但普鲁士不感兴趣,俄国的要价太高。1797 年 4 月和 5 月,英国水兵先后在斯皮海德和诺尔发动起义,在短期内几乎造成了英国海军的瘫痪。[④]

英国别无选择,只能再次尝试和谈。英国甚至想放弃比利时,除战略地位重要的特里尼达、锡兰和好望角外,放弃征服的全部海外殖民地,寻求最低限度的殖民地安全条约。1797 年 6 月,马姆斯伯里勋爵再次出使法国。但果月政变后,经过改组的督政府中军方居主导地位,

---

①　由于国际体系结构中大国间权力分配和地缘性因素,法国直接威胁到奥地利的属地,它在意大利的势力范围和德意志的领袖地位,正好处在扮演承担责任者的尴尬位置上,使之成为无法推卸责任的国家。〔美〕约翰·米尔斯海默:《大国政治的悲剧》,上海人民出版社,2003 年,第八章。John Clark, British Diplomacy and Foreign Policy 1782—1865, London, Unwin Hyman,1989, p. 85.〔英〕艾瑞克·霍布斯鲍姆:《革命年代》,江苏人民出版社,1999 年,第 110 页。奥地利继续参战的原因是为了避免经济破产,Paul Schroeder, The Transformation of European Politics 1763—1848, Oxford, Clarendon Press, 1994, p. 154. Ian R. Christie, War and Revolution, Britain 1760—1815, London, Edward Arnold Ltd, 1982, p. 233.

②　Derek Mckay and H. M. Scott, The Rise of the Great Powers 1648—1815, London, Longmon, 1983, p. 288.

③　英国愿意谈判的原因是 1794 年和 1795 年农业歉收,贸易萎缩,黄金储备减少,经济危机严重,人民普遍厌战,爱尔兰独立运动高涨,西印度战场人员损失严重。英国认为通过热月政变于 1795 年 10 月成立的督政府与雅各宾政府相比是一个不太激进、稳定、值得尊敬的谈判对象。John Clark, British Diplomacy and Foreign Policy 1782—1865, London, Unwin Hyman,1989, pp. 89—93. Ian R. Christie, War and Revolution, Britain 1760—1815, London, Edward Arnold Ltd,1982, pp. 237—240.

④　见王觉非主编:《近代英国史》,南京大学出版社,1997 年,第 374—375 页。金志霖主编:《英国十首相传》,东方出版社,2001 年,第 109 页。

他们拒绝作出任何让步,要求英国满足法国的全部要求,无条件投降。否则,限令马姆斯伯里 24 小时内离开里尔。马姆斯伯里勋爵拒绝了法国的最后通牒,10 月初谈判破裂。[①] 马姆斯伯里发现共和国不可分割的观念牢牢地存在于督政府的思想里,他们的外交观念已完全不同于旧的欧洲国家。皮特最终认识到传统的外交格言已不适用于法国。1797 年 9 月,只剩下英国独自作战。[②]

　　然而,到 1797 年底,英国的境况得到显著改善。它有效地处理了兵变,恢复了海军的战斗力,在圣文森特角和坎普当击败了加入法国一方作战的西班牙和荷兰舰队,士气大振。法国的新盟国还丧失了西印度群岛、马六甲、锡兰和好望角的殖民地。而这些殖民地为英国提供了新的市场,为海军提供了新的基地。尽管英格兰银行在 1797 年停止支付现金造成了一时的恐慌,但英国的信贷系统仍很坚挺。英国政府开征了新的所得税,并筹借了新的贷款。对英国人而言,这场战争既是为了帝国的安全,也是为了民族的生存,他们决心与法国战斗到底。

　　为了打破孤立状态,英国努力组建一个新的同盟。格伦维尔提出,为了避免上一次同盟的错误,在重新发动战争之前,英国愿与盟国在政治目标和军事战略上达成一致协议。英国指望与俄普奥紧密合作,确保奥地利在意大利北部的利益,限制普鲁士在德意志的扩张,最大限度地消除普奥两国之间的敌对;为了缓和法国舆论,法国退回到战前疆界,保留战前大部分殖民地;加强法国的邻国,比利时和荷兰合并,热那亚并入皮埃蒙特;英国占有法属印度领地,荷兰的锡兰、好望角和开普殖民地,确保英国制海权。更重要的是,该方案由英俄普奥四大国共同保证。[③] 该方案得到了皮特的赞同。但东方三国之间矛盾重重,英国对三国的不满也很难消除,它们之间缺乏基本的互信。因此,尽管伦敦多方奔走,但仍无法形成同盟。

---

　　① 关于双方不能达成和解的精辟分析,见 Paul Schroeder, The Transformation of European Politics 1763—1848,Oxford, Clarendon Press,1994, pp. 174—176.

　　② 对在第一次反法同盟中英国失败原因的分析,见〔美〕保罗·肯尼迪:《大国的兴衰》,求实出版社,1988 年,第 149—150 页。

　　③ 见 H. T. Dickinson, ed., Britain and the French Revolution, 1789—1815, New York, St. Martin's Press,1989, p. 132. John Clark, British Diplomacy and Foreign Policy 1782—1865,London, Unwin Hyman,1989, pp. 96—98.

在当时当地的条件下,法国和英国都面临着重大的战略抉择。法国和英国就像一只老虎和一头鲨鱼,它们在各自的领域内都是庞然大物。但英国的制海权无法独自打破法国的欧陆霸权,而法国虽然在军事上独霸欧洲,却也不能使英伦三岛臣服。只要英国傲然独立,巴黎就没有把握让大陆其他国家永远接受其统治,因为法国对被征服地区横征暴敛激起了他们的不满乃至反抗。拿破仑清醒地认识到,应该"让我们把我们一切活动能力集中在海军上,从而打垮英国。此事一旦完成,我们便把整个欧洲踩在脚下了"①。由于大陆上取得的胜利还不足以制服英国,所以法国只有通过同英国打一场成功的海上战争和一场贸易战才能实现其目标。反之亦然,既然英国的海权也不足以使法国低头,它就需要直接出兵干涉,争取盟友,向法国在大陆的统治地位发起挑战。只要交战一方控制着大陆,另一方统治着海洋,双方都会感到坐立不安。要想打破这个僵局,双方就必须采用新的方法,寻求新的盟国。

直接入侵英国不可能,利用英国国内的叛乱、袭击英国商业很显然是不够的,"通过占领埃及威胁通往印度的航线,摧毁英国战争意愿和能力的想法似乎更有吸引力"②。埃及是法国传统的商业和势力范围,占领埃及有利于法国海上和商业的发展,提升国际威望和国内士气,"这次远征基本上是一个弱小分裂的政府,更多的是由于国内而不是外交政策的原因所进行的富于侵略性的冲动,没有严肃地考虑其可行性和可能的后果"③。1798 年 5 月,拿破仑率军远征埃及,以阻断英国通往印度的主要通道,并进而占领土耳其和摧垮不列颠殖民帝国。这一举动意义重大:"旨在称霸的大陆强国······倘若能在亚非两洲的这个连接点站住脚,大陆原理就会赢得对海洋原理的一场决定性战役,对欧洲大半岛的包围就会被打破。"④但他的舰队在阿布基尔海战中彻底失

①〔英〕约翰·霍兰·罗斯:《拿破仑一世传》下卷,商务印书馆,1977 年,第 18 页。

② Paul Schroeder, The Transformation of European Politics 1763－1848, Oxford, Clarendon Press,1994, p. 177.

③ Paul Schroeder, The Transformation of European politics 1763－1848, Oxford, Clarendon press,1994, p. 179.

④ Ludwig Dehio, The Precarious Balance:The Politics of Power in Europe 1494－1945, London,Chatto&Windus, 1963, p. 150.

败,远征行动遂因海上供应线被切断而告破产。

　　与法国对峙的英国并没有忘记,为了压倒对手,必须在大陆重燃战火。拿破仑在埃及的失利鼓舞了憎恨法国统治的国家,为英国重建反法同盟提供了机会。法国在地中海方向的扩张直接威胁俄国在巴尔干和东地中海的利益,占领马耳他是对作为该岛圣约翰骑士团的保护者沙皇保罗一世的公然蔑视,俄国一改以前对法国的消极政策,决意对法开战。法土之间的良好关系也由于法国的远征而破裂,1798 年 9 月土耳其对法宣战,并于次年与英俄结盟。法国违反《坎波·佛米奥和约》,在意大利扩张势力范围,接管了瑞士。1799 年 3 月,奥地利参战。但普鲁士仍保持中立,置身事外。

　　盟军在战争初期取得了辉煌的胜利。到 1799 年夏天,法军被迫退过莱茵河,并在意大利和瑞士几次惨遭败绩,俄国舰队占领了爱奥尼亚群岛。苏沃洛夫和科萨科夫统率的俄军在意大利和瑞士战役中担负繁重的作战任务,他们对英奥联军日益不满。此时,战场的形势也发生了逆转。1799 年 8 月,英俄联军在荷兰登陆,企图迫使法军两线作战,但不到两月就战败撤军 。[①] 与此同时,俄奥关系也急转直下。盟军在攻陷意大利北部后,奥军专注于在意大利扩张领土,拒绝与俄军进攻法国本土。俄军孤军深入,被法军击败,俄奥反目。英国必须在俄奥之间作出选择,它最终选择了奥地利。10 月,俄国愤而退出战争[②],第二次反法同盟名存实亡。

　　1799 年 11 月 9 日(雾月 18 日),从埃及返回巴黎的拿破仑发动雾月政变,开始了拿破仑执政时期。他上台后便向英俄奥三国建议尽快停止军事行动,条件是法国保有它的全部占领区。皮特在下院发表了一篇著名的演说回答拿破仑的建议。他猜透这建议背后的意图是分化瓦解同盟。他用西赛罗的话坚决拒绝了对英国提出的和平建议。"为

　　① 对失败原因的分析,见 Derek Mckay and H. M. Scott, The Rise of the Great Powers 1648—1815, London, Longmon, 1983, p.296.〔法〕乔治·勒费弗尔:《法国革命史》,商务印书馆,1989 年,第 479 页。Christie, War and Revolution, Britain 1760—1815, London, Edward Arnold Ltd,1982, pp.247—248.

　　② 表面上军事的失败导致俄国退出同盟,深层的原因是盟国的战略目标分歧太大。见 Paul Schroeder, The Transformation of European Politics 1763—1848,Oxford, Clarendon Press,1994, pp.201—207.

什么我再一次拒绝媾和呢？因为这种和平是不可靠的,危险的,因为这种和平是不可能缔订的。"①1800 年 6 月,这位"革命的皇帝"在意大利的马伦戈大败奥军。12 月,法军在霍亨林登再次战胜奥地利。1801 年 2 月,法奥签订了《吕内维尔和约》,奥地利承认法国以莱茵河左岸为界,比利时完全脱离奥地利,接受法国在意大利、荷兰和瑞士建立的共和国,法国同意奥地利占有威尼斯地区。

为了分化瓦解敌人,拿破仑把7 000名俄国俘虏装备齐全地交还沙皇,不要任何补偿。在这一行动之后,第一执政随即提出一项建议,把马耳他置于俄国的保护之下。英国曾答应把马耳他给予俄国,但现在不出拿破仑所料,伦敦拒绝把已由英国控制的马耳他交给沙皇管辖。俄国不希望在东地中海有他国的海军基地,这会危及俄国的利益,俄国也憎恨英国只出钱不出人。② 保罗与英国彻底决裂,并立即组织反对"海上霸主"的武装中立同盟。饱受英国海上霸权之苦的丹麦、瑞典和普鲁士加入了同盟。为了惩罚背信弃义的"阿尔比昂"③,俄法双方商谈了远征印度的计划。由于保罗一世遇刺身亡,拿破仑的这个"要求一名疯子援助来成功的异想天开的计划"④终告破灭。但即位的亚历山大一世没有放弃以往的外交政策。1801 年 10 月,双方签订了《巴黎和

---

① 〔苏〕B. Д. 波将金等编:《外交史》第一卷(上),三联书店,1979 年,第 584 页。英国的回复见〔法〕拿破仑:《拿破仑流放日记》,海南出版社,2007 年,第 165 页。

② 盟国对英国的援助并不满意,他们要求英国在西线有强大的军队。欧洲大陆国家总是低估了英国在发动和维持针对强大的海岸防卫的两栖作战的真正问题。另一方面,他们在要求财政援助时高估了英国的财富,1798 年英国通过工资税增加税收后,才能够足额提供补助金。对大陆国家的援助显示了英国同大陆国家之间(甚至可以广而言之地说一般国家之间)在相互理解方面的固有障碍:小皮特对大陆国家的危急处境并无切肤之痛,大陆国家则难以体会英国开辟西线战场和足额提供补助金的严重困难。国际关系中真正设身处地替对方国家设想的事,是极罕见的。英国的商业政策激怒了欧洲。它主要的力量在于商业和使用海军作为经济武器,增加自己的资源,削减对手资源。英国更多依赖经济武器,也冲击了与其他国家的商业往来。英国要求他们开辟市场,危及他们的经济和税收。一旦对法战争开始,英国对与法国进行贸易的国家施行管制。大陆国家也恐惧与英国结盟会招致法国的大规模报复。H. T. Dickinson, ed., Britain and the French Revolution, 1789—1815, New York, St. Martin's Press, 1989, pp. 136—140.

③ 阿尔比昂 Albion,来源于拉丁文 Album,意为白色,为大不列颠岛古名。盎格鲁撒克逊人到该岛后,公元 5 世纪始有英格兰之称。以阿尔比昂称英国,是较富诗意的说法。

④ Ludwig Dehio, The Precarious Balance: The Politics of Power in Europe 1494—1945, London, Chatto & Windus, 1963, p. 157.

约》及秘密协定。同月，法国与土耳其签订和约，答应将埃及归还土耳其。

英国失去了在大陆的最后两个盟国，再次陷入孤立。1801 年 2 月，由于在爱尔兰天主教徒解放问题上遭到乔治三世的反对，小皮特被迫辞职。亨利·阿丁顿上台，决意与法国议和。"战争的主要目标是为了避免危险而不是获得新的战利品。"①1802 年 3 月，双方签订了《亚眠和约》。法国在殖民地方面作了些让步，以平衡其在欧洲的权势。它"巩固了因法国占优势而遭到破坏的政治均势，实质上将西欧大陆送到……拿破仑手里"②。而英国依然是海上霸主，统治着印度。确认了英法之间的战略僵局。英国公众舆论虽然比以前有些淡漠，但还是满意的；这个岛国的居民成群结队奔往法国，想对一个为许多重大事件所改变了的，并被这样一位非凡的人物统治着的国家进行一番好奇的考察。虽然政界的批评日益增多，但议会此次仍然跟着政府走。

拿破仑在签订亚眠和约时已声威卓著。欧洲已同意放下武器，不再反对他对自然疆界的要求。但他那种一遇机会就一发不可收拾的权力欲，未能使他对这样的成就感到满足；而法国在成为自己命运的主宰时，如果只关注自己的民族传统和民族利益，他本来会对这些成就感到满意。拿破仑如果停止干扰英国在海上和殖民地的事业，同意重新开放法国市场，并且满足于对其邻国施加他力所能及的、而又为法国疆界安全所需要的合法影响的话，那么法国将一无所失。然而，甚至在亚眠和约缔结之前，拿破仑就已表明，他并不是这样理解问题的。他不懂得"历史教导人们如何适可而止才不致产生祸患"。

但是，"对拿破仑而言，和平是战争通过另一种手段的继续"③。不久拿破仑违反和约，在意大利、德意志和瑞士扩充势力，恢复在加勒比海和地中海东岸的海权。当拿破仑的行动很清楚地表明普遍的和平不

①　Paul Schroeder, The Transformation of European Politics 1763 - 1848, Oxford, Clarendon Press, 1994, pp. 225-226.

②　〔苏〕B. Д. 波将金等编：《外交史》第一卷（上），三联书店，1979 年，第 587 页。和约对法国优势的确认，见 Stuart Woolf, Napoleon's Intergation of Europe, London, Chapman and Hall Inc., 1991, p. 23.

③　Paul Schroeder, The Transformation of European Politics 1763 - 1848, Oxford, Clarendon Press, 1994, p. 289.

是使法国在欧洲的扩张停止而是使其加快脚步的时候,英国商业界在失望之余,大大忧虑起来。1803 年初法国的行为是刺激性的,然而不构成开战的理由,英国虽不喜欢看到法国重建它的殖民帝国,但他们也不会为阻止它这样做,而提早重新开战的。但是,威胁英国的属地却完全是另外一回事。拿破仑任命一位仇英人士担任印度总督,恢复了在印度的据点,并向印度派遣军队,驶往印度的军队数量之多远远超出紧急形势的需要。在海上,拿破仑命令海军大臣建设一支强大的海军。这引起了英国的警觉。英国得出结论,法国正在计划对埃及和印度发动一场新的进攻。这使得英国采取行动,首先不惜冒战争的危险阻止法国进一步扩张,如此只能是违反《亚眠和约》。1802 年 9 月,英国拒绝撤出马耳他,它决不允许拿破仑把地中海变为法国的内湖。但英国尚未做好战争准备,它努力避免或推迟冲突。1802 年 9 月—1803 年 3 月双方谈判一度接近成功,但拿破仑决心把英国赶出大陆,使得战争不可避免。1803 年 1 月,拿破仑在《政府通报》发表了塞巴斯蒂亚尼将军出访近东的报告,其中提到了"一万士兵足以再征服埃及"的名言。

1803 年 5 月,英国对法国宣战。英国已经在欧洲向法国让步了,"英国发动战争仅仅是因为他们无法忍受拿破仑的进一步挑战和侮辱,法国参战因为波拿巴不能停止这样做"①。拿破仑对维护和平是不感兴趣的。正如他自己所言:"我的权力是从我的名誉得来的,我的名誉是从我屡战屡胜得来的。如果我不再有光荣,不再多打胜仗,维持我的权力,我的权力就会倒地了。是战胜征服使得我居今日的地位,亦唯有战胜征服,可以保全这个地位。"②1803 年 4 月,皮特再度执政,积极开展外交活动组织反法同盟,改变了对补助金的态度,愿意为任何一个盟友提供补助金。但大陆国家仍然犹豫不决,任何人都会考虑到如果加入到英国一方,肯定会遭到法国的大规模报复。旧欧洲担心另一场战争会导致其最终的毁灭。拿破仑拒绝了亚历山大一世调停英法争端的建议,而沙皇对拿破仑插手东地中海疑虑重重。1804 年 3 月拿破仑违

① Paul Schroeder, The Transformation of European Politics 1763 — 1848, Oxford, Clarendon Press, 1994, p. 243.

② 〔法〕拿破仑·波拿巴:《拿破仑日记——一代王者的心灵史》,中共党史出版社,2007年,第 99 页。

反国际法，在俄国皇后的祖国——中立国巴登劫持当甘公爵一事终于使这两个人彻底决裂。1804 年 11 月，拿破仑在巴黎圣母院加冕称帝。法兰西帝国的创建加速了第三次反法同盟的形成。

由于英俄两国利益上的冲突，直到 1805 年为回应俄国提议结盟的沃龙佐夫草案①的小皮特方案出台，才组成了第三次同盟。小皮特建议说，法国必须退回到革命前的边界；荷兰共和国必须恢复独立，并与比利时各省联合起来，以增强抵抗法国未来侵略的力量，"如此便不着痕迹地将英国最主要的顾虑变成和平方案的原则之一"②。同样，瑞士也必须恢复它的领土和独立；奥地利将得到意大利的领土，作为失去比利时省份的补偿；普鲁士则将从德意志诸邦中得到补偿（作为促使它加入联盟的诱饵）；为了保卫从法国到意大利的通道，皮蒙特—撒丁王国应予恢复，并重新得到萨瓦以便加强其力量。以牺牲小国为代价，加强法国邻国的实力而不是减少法国以前的规模在欧洲遏止住法国。该方案表明，此时英国更加关注法国在欧洲的扩张，英国在海外的扩张是次要目标。小皮特对俄国人表示，推翻法国政府是更次要的目标。尽管恢复波旁王朝是令人希望的事情，但是，如果能够在已经宣布的原则上获得和平，没有必要为延长战争找理由。"皮特避免提及组织一个欧洲政府，反之，他建议由英国、普鲁士、奥地利及俄罗斯针对法国的侵略组成永久性同盟，借此作为新的领土安排的保证……作为国际秩序的基础。"这是自威斯特伐里亚和约以来，"现在首次有全欧洲的和平方案出炉"，正如基辛格所说："到拿破仑战争即将结束时，欧洲已准备以均势为原则来建立国际秩序，这是欧洲史上空前绝后之举。"该计划的缺陷是缺乏充足的细节，丝毫没有提及波兰问题。但英国坚持占有马耳他、米诺卡岛和开普殖民地，阻碍了同盟的形成。迟至 1805 年 4 月，英俄才缔结同盟条约。奥地利和土耳其相继于 8 月和 9 月加入同盟。

---

①　沃龙佐夫草案见 A. W. Ward and G. P. Gooch, ed. , The Cambridge History of British Foreign Policy, London, Cambridge University Press, 1922, Vol. Ⅰ pp. 335－336 . Harold Nicolson , The Congress of Vienna ,London, Constable Co Ltd, 1946, p. 52. 〔美〕巴巴拉·杰拉维奇：《俄国外交政策的一世纪 1814－1914》，商务印书馆，1978 年，第 30 页。H. G. Schenk, The Aftermath of The Napoleonic Wars : the Concert of Europe — an Experiment , London, Kegan Paul, 1974, pp. 28－30.

②　〔美〕亨利·基辛格：《大外交》，海南出版社，1998 年，第 56 页。

英国人民的爱国精神高涨。曾经一度歌颂法国革命的英国诗人华兹华斯,这时用下面的语句写出了英国人的御敌精神:"再也不用谈判了! 英国人已万众一心;肯特团的战士,全国都支持你们;不战胜毋宁死!"1805 年初,拿破仑着手在法国的布洛涅集结大军,准备以少量战舰护航下的大量平底船为载体渡海攻打英国。"只要三天大雾,我就可以成为伦敦、英国议会和英格兰银行的主人。"①然而 10 月,在特拉法加角,法西联合舰队遭遇名将纳尔逊率领的英国舰队,经激战而大半被歼。此战"把拿破仑的侵英梦想完全击碎了。它使一百年来的英法海上争霸战从此告一结束。它使英国获得了一个海洋帝国,这个帝国维持达一个世纪以上,使所谓不列颠和平(Pax Britannica)变得具有可能"②。无论如何,这场战役堪称欧洲历史的转折点。拿破仑的海军实力被彻底摧毁,再也无力挽回,他企图击败不列颠的希望也彻底幻灭。他的胜利局限在欧洲大陆,尽管令人瞩目,但却无法打破英法之间的战略僵局。英国自此倚仗海上势力控制与欧洲的贸易往来,还保持在西班牙或任何其他有需要的地方驻军。从长远意义上看,对拿破仑而言,特拉法加海战的失败和后来兵败滑铁卢一样是致命的重伤。

这场辉煌的胜利虽说保证了英伦三岛的安全,但未动摇拿破仑在欧洲的地位。同月,法军在乌尔姆大败奥军。12 月 2 日,拿破仑在奥斯特里茨击溃俄奥联军,使他的权力不仅在法国而且在全欧洲都达到顶峰。小皮特非常清楚此役在政治上的重要意义。当他听说拿破仑取胜的消息,下令仆人"卷起欧洲地图,未来七年我们不再需要这玩意了"③。12 月 26 日,法奥签订《普雷斯堡和约》,奥地利被赶出了意大

---

① 〔苏〕叶·维·塔尔列:《拿破仑传》,商务印书馆,1995 年,第 118 页。

② 〔英〕J. F. C. 富勒:《西洋世界军事史》第 2 卷,军事科学院,1981 年,第 378—379 页。拿破仑战争的地缘战略逻辑在德约话中得到深刻阐述:"这单单一次海战怎样给胜利者带来了经久不移的制海权,而在前两代人时间里英国的优势一次又一次受到法国(海上力量)新建设的挑战? ……事实上,环绕这次海战生出了某种神话。它确实是最后一次对法大海战;然而,它所以是最后一次,只是因为其后不久拿破仑在陆上被摧垮了,而这(陆上)失败反过来又是因为他无法在海上制服英国,否则他本不会向莫斯科进军。假如他在陆上赢了,那么即使有特拉法加海战,他仍会重开海上战斗。" Ludwig Dehio, The Precarious Balance:The Politics of Power in Europe 1494—1945, London,Chatto&Windus, 1963, p. 164. 也可见〔美〕帕尔默、科尔顿:《近现代世界史》中册,商务印书馆,1992 年,第 523—524 页。

③ 〔英〕杰弗里·里根:《改变历史的战役》,上海人民出版社,2007 年,第 208 页。

利,结束了它在德意志的优势。

1806 年 1 月小皮特逝世后,英国也渴望和平。大陆战争失败了,同盟被粉碎了。英国的经济情况良好,工业繁荣稳定,控制了人民的骚乱,停止提供补助金缓解了政府的财政,通过走私贸易和与北欧、俄国、西半球的正常贸易弥补了与普鲁士断交后的贸易损失。格伦维尔组成了联合政府,被称为能人内阁。对法友好的福克斯任外交大臣,他认为和平是阻止法国入侵的唯一手段。福克斯说:"如果我们不能削弱法国的庞大力量,那么,制止它的发展对我们终归有点好处。"换言之,他建议再次进行和平试验。

1806 年 2 月英法谈判,英方执行强硬路线,福克斯要求必须与俄国协同进行谈判,缔结的条约必须是英国的盟友能够接受而不失体面的,拒绝以《亚眠和约》作为解决问题的基础。他坚持以"实际占有"作为谈判的基础,保证土耳其的完整,汉诺威归还英国。拿破仑同意归还汉诺威,但要求把西西里交给法国,波旁的斐迪南德可在其他地方得到补偿,这导致了僵局。7 月俄国同法国单独签订和约(事后沙皇拒绝批准该条约),英国再次被抛弃了。福克斯改变了态度,再次要求以"实际占有"为谈判的基础,但答应可以交出西西里,条件是为斐迪南德找到一个稍微像样的补偿。法国毫不客气地答复道,要是以"实际占有"作为谈判的基础,那么法国就要占有摩拉维亚、斯蒂里亚、整个奥地利本部和汉诺威。法国的目标是要像《亚眠和约》那样把英国赶出大陆,阻止它干涉近东,让欧洲准备进一步反对英国的商业和海战,通过与俄国单独媾和迫使英国接受法国的条件。9 月 13 日,福克斯去世。[①] 英国政府认识到通过妥协达成和平是不可能的。10 月份谈判破裂之前,拿破仑早已离开巴黎,准备进攻普鲁士。

---

①　法国的历史学家常常说福克斯死后,主战派掌权,谈判的性质截然改变。拿破仑在圣赫勒拿岛也对拉斯卡斯说:"福克斯的去世是我这一生中致命的事件之一。"但事实远非如此。在去世前不久,福克斯曾对其侄儿表示和平无望:"这不是由于争议之点关系重大,而是因为法国人说话不算数。不是西西里岛的问题,而是法国人推委搪塞,出尔反尔,使我看穿了他们是在耍花招。既然这样,任何让步都是轻率的,这会使人认为我们不讲信义,也会使我们的盟友振振有辞地表示怀疑、责备,甚至抛弃我们。"A. W. Ward and G. P. Gooch,ed., The Cambridge History of British Foreign Policy, London, Cambridge University Press, 1922, Vol. Ⅰ, pp. 354—355.

西西里是英法谈判的绊脚石,汉诺威则是普法战争的导火索。在巴黎谈判时,英方代表私下通知普鲁士大使,说法国外交大臣塔列朗已答应把汉诺威归还乔治三世。[①] 1806 年 7 月,拿破仑建立了莱茵邦联,并宣布他是邦联的保护者,神圣罗马帝国正式宣告解体。这样做是"为了限制奥地利和普鲁士的影响,拒绝俄国依据 1799 年的《铁申和约》干预德意志政治,使拿破仑控制邦联成员的军队和资源"。这使得拿破仑的权力深入到德意志的心脏地区,直接威胁到普鲁士的安全。

"拿破仑使普鲁士面对一个压倒性的军事威胁,迫使它在完全独立或为生存而战中作出选择。"[②]普鲁士只想遏制法国,而不是向它挑战。普鲁士与俄国签订了秘密协议,英国表示给予普鲁士补助金,但前提是汉诺威归还英国。9 月,形成了第四次反法同盟。在决定这场战争时,起决定性作用的是感情冲动,而不是对力量对比的冷静考虑。尚不具备通过政治上的深思熟虑制定一个深谋远虑的军事战略的各种前提条件,普鲁士出于绝望,在极为不利的情况下,10 月 1 日发出最后通牒,限法军 10 日内撤出莱茵地区。拿破仑于 10 月 8 日分兵三路进攻普鲁士,俄国忙于对土耳其的战争,无法立刻出兵支援。奥地利作壁上观,幸灾乐祸地看着普鲁士的毁灭。伦敦的补助金也没有及时来到。14 日,拿破仑在耶拿和奥尔施泰特大败普军,27 日乘胜进入柏林。

1806 年 11 月 21 日拿破仑颁布《柏林敕令》,宣布"不列颠岛处于封锁状态","禁止与不列颠岛的任何贸易和任何往来",禁止一切从属于法国的国家与英国及其殖民地有任何往来,即使是中立国的船只,只要它们在驶往大陆各港口的途中驶入英国港口被禁止驶入大陆各个港口;居留在大陆上的英国臣民一律逮捕;英国的一切商品和商船都在没收之列。奠定了拿破仑大陆封锁体系的基础。[③] 他以其人之道还治其人之身,要用"陆地的力量征服海洋"。从国际政治的观点看,柏林敕令

---

① Jeremy Black, From Louis ⅩⅣ to Napoleon, the Fate of a Great Power, London, UCL Press,1999, pp. 186—187.

② Paul Schroeder, The Transformation of European Politics 1763 — 1848, Oxford, Clarendon Press,1994, p. 303.

③ 有关大陆封锁体系的最好素材,有〔法〕乔治·勒费弗尔:《拿破仑时代》下卷,商务印书馆,1978 年。Eli F. Heckscher, The Continental System: An Economic Interpretation, Oxford, Clarendon press,1922.

的重要意义很少是由于法国反对英国经济战的宣战,更多的是法国从政治上控制欧洲国家、盟友和中立国的政治宣言,拿破仑在为欧洲立法。

1807 年 1 月,英国内阁以国王命令的形式,实行反封锁,宣布禁止中立国家与敌视英国的国家进行海上贸易,要求中立国船只进入港口接受检查并缴纳关税。英国企图依靠强大的舰队对法国实施反封锁。毫无疑问,英国的经济受到大陆体系的重创,但英国在战争中坚持下来,并最终成了赢家。[①]

针对英国的反措施,拿破仑又两次颁布"米兰敕令",宣布对来自英国港口、来自英国殖民地、来自英国占领国家的船只或开往这些国家的船只一律没收。后来他又颁布了"枫丹白露敕令",完成了大陆封锁的立法手段。根据这个体系,拿破仑的卫星国必须和法国合作,在整个大陆排除英国的商品。他希望英国丧失它的市场后,最终耗尽英国的财富,使它无法资助大陆军队,使英国人民起来反对他们的政府,迫使英国投降。英法之间的冲突是谁主宰世界经济,最终是统治全球的两种截然相反的体制之间的冲突。英国渴望以其工业和金融实力为中心创立一种世界经济。而拿破仑希望通过借助大陆体系,发展以法国为中心的大陆经济。最终,法国领导下的统一的欧洲可以自然而然地将海洋置于其统治之下。

普鲁士被征服以后,拿破仑挥师东进,开进波兰。1807 年 2 月在艾劳战胜俄军,取得了一场代价昂贵的胜利。6 月在弗里德兰战役中,法军获胜。沙皇同意停战签订和约,"渴望通过同征服者结盟得到和平"。[②] 7 月 7 日双方签订了《提尔西特和约》,"该和约确立了法国在欧洲大陆上的霸权",[③] 和约规定在英法谈判中俄国承担调停任务,如果英国拒绝,俄国对英国宣战,并同意参加大陆封锁。兰克写道:"较之路

---

① 英国挺过封锁的原因:工业革命带来的宏伟资源,良好的财政体系,英国积极开拓美洲、印度市场,扩大国内需求,大陆封锁不严密。Ian R. Christie, War and Revolution, Britain 1760—1815, London, Edward Arnold Lt d,1982, pp. 312—313. John Clark, British Diplomacy and Foreign Policy 1782—1865,London, Unwin Hyman, 1989, pp. 116—117.〔美〕保罗·肯尼迪:《大国的兴衰》,求实出版社,1988 年,第 158—159 页。

② 〔德〕艾米尔·路德维希:《德国人》,三联书店,1991 年,第 245 页。

③ 〔英〕艾瑞克·霍布斯鲍姆:《革命年代》,江苏人民出版社,1999 年,第 114 页。

易十四时代发生的一切,现在是大有过而无不及。传统的欧洲自由泯没无存。欧洲似乎将被法国吞噬。此前看来只是一种遥远危险的普遍帝国,现在几乎成了现实。"①但《提尔西特和约》是不稳定的,拿破仑从未打算让亚历山大成为自己平等的伙伴。

1807 年形成了战略僵局,英法两国就如同迦太基和古罗马一样:一个是海上霸主,一个是陆上霸主。两国都无法击败另一方,采用 18 世纪的有限结盟也无法做到。大陆封锁切断了英国与潜在伙伴的正常外交关系,通过外交无法建立联盟,当时岛国人心惶惶,展望前途,那种独处一隅的情景,会使人想起维吉尔的名句:"不列颠人,几乎与世隔绝。"此时英国的生存和自由处于生死攸关,大陆封锁使得英国丧失了欧洲市场,输往中立国的商品锐减。英国对大陆作战,赢得甚至度过这场消耗战的前景暗淡,英国一方面力争俄国的支持,表示英国希望和平,维持与俄国的良好关系,接受俄国调停。事实上,如果英国的利益受到完全地保护,英国考虑结束战争,接受新秩序,英国认识到它必须与法俄伙伴共处。

由于在天主教徒解放问题上与国王发生冲突,格伦维尔辞职。1807 年 3 月,波特兰内阁成立。英国政治家们认为不可能与拿破仑制订稳定和永久的解决方案,得出结论"与拿破仑媾和必定招致毁灭"。为了阻止丹麦加入大陆封锁,打破海上优势,1807 年 7 月英国向丹麦建议缔结秘密同盟。丹麦交出舰队,英国补贴丹麦 10 万英镑,并在其遭到法国攻击时提供军事援助。丹麦断然拒绝。8 月底,英国舰队炮轰哥本哈根,迫使其投降。英国的行为使其声誉和利益受到了严重的损害。

丹麦事件加快了拿破仑占领伊比利亚半岛的决定。在欧洲的另一端,伊比利亚半岛具有一条难以封锁的长长的海岸线。为了更严密地控制这条海岸线,1807 年 7 月拿破仑要求葡萄牙与英国断交。当里斯本政府拒绝后,9 月法军侵入葡萄牙,葡萄牙王室逃往巴西。作为法国盟国的西班牙也遭到了同样的命运。1808 年 5 月,拿破仑以调解西班

---

① 〔美〕戈登·克雷格、亚历山大·乔治:《武力与治国方略——我们时代的外交问题》,商务印书馆,2004 年,第 40 页。

牙王室纠纷为名,把国王及王子招到巴荣纳,逼迫他们退位,并宣布自己的长兄约瑟夫为西班牙国王。西班牙人民以出人意料的毅力奋起反抗。

　　1808 年的半岛战争给英国在欧洲提供了新的道义力量,极大地加强了英国继续反对拿破仑的信心。数次反法同盟的失利使英国政治家确信,海权仅是一种防御性武器,无法阻止法国在大陆的胜利,传统的海洋和殖民战略不足以击败法国,需要制定一种新的战略,英国必须派遣大量远征军,直接承担更多的军事义务。西班牙向英国求援,英国有了用武之地,可以直接干预西班牙。7 月 4 日,英王就此事在议会致辞时说:"西班牙民族这样崇高地同法国的篡夺和暴政搏斗,再不能看作大不列颠的敌人,而被我承认为一位天然的朋友和盟国。"[①]外交大臣坎宁立刻宣布,英国同情西班牙的起义,愿意提供物质援助,"我们坚持这样一个原则,欧洲任何一个国家,它开始决心反抗已是全世界共同敌人的国家,无论该国与英国现有的政治关系如何,即刻成为我们必要的盟友"[②]。1808 年 8 月初 ,阿瑟·威尔斯利(即以后的威灵顿公爵)率 1万 5 千英军在半岛登陆。只是到这个时候,英国人通过特拉发加角胜利所确保的制海权的意义才完全表现出来。这就是:英国人决定利用他们的制海权使战斗最终转移到大陆上,而只有大陆上的战斗才是决定胜负的。半岛战争是漫长的拿破仑战争的转折点。在西葡游击队的支援下,英军打了几次胜仗,把法军赶出葡萄牙,解放了马德里。拿破仑于 11 月亲征西班牙,12 月攻陷马德里。但西班牙仍未屈服,25 万法军陷在了半岛,严重地损害了法军的军事威望。

　　半岛战争在欧洲也产生了震动人心的印象,法国人并非是不可战胜的。大陆国家欣喜地看到英国人不再漠视大陆了。法国大军撤离德意志唤起了奥地利的希望,并驱使它去冒险。哈布斯堡王朝担心巴荣纳事件在奥地利重演。奥地利进行了武装,担心"拿破仑会立刻发动一

---

　　①　〔法〕布里昂:《拿破仑传》,天津人民出版社,1986 年,第 378 页。

　　②　R. W. Seton—Watson, Britain in Europe 1789—1914,Cambridge University,1937, p. 25.

场西班牙式的反奥行动"①。1808 年 12 月,奥地利决定参战,很明显出于绝望和别无选择,而不是对胜利充满信心。战前,奥地利向英国寻求财政援助。尽管英国政府鼓励奥地利反抗,但对奥地利的要求表示冷漠,坚持奥地利应在很少或没有英国的援助下自己战斗。可事实上英国已筹集了大量资金,只有在奥地利做好战争准备并全力投入的情况下,英国才决定给予何种形式的援助。1809 年 1 月,坎宁派人密赴维也纳,就战时恢复外交关系和援助进行谈判。英国坚持自己的基本原则:奥地利必须自己战斗。英国这样做的根本原因是,它对这场斗争没有太大兴趣,更关心欧洲其他国家和地区。1809 年 4 月,奥地利对法宣战。战争中,奥军虽作战英勇,但由于孤军奋战,连遭败绩。英国对奥地利实际上没有提供真正的帮助,英国原本答应提供补助金,但借口西班牙战争开销太大,还是食言了。事实上英国政府处于深刻的分裂状态。对是否该在大陆采取行动,并无异议,问题是究竟在大陆的何处采取行动。坎宁主张在半岛投入全部力量,而陆军大臣卡斯尔雷则赞同在荷兰采取行动。7 月 30 日,英国远征军终于在比利时的瓦伦赫尔岛出现了,远征的目的是打开斯凯尔特河,摧毁法荷舰队,然而统帅指挥无方,瘟疫流行,只能撤军。远征的失败导致了内阁危机,坎宁与卡斯尔雷进行决斗,最后双双辞职。珀西瓦尔重组内阁。1809 年 7 月 6 日,在瓦格拉姆战役中,奥地利战败求和。10 月,双方签订了《维也纳和约》,奥地利遭到了更苛刻的对待,第五次反法同盟失败。次年 3 月,拿破仑与奥国公主玛利亚·路易莎完婚,法奥结盟。在大陆上,只剩下俄国单独面对这位欧洲征服者。

　　拿破仑违反提尔西特和约,其所作所为令亚历山大深感失望,大陆封锁给俄国经济带来了一场灾难:贸易赤字上升,出口减少而进口增加。货币贬值。俄国的经济停滞不前,财政走向枯竭。小麦出口额减少五分之四。银行活动困难,卢布贬值百分之五十,物价飞涨,人民的购买力下降。从法国进口的数量不多,不足以补偿俄国进出口贸易上的巨额逆差。甚至通过中立国的船只从事走私活动,也未能改善这种

---

① Paul Schroeder, The Transformation of European Politics 1763 − 1848, Oxford, Clarendon Press, 1994, p. 354.

处境。走私进口的物品价格昂贵，一般人难以问津。市场上很多产品断档脱销，人们不得不节衣缩食。俄国参加大陆封锁不仅是为了迫使英国媾和，放弃海洋法则，而且是为自己的商业扩张铺平道路。然而，俄国从未接受对英国发动的经济战，来毁掉他们自己与欧洲或中立国的贸易。更不会接受大陆体系使俄国成为法国的经济附属国。1810年俄国放松了执行大陆封锁的力度，开始与悬挂中立国旗帜的船只贸易。1810 年 12 月 31 日，沙皇发布敕令，宣布退出大陆封锁体系，"拒绝允许拿破仑把他的经济殖民主义强加给俄国"①。双方关系恶化，但冲突的真正根源在于波兰。法国建立了华沙大公国，鼓励了波兰的民族主义，危及了俄国的基本安全。俄国要求由法普奥三国共同保证不恢复波兰王国，拿破仑拒绝了。拿破仑要求建立一个完全臣服于法国统治的波兰王国，沙皇则要求波兰同俄国密切合作，并成为俄国的前沿堡垒。亚历山大对法国大使科兰古表示："唯有波兰是我绝对不能妥协的问题。世界不够广阔，不足以令我们在这个国家的问题上接受调停。"②然而，双方都想通过警告和恐吓压倒对方，以避免战争。由于没有真正的盟友，更无法组织一个反法大同盟。俄国在战争爆发的最后一刻仍不放弃和平努力，但拿破仑拒绝了。

## 2.3　卡斯尔雷与英国外交的转变（1812－1814）

俄国严重地破坏了拿破仑的重要战略举措，并使之深信英俄未来很可能伺机共同打击法国。1812 年，拿破仑作出了他的最重要决定，大举进攻俄国，以便"通过彻底粉碎俄罗斯——这支欧洲大陆上仍然存在的可能联英反法的唯一力量，来打败英国"③。

6 月，法国入侵俄国，引起欧洲各国的极大关注，认为这场灾难将

① Paul Schroeder, The Transformation of European Politics 1763－1848, Oxford, Clarendon Press, 1994, p. 420.

② 〔法〕亨利·特罗亚：《神秘沙皇——亚历山大一世》，世界知识出版社，1984 年，第130 页。

③ 〔法〕科兰古：《随拿破仑远征俄罗斯》，广东人民出版社，1986 年，第 14 页。

使俄国灭亡。早在 2 月 28 日,卡斯尔雷任外交大臣。5 月,首相珀西瓦尔遇刺身亡,他继任珀西瓦尔为下院领袖。卡斯尔雷成为内阁中的二号人物。他的目光集中在波罗的海,认为俄国应依靠自己的能力与法国作战。当战争似乎已不可避免,卡斯尔雷派全权代表出使俄国,计划与其签订和约,并派遣大使。在法国正式宣战前,沙皇拒绝对英国的建议作出反应。战争爆发后,沙皇建议由驻英大使列文公爵谈判结盟事宜。亚历山大要求英国内阁"通过提供海军装备和财源"为战争作出贡献。要求英国援助俄国、瑞典和其他参加同盟的国家,英国承担俄国欠荷兰的债务,英军在德意志北部和意大利登陆,开辟第二战场。英国是希望尽早结盟,但这些要求延缓了双方的和谈,直到 7 月 18 日双方才签订同盟条约。英国派遣卡斯卡特勋爵作为驻俄大使。卡斯尔雷密切关注着俄国的战局,但对俄援助的大量问题尚未解决。军需用品已经发出,政府准备为新征募的士兵发送 15 万支滑膛枪。议会投票决定给莫斯科居民 20 万英镑的援助并进行公众募捐。但俄国驻英大使列文公爵要求大量的补助金,他认为现在的援助远不及俄国在战场上作出的伟大牺牲。沙皇则明确表示急需军火。

俄军采取诱敌深入,避免正面决战的策略。9 月,拿破仑虽然占领了莫斯科,但俄国毫无屈服的迹象。10 月 19 日,法军撤出莫斯科。拿破仑灾难性的撤退加速了欧洲结盟关系的逆转。12 月 30 日,普鲁士将军约克与俄国单独媾和,签订了《陶罗根协定》,规定约克所率兵团应占据梅默尔和提尔西特一带,使之成为中立区,等待普鲁士国王的决定下达。约克的"这个行动突然使欧洲的形势跨进一个新的光辉阶段,给政治发展开辟了新的前景"①。

法国被赶出俄国之后,库图佐夫反对继续作战。这不仅由于他认为用本国人的鲜血解放普鲁士和德意志诸国对于俄国没有任何意义,而且也由于一个更为简单的明了的原因,那就是俄国军队已是一支不大的、筋疲力尽的军队,与拿破仑作战会遭遇到最大的危险。他认为行动之前,应当调集增援力量,并让军队有时间休整。他大声疾呼:"现在

---

① 〔德〕弗兰茨·法比安:《克劳塞维茨传》,中国对外翻译出版公司,1984 年,第 169页。

就向易北河进发,那简直易如反掌,问题是我们怎么回来,给打得溃不成军吗?""我根本看不透,彻底消灭拿破仑及其军队,究竟对这个世界有多大好处。消灭他以后,这笔遗产不会落入俄国或其他任何一个大陆列强手里。从中渔利的倒是那个称霸海洋的强国,到那时,它的势力将会更加不可一世。"但是沙皇一点也不让步。他的理由是:给拿破仑喘息时间,就等于让欧洲像先前一样受他的统治,而对涅曼河的威胁是经常和不可避免的。如果已进入普鲁士国境的俄军得到增援的话,那么很明显,普鲁士国王将被迫拿起武器反对法国皇帝。只有推翻拿破仑在德意志的优越地位,沙皇才能随心所欲而一劳永逸地解决波兰问题。亚历山大说:"如果期望实现稳定持久的和平,就应当前往巴黎缔结和约。"①

在法国被赶出中欧之前,俄国是不会安全的。1813 年 1 月,亚历山大率军出发。普鲁士准备同法国脱离关系:国王向拿破仑请求,把法军驻扎的一些地方让出来,请求把法国国库为维持法军军费而欠他的九千四百万法郎归还给他,但是遭到了拒绝。拿破仑在 2 月 14 日立法院的演说中保证,帝国的全部领土仍然是神圣不可侵犯的,华沙大公国还是和从前一样。梅特涅这时还不想与拿破仑决裂,他对法国驻维也纳大使奥托说,拿破仑的这个声明,使他与俄国、英国或普鲁士签订和约都成为不可能的事情了。最后,普鲁士国王正式向亚历山大靠拢,与他结盟。"普鲁士相信与俄结盟反法是恢复在德意志作为一个大国地位的唯一方法。"②1813 年 2 月 27 日,俄普两国签订了《卡利什条约》,俄国出兵 15 万,普鲁士出兵 8 万,俄国答应让普鲁士保有它目前的全部领土,并使它获得"从统计、财政和地理意义上来说"同它 1806 年以来失掉的领土相等的地方,还加上一块能够把东普鲁士同西里西亚省连接起来的领土。意味着华沙大公国对俄国是必不可少的。这就延缓了容易引起冲突的东欧边界问题,使两大国集中全力进行解放战争。《卡利什条约》具有重大的政治和军事意义,壮大了反法同盟的力量,成

---

① 〔法〕亨利·特罗亚:《神秘沙皇——亚历山大一世》,世界知识出版社,1984 年,第 183 页。

② F. R. Bridge and Roger Bullen, The Great Powers and the European States System 1815－1914, New York, Longmon, 1984, p. 21.

为在政治和军事上孤立法国的重要一环，改变了整个欧洲大陆的局势。俄普同盟受到英国驻俄大使卡斯卡特勋爵的坚决支持。他于3月2日到达盟军司令部，鼓励沙皇拒绝奥地利的和谈建议。表示在没有与盟友协商的情况下不会采取行动。英国暂时还不肯定参加同盟，但对汉诺威问题的讨论，很快就表明忧患的教训已经使人增长了教训。汉诺威问题以前曾使英国同普鲁士分离，现在普王放弃了对汉诺威的的一切要求，不过对英国摄政王提出的给这个选侯国多一些领土的要求有点反感。3月16日，普鲁士正式对法宣战。

此时，奥地利强烈怀疑沙皇的真正目的是吞并整个波兰，而让普鲁士取得萨克森作为补偿。维也纳警告柏林"如果波兰问题悬而未决，我们会冒从拿破仑的奴役转为亚历山大的奴役的危险"[1]。如果奥普两国放弃其波兰领土，给予两国的补偿会影响未来整个德意志和意大利疆界的划分。梅特涅派遣韦森贝格到伦敦去见卡斯尔雷。3月29日，奥国代表到达伦敦。4月9日，卡斯尔雷通知奥国代表，和平的希望已全部落空，因为法国的统治者已经宣布"所有强行并入法兰西帝国的领土都不能作为谈判的对象，奥皇陛下的善良意图就不可能指望通过谈判而实现。当法国的统治者发出了挑衅性的宣言之后，应请奥皇陛下考虑：欧洲大国为了共同利益与荣誉而一致行动的时刻，岂非已经到来。要为他们的国家获得名副其实的和平，他们必须重新考虑建立欧洲的均势"[2]。最后，英国政府拒绝参与这项必然会削弱和干扰俄普两国努力的谈判。社会舆论也越来越强烈地反对奥地利。两者互不信任的根源在于对和平有不同的理解，英国想要大陆国家尤其是中欧国家帮助打败法国并控制它，英国能够在欧洲腾出手来，在海外维持霸权。奥国希望大陆两霸权——俄法后撤，让中欧独立，为此它希望绕过英国，忽视其在欧洲的特殊利益，为了大陆的全面和平，英国在殖民地和制海权上应作出让步。奥地利建议双方自愿退回到各自疆界，法退到莱茵河，俄退到维斯杜拉河，同意由独立的中欧把双方分开，在北欧、瑞

① Harold Nicolson ，The Congress of Vienna ，London，Constable Co Ltd. ，1946，p. 26.

② 〔英〕约翰·霍兰·罗斯：《拿破仑一世传》下卷，商务印书馆，1977年，第259—260页。

士、低地国家和意大利的问题上,梅特涅态度模糊,他实质上是劝说欧洲两个侧翼大国自愿后撤,允许一个独立的欧洲中心把他们分开,劝说或强迫英国与奥持同一个立场,同时忽视甚至反对英国在欧洲战争中的目标。为了加强与普鲁士的联系,卡斯尔雷派遣其弟查理·斯图尔特出任驻普大使。奥国代表也到卡利什去会见亚力山大,遭到拒绝。然而,奥地利的调停更多的取决于法国的态度,奥地利调停是需要一个强大的法国对抗俄国,在两者之间维护一个独立中立的中欧,奥地利要求为了欧洲的和平,应迫使英国对法国作出让步,拿破仑的政策是拒绝作出所有实质的让步。

在这两个地方得到的回答是一样的:如果拿破仑坚决不做任何一点让步,那就让战争来解决问题。1813 年初,拿破仑对于这件事情的反抗,就是进行新的征兵。1813 年 5 月 2 日,拿破仑在吕岑取得了胜利,盟军被迫往易北河后撤。普王心情沮丧地说:"如果我们开始后撤,我们不仅要越过易北河,还将越过维斯杜拉河,如此下去,我会认为自己又一次到了梅默尔。""这又是一场奥尔施泰特之战。"但沙皇没有沮丧的表现,他再一次向卡斯卡特保证坚持打下去。梅特涅即着手恢复拿破仑与盟军之间的和平。拿破仑拒绝了。5 月 21 日,拿破仑在包岑再次击败盟军,打击了盟军的士气,普俄双方互相指责,时任俄军司令的巴克莱将军甚至考虑将军队撤回俄国,法军重新占领了汉堡,同盟拉奥地利入盟也失败了。6 月初,梅特涅建议双方停战 6 周,双方接受了奥地利的建议。1813 年 6 月 4 日,在普列维茨签订了停战协定,自本日起暂停军事行动,并约定在布拉格举行和平谈判。奥地利向同盟表示如果调停失败,奥地利就参加同盟。梅特涅提出的调停的条件是拿破仑放弃华沙大公国;解散莱茵邦联,不再充当莱茵邦联的保护者;重建普鲁士,必须使之版图与 1806 年相当;放弃汉萨同盟各城市和伊利里亚,所有其余地方(也就是整个帝国和比利时,整个意大利、荷兰和威斯特伐里亚王国)仍然和以前一样,归拿破仑所有。6 月 14 日和 15日,英国大使和普俄签订条约,这些条约是按照卡斯尔雷规定的条件签订的。英国答应每年给予俄国 1 333 334 英镑的补助,给予普鲁士的补助则少一半,并且由盟国发行五百万英镑的公债,由英国承担半数的保证。同时还支付当时在英国港口的俄国舰队的费用,英国保证负担战争的费用,沙皇和普王则保证分别保持 15 万人和 8 万人的军队在战场上(驻防军队除外)。英国同意普鲁士恢复到 1806 年的状况,作为回报,普鲁士答应把希尔德斯海姆让与汉诺威,条件是缔约各方不得单独与敌人谈判媾和。这就把伊比利亚半岛进展顺利的英国西线进攻和在东线新的进攻联系在一起。"英国加入同盟,赞成与俄国合作遏止法国成为决定性因素。"①英国也同瑞典签约,给予财政援助。卡斯尔雷的思想深处是要把法国的一切敌人联结成为一个牢不可破的集团。但是,经过两次失败之后,在没有与英国协商的情况下,俄普两国接受了奥地利的武装调停。英国的两位大使事后才被告之,而补助金的条款已经启动了。沙皇告诉卡斯卡特,他可以拒绝履行该条款,但卡斯卡特明智地表示履行条约义务,至少英国可以依据条约有权关注谈判进程。卡斯卡特接受了沙皇的建议,同意奥地利进行武装调停是把它拉入同盟的必要手段。

奥地利的机会最终到来了,事实上,奥国外交界既不希望拿破仑彻底战胜盟军,也不希望盟军彻底战胜拿破仑,因为这样一来,会使俄国称霸欧洲。梅特涅希望说服拿破仑让步,于是动身前往德累斯顿会晤拿破仑。6 月 26 日,第一次会谈不欢而散。6 月 28 日,在不正式承担任何义务的条件下,拿破仑终于同意由奥地利进行武装调停,把停战期限延长至 8 月 10 日,并于 7 月 10 日至 8 月 10 日之间在布拉格举行一次会议,还要在上述期限内停止军事行动。② 会谈的失败结束了奥地利希望法奥合作一起把条款强加给盟国,或奥地利与双方单独媾和,然后通过布拉格会议消除分歧结束战争的希望。6 月 27 日,俄普奥签订了《莱亨巴赫条约》,规定在布拉格和会中,奥地利向拿破仑提出四点最低条件。由俄普奥瓜分华沙大公国,扩张普鲁士在波兰的领土,法国撤出在普鲁士和波兰占领的要塞,把伊拉里亚归还给奥地利,恢复汉萨同盟作为自由市,如果法国在 8 月 10 日的最终期限时仍拒绝,奥地利将

① F. R. Bridge and Roger Bullen, The Great Powers and the European States System 1815—1914, New York, Longmon, 1984, p. 21.

② 拿破仑同意停战是因为军队伤亡严重,急需补充兵源,法军将领厌战,想用外交手段分化瓦解普鲁士和俄国。Harold Nicolson, The Congress of Vienna, London, Constable Co Ltd, 1946, pp. 32—33.

参加盟军对法宣战。条约的重要意义在于三大国同意在具体的最低的
条件下与法国和谈,通过谈判而不是武力寻求和平,该条约实际上承认
法国仍是大陆上最强大的军事大国,拿破仑仍保留王位。奥地利保证:
如果到停战期限终止时,拿破仑仍不同意它所提出的条件,它就和俄普
结盟。当时几乎可以完全肯定,拿破仑不会接受这一条。

　　于是,应梅特涅的邀请,俄普奥的全权代表于 1813 年 7 月 12 日到
了布拉格,法国方面参加会谈的全权代表,没有携带证书就来到了布拉
格,而为了等证书,就需要一直等到 8 月 12 日。毫无结果的谈判一直
拖下去。总的政治形势对拿破仑愈加不利。在伊比里亚半岛战役中,
威灵顿取得了维多利亚大捷,把法军逼退到比利牛斯山。此时,奥地利
的动摇停止了。梅特涅直截了当地对法国代表纳尔博纳说,如果布拉
格会议在停战期限到期,即 8 月 10 日以前还不召开的话,奥地利就要
参加盟军。拿破仑事先就对纳尔博纳下了命令:把事情拖下去,不要开
会;如果他们已经在开会的话,那就不做任何让步。它的要求是无止境
的,法国每让一步,都会助长它提出更多的要求。遵循一句拉丁语所表
达的外交原则:"谁占有什么,就让他留下什么。"拿破仑一拖再拖,无非
是因为他要装备和训练新组织的骑兵部队。

　　上述一系列谈判都把英国排斥在外,卡斯尔雷忧心忡忡。他注意
到同盟以牺牲英国为代价缔结大陆和平的危险,意识到英国无法强迫
他的盟友超出他们的利益和能力把战争继续下去。反之,他必须劝说
他们,英国的失败——让步是可能的——最终对他们来说比英国更糟
糕。为了实现此目的,英国公开宣布愿与盟友打交道,使他们没有理由
责备英国。7 月 13 日,卡斯尔雷对俄普两国大使作出让步,接受了奥
地利武装调停的建议。"与法国谈判的危险是大的,但失去我们的大陆
盟友和我们自己国民的信心危险更大。"[①]卡斯尔雷表示为了推动大陆
的和平事业,英国愿意归还法国一些殖民地。在布拉格会议上,英国的
态度灵活,在保卫英国的利益的同时强调英国的主要目的是友好全面
的和平。为此目标,它愿意放弃一些被征服殖民地。英国已孤军奋战

---

① 　C. K. Webster, The Foreign Policy of Castlereagh 1812－1815, London, G. Bell
and Sons Ltd. ,1931, p. 146.

了十余年,不可能被排除在赢得胜利果实的谈判之外。他拒绝在停战期间支付补助金,坚持海权问题必须排除在和谈之外。"英国可以被赶出会议,但不可以被赶出海权,如果大陆国家知道他们自己的利益,他们就不可能危害它。"[①]卡斯尔雷重申,任何一位英国大臣不敢在海权上作出妥协,如果大陆国家对建立反法同盟感兴趣,他们就不该冒同盟瓦解的危险引入该问题。这的确是英国关切的首要问题,超越了缔结同盟。可是,经过常年战争,"欧洲的政治家已经懂得,不团结是自取其祸"。

8月10日停战期限到了,11日梅特涅就发表声明,奥地利对拿破仑宣战。伦敦和俄普盟军欢喜若狂。既然奥地利加入了联盟,英国的补助金是必不可少的,某种程度上英国的利益也必须考虑到。卡斯卡特立即答应给予奥地利50万英镑的援助。1813年8月6日,英国外交部给已经任命而尚未就职的驻维也纳大使的阿伯丁勋爵的训令和附件中,说的很清楚:"阁下从本训令当然体会到,国王陛下政府认为,为使欧洲的安宁和独立得到充分的保证,在全面和约中必须把法国至少限制在比利牛斯山、阿尔卑斯山和莱茵河以内。如果欧洲其他大国认为它们能为达成这样的和约而斗争的话,大不列颠有充分准备同它们一致采取这样的政策路线。然而,如果与此关系最直接的国家不愿意冒风险去进行较为持久的斗争,而决定把自身的安全寄托于一种不如此妥善的安排的话,那么,英国政府的政策从来不是试图强加于人,在其他国家自己没有认识到战争不但对公共安全、而且对其本身安全都有必要时,我们不会硬要它们坚持作战。"[②]就细节而言,英国希望看到将威尼西亚归还奥地利,将教皇属地归还教皇,将意大利西北部归还撒丁国王,但相信可以在意大利中部给缪拉找到"一处丰厚的基业"。

盟军方面的力量显然已超过了拿破仑的力量。8月27日,在德累斯顿拿破仑取得了战争恢复后的第一场大捷。但在月底的库尔姆战斗中,盟军又获得了胜利,士气大振。1813年9月9日俄普奥三国签订《提比里茨条约》,规定剥夺法国所有拿破仑所征服的领土,恢复其在

---

① C. K. Webster, The Foreign Policy of Castlereagh 1812—1815, London, G. Bell and Sons Ltd., 1931, p. 147.

② 〔英〕约翰·霍兰·罗斯:《拿破仑一世传》下卷,商务印书馆,1977年,第299页。

1792 年的旧疆界，普鲁士、奥地利恢复 1805 年初的权势地位，亦即归还他们为拿破仑所侵占的领土，解散莱茵邦联，从莱茵河到奥普边境的德意志国家独立，恢复汉诺威的领地，瓜分华沙大公国。但英国在伊比利亚半岛和荷兰的利益根本没提及。英国与三大国在和平的观念和计划上有分歧，仍然孤立在外。但在财政和物质援助上，盟友对英国的援助是满意的。1813 年 10 月 9 日，英国与奥地利成功结盟，每年提供一百万英镑，奥地利提供 15 万军队，不得单独与敌人谈判媾和。

1813 年 10 月 16 日，号称"民族之战"的莱比锡战役打响了。此时，巴伐利亚宣布退出莱茵邦联，给法国带来沉重打击。17 日，拿破仑与被俘的奥地利将军梅韦尔德商谈与奥国媾和问题。在 18 日的战斗中萨克森的军队突然临阵倒戈，19 日，拿破仑全线溃退。随着盟军向莱茵河岸逼进，在盟军内部产生了分歧。当最后的胜利即将到来时，对各自利益的考虑超过了共同的目标。一些战胜国要为自己的牺牲获得奖励，为自己遭受的损失获得补偿。他们依据各自国家的要求，而不是国际社会的要求来解释这些奖赏和补偿。在漫长的战争，盟友之间产生了嫉妒、敌对和怀疑。在英国看来，拿破仑是英国所有的敌人中最不能和解的、最危险的敌人，是英国一千五百年历史中仅遇的敌人。只要有他在，法国与英国之间就不能有比较长期的和平。奥地利没有其盟友所持的理由，即认为如果拿破仑继续留在皇位上，那么两年苦战的结果将付之东流。梅特涅根本不希望俄国在西方没有一个应有的对抗力量，他害怕盟友如同害怕拿破仑一样。波兰和萨克森问题一直萦绕在他的心中。他认为同盟的目标已经实现了，渴望立刻实现和平。卡斯尔雷特别担心梅特涅把英国排斥在同盟之外，提供给英国由俄普奥三方同意的和平方案，接受它则限制了英国的势力范围，拒绝则会被排除在同盟之外。奥地利再次决定与拿破仑谈判，梅特涅以退出同盟相要挟，迫使盟友同意和谈。

1813 年 11 月 8 日，梅特涅和被他左右的阿伯丁一道提出"法兰克福建议"。法国必须完全放弃对西班牙、意大利和德意志的控制，回到其自然疆界即阿尔卑斯山、比利牛斯山和莱茵河以内。他们明确宣称，他们的战争行为不是针对法国，而是针对"霸权的狂妄要求"。法国必须得重新置于欧洲的均势之中，因为"法国是（欧洲）社会秩序的基石之一"。阿伯丁又声言英国准备放宽航海条例,放弃它已夺取的许多殖民地,以期实现和平。然而他的让步没有获得卡斯尔雷所期望的全面同盟条约。阿伯丁的行为完全背着他的两位同胞。这个最后的建议显然违背英国的外交原则之一,是任何一个思想健全的英国外交大臣所不能原宥的。1813年11月同盟经受了考验。在天然疆界的基础上进行和谈,并暗示英国要在海权上作出让步,阿伯丁没有阻止。拿破仑表示愿意接受法兰克福建议,条件是法国所要求的英国要作出牺牲,结束在陆上和海上的优势。该建议在英国引起抗议,卡斯尔雷严厉批评阿伯丁让法国占领安特卫普和在海权问题上进行谈判的建议,"该事件表明英国在协调对大陆政策和让盟友听取自己的意见上存在问题"①。卡斯尔雷需要赢得盟友的支持把同盟团结在一起,消除大陆认为英国是和平障碍的印象。同时获得内阁和公众可以接受的认为是安全和荣誉的条款。

梅特涅把滞留在法兰克福的法国驻魏玛公使圣埃尼昂请来,盟国代表委托他去见皇帝,向拿破仑转达盟国的和平建议。阿伯丁的看法和卡斯尔雷所代表的英国内阁的看法不能混为一谈。11月13日,卡斯尔雷给阿伯丁的训令中指出:"对法国,我们并不想强加任何屈辱的条件,如果限制它的舰只数目,那就是强加这样的条件了。但是我们不能让它占有这个要点〔安特卫普〕。""任何和约,要是不把法国圈在它的古老疆界之内,我国民众大概不会赞成。……然而,和约要是能在拟议的基础上缔结并圆满履行,我们仍准备和盟国一道,冒一冒和平的危险。我们无意特地干涉法国的内政,尽管我们很想看到它为更为平和的人掌握。但我认为决不可主张盟国草率地达成一个不妥善的安排。如果他们要这样做,我们只好顺从;但在这种情况下,就应当使人看得出来是自己要那样做的,并非我们所为。……我必须特别请你留意安特卫普。为了我国安全,必须摧毁这座兵工厂。让它留在法国手中,就无异将永远保持战时建制的负担加在大不列颠身上。"②

---

① Paul Schroeder, The Transformation of European Politics 1763 — 1848, Oxford, Clarendon Press,1994, p.491.

② C. K. Webster, ed., British Diplomacy 1813—1815, London, G. Bell and Sons Ltd.,1921, p.115.

1813 年 11 月 14 日，圣埃尼昂回到巴黎，带来了盟国的建议。拿破仑的答复含糊其辞，表示可以考虑，并提出在曼海姆召开全欧会议。拿破仑的拖延表明他根本不要和谈。12 月 1 日，盟军发表联合声明，宣布："联盟国家不是对法兰西而是对拿破仑皇帝作战。拿破仑在帝国疆界以外享有巨大的优势，给欧洲和法国带来了灾难。而对于法国，联盟各国君主则期望它能强大昌盛。""我们并非要打法国，而是要摆脱你们政府套在我们各国身上的枷锁。我们本来希望在踏入你们国土以前就求得和平，现在要到你们国土上去求得了。"[①]

1813 年 12 月之后，"军事上的成功把同盟带到了外交崩溃的边缘"[②]。俄奥在战后处置波兰领土和西线战争的指挥权上发生了冲突。作为波兰的解放者，亚历山大想获得以前普奥所获得的波兰领土，建立一个在沙俄控制下的大波兰。普鲁士表示只有在其他地区得到充足的补偿他们才同意俄国的做法，俄国在波兰的野心激起了奥地利的强烈恐惧。他们担心未来俄国在东欧权势的扩张会威胁到奥地利，奥地利想要安全，短期内无法解决该问题。双方同意暂时搁置分歧。这种冲突影响了奥地利对战争的态度。奥地利担心俄国军事上的推进带来的外交影响，希望盟友作出让步。

12 月初，盟国派遣俄国外交官波佐·迪·博戈前往伦敦，通知卡斯尔雷缔结四国同盟困难重重，催促他赶赴大陆拯救濒临解体的联盟。英国的影响与其牺牲的程度不成比例；交通的困难使得卡斯尔雷的公文至少要延误 10 天以上才能抵达，远远落后于局势的发展；驻盟国的三位大使无一人有全权代表资格，三人之间矛盾重重，无一人能够胜任。经过长时间的内阁会议，12 月 20 日，利物浦内阁采取了史无前例的措施，决定派遣卡斯尔雷前往欧洲大陆。次日在为盟国驻英国大使举行的午宴上，英国政府正式通知了盟国的代表。选中卡斯尔雷不仅是因为他了解英国政府的全部想法，而且得到了政府的全部信任。而此时大陆同盟内部，梅特涅和沙皇亚历山大一世矛盾重重。英国驻盟

---

① 〔法〕亨利·特罗亚：《神秘沙皇——亚历山大一世》，世界知识出版社，1984 年，第 194—195 页。

② F. R. Bridge and Roger Bullen, The Great Powers and the European States System 1815—1914, New York, Longmon, 1984, p. 21.

国的代表致信卡斯尔雷呼吁他即刻赶赴大陆。卡斯尔雷在回信中赞扬了他们所做的外交努力，品评了他们的过失，归结于自己没有安排妥当，使他们无法更团结紧密地合作。阿伯丁和斯图尔特深受鼓舞，以前的矛盾一扫而空。

1813年12月28日，卡斯尔雷动身前往大陆。卡斯尔雷的各项指示都是由他亲自起草并得到内阁批准的，这些指示构成了媾和时期的重要文件之一。他的主要目的是阻止法国在斯凯尔特河，特别是在安特卫普建立一个海军据点。为了达到这一目的，他建议在荷兰的领导下把大多数低地国家联合起来。为了做到这重要一步，他打算拿英国在战争期间夺取的某些殖民地作为交易。他还希望建立巩固的同盟，以便使同盟的各色各样的行动和协议具有比较完善的形式。这个同盟"将不会随着战争的结束而结束"，而是要生存下去，以便阻止"法国向任何一个缔约国的欧洲领土发动进攻"。"订立一个总的协定，保证欧洲各大国互保安全和重新制订总的公法体系。"在解决领土问题方面，他要普鲁士向西稍稍扩展，希望重新建立荷兰、比利时、西班牙、葡萄牙和意大利的"安全与独立"，恢复罗马教廷，而且使撒丁得到加强。英国主张对法和约必须由盟国共同一致签订，交换条件是英国在1814年提供五百万的补助金。他在同一时期另外单独提出的"关于海上和平的备忘录"中，要求法国退回到原有的疆界。英国认为对海洋自由没有讨论的余地，至于英国在战争期间所占领的殖民地的归还问题，应视各盟国如何解决荷兰问题而定。关于大陆其余问题，训令上一字不提，以使卡斯尔雷可以有便宜行事的全权。这样他就可能在大陆盟国之间以调停者的姿态出现，从而贯彻英国外交的传统政策。备忘录还要求建立一支海军以及军事均势。但在这方面，他不过是空谈平衡主义的理想而已。不论均势对英国有多大好处，但它明显地威胁了英国在海军事务中的领导地位。所有这些观点他显然大都取自早先皮特的精辟分析。

法国称霸的危险已经消失，随着敌人权势的削弱，1813年底，同盟四分五裂。既无军事也无外交团结，既没有决心推翻拿破仑，也没有设计出任何要么获得和平要么把战争继续下去的方法，缓解同盟间分歧，把他们团结在一起，创造团结反法的机制，促使一代人的战争之后，得到欧洲认可的获得一段稳定时期的和平是外交大臣卡斯尔雷的任务。"一切取决于急速赶往盟军司令部的人。……超然于大陆国家的狭隘的争论,他作为欧洲的调停人出现。对他而言,把一个事实的同盟转变为现实。"①卡斯尔雷所赖以博得荣誉的事业终于开始了。离开浓雾重重的伦敦,前往严霜遍地的欧洲大陆,年已 45 岁,与其说才智过人,倒不如说他是一位有勇气、有性格的领袖人物;他具有坚强的克制自己的能力,坚定、坦率、超然而冷漠,对法语虽不精通,但却熟谙外交政策。他于 1814 年 1 月 6 日安全抵达海牙,与奥兰治王储威廉讨论了英荷两国王室联姻问题,允诺为荷兰合并比利时而努力。荷兰同意把好望角让与英国,作为回报,英国愿意作出经济补偿,这笔经费用于在边境修筑防御法国的一系列要塞。这就成功地加强了两国的关系,并促使荷兰同意在盟军司令部中由英国代表荷兰的利益。在确保了英国的最基本的利益后,1 月 9 日晚,卡斯尔雷一行启程前往盟军司令部所在地巴塞尔。星夜兼程,仅在一家小客栈住宿一夜。在从法兰克福到巴塞尔的途中,卡斯尔雷的随员里彭勋爵谈道:"他向我表明,在即将来临的谈判中,他预见面对的最大困难之一源自作为一个整体的大国大臣之间缺乏通常的互信的、自由的交流。通过把各方融入到不受限制的共同交流中,将互信的团结的讨论包括在各方都极感兴趣的重大问题上来修改许多要求,消除粗暴态度及……愤怒。"②"如果无法消除猜忌,我们不是为军事协调而是为我们之间的战争做准备。除非各方能够友好相处并保持互信关系,否则他们将制造出他们希望避免的灾祸。"③卡斯尔雷希望在大陆没有直接利益的英国代表在缓和各方矛盾、协调各方利益上扮演重要角色。但是只有在大陆国家不怀疑英国的动机是出于自私的目的,英国才能起到关键的作用。为此卡斯尔雷一直坚持均衡的和平,强调和谐而不是复仇。"同盟的团结超过了英国最基本的利益……欧洲同盟是英国的根本利益。"④

---

① Henry A. Kissinger, A World Restored , Gloucester Mass. ,1973, p. 106.

② C. K. Webster, The Foreign Policy of Castlereagh 1812－1815, London, G. Bell and Sons Ltd. ,1931, p. 199.

③ Henry A. Kissinger, A World Restored , Gloucester Mass. ,1973, p. 33.

④ Henry A. Kissinger, A World Restored , Gloucester Mass. ,1973, p. 108.

1月18日,卡斯尔雷抵达巴塞尔,梅特涅和哈登堡在此等候,但沙皇已随军深入法国,留下信件恳请他即刻赶赴沙皇驻地,如可能的话,拒绝与他人匆忙会晤。这是梅特涅与沙皇关系恶化的表现,同盟处于解体的巨大危险之中。卡斯尔雷毫不怀疑司令部中充满了怀疑与不信任。很明显,"卡斯尔雷的态度将决定同盟的命运和战争的结果"①。在与梅特涅的会谈中,卡斯尔雷意识到局势与伦敦的估计相距甚远。"由于奥地利的内陆位置,与其他国家相比,它对反对英国的海洋要求丝毫不感兴趣。"②奥地利不希望恢复对尼德兰的统治,梅特涅接受了英国有关低地国家的安排,即荷兰在欧洲的保证下占有比利时。卡斯尔雷吃惊地了解到沙皇准备把瑞典王储贝尔纳多特扶上法国王位的计划,"如果贝尔纳多特取代拿破仑,法国和俄国将统治欧洲"③。为了预防法国的政治动乱,卡斯尔雷倾向于波旁王朝复辟,但是为了同盟的团结,他拒绝了内阁推翻拿破仑的愿望,表示愿意与拿破仑谈判。为了阻止法国的社会革命和法俄结盟,梅特涅更希望由拿破仑执政,但为了与英国的友谊,他愿意与波旁王朝缔结和约,只要这是出自于法国人民的意愿。双方同意拿破仑和波旁王朝是唯一的选择,贝尔纳多特与由玛丽·露伊莎摄政的想法被排除。④ 当他们与拿破仑谈判时,已作出决定,此时推翻拿破仑既不审慎也不高尚,双方同意与拿破仑继续谈判。卡斯尔雷还应允,如果军事进展形势有必要的话,法国的边界可以推进到特里尔。梅特涅很高兴地发现卡斯尔雷未被施泰因建立一个自由统一德意志的想法所打动,仅同意普鲁士的领土扩大至莱茵河左岸。在波兰问题上,梅特涅拒绝了沙皇以阿尔萨斯、洛林交换加里西亚的波兰省份的建议。卡斯尔雷在与梅特涅的多次会晤中,更深刻地理解了波兰问题的重要性和复杂性,双方的观点逐渐接近。卡斯尔雷向梅特涅保证,英国将阻止俄国和普鲁士吞并整个波兰和萨克森。卡斯尔雷从

---

① Henry A. Kissinger, A World Restored , Gloucester Mass. ,1973, p. 113.

② John Clark, British Diplomacy and Foreign Policy 1782—1865,London, Unwin Hyman, 1989, p. 126.

③ John Clark, British Diplomacy and Foreign Policy 1782—1865,London, Unwin Hyman, 1989, p. 127.

④ C. K. Webster, ed. , British Diplomacy 1813—1815, London, G. Bell and Sons Ltd. ,1921, p. 137.

欧洲而不是岛国的观点作出决定,赢得了梅特涅的尊重。"怎样赞扬卡斯尔雷也不过分。……我没有发现与他有丝毫分歧。我可以向你保证,他最向往和平,我们心目中的那种和平。""我与他相处宛如我们已共同度过了一生。""卡斯尔雷的举止像一位天使。"[1]"梅特涅在所有交往过的人中,同卡斯尔雷毫无疑问是最为意气相投。"[2]卡斯尔雷向国内汇报时,高兴地说:"梅特涅生来就是顺应时势的;归罪于他的地方比他应当承当的要多,在共同推动联盟这架机器前进的重要措施上,他所担负的责任,比我在联盟司令部所遇到的其他任何人都大的多。"[3]这次短暂的四天会晤在未来十年的英国与大陆关系中起到了重要的作用。巴塞尔会议的重要性不在于两位大臣之间达成了任何明确的协议,而在于卡斯尔雷和梅特涅之间确立了共同的思想和感情。

1 月 23 日,卡斯尔雷和梅特涅满意地动身前往俄军司令部朗格勒去会晤沙皇。25 日卡斯尔雷与沙皇举行了首次会议,开始讨论贝尔纳多特问题。沙皇予以否认,说这是谣言。但他丝毫不隐瞒他不希望与拿破仑举行和平谈判,也不愿波旁王朝复辟。盟军占领巴黎后,应由法国人选择他们自己的统治者。卡斯尔雷坚持与法国的代表科兰古进行和谈,因为奥地利表示如果不举行和谈,他将撤出盟军的军事行动。沙皇为了继续军事行动,作出让步,同意与拿破仑进行谈判。沙皇作为同盟内最显贵的人物,无疑是卡斯尔雷特别关注的对象,他邀请沙皇访问英国,为了与英国保持紧密联系,亚历山大愉快地接受了邀请。但同盟内的分歧仍未解决,卡斯尔雷为了打破僵局,提议组成四国委员会,面对面地进行讨论,由各方代表解决共同关心的问题,各方均表示赞同。

卡斯尔雷一直所希望的盟国委员会于 28 日召开了。会上首先讨论军情,奥地利建议在与拿破仑进行谈判期间应暂停敌对行动。卡斯尔雷得到了俄普的支持,反对梅特涅的建议,梅特涅也就放弃了。由于

---

①  Alan Palmer ,The Chancelleries of Europe,London, George Allen & Unwin,1983, p. 5.

②  C. K. Webster, ed. , British Diplomacy 1813−1815, London, G. Bell and Sons Ltd. ,1921, p. 38.

③  C. K. Webster, ed. , British Diplomacy 1813−1815, London, G. Bell and Sons Ltd. ,1921, p. 160.

近来战局的不断发展,卡斯尔雷提议同盟应该制定一个完全不同于"法兰克福方案"的新方案作为和谈的基础。沙皇同意把拿破仑限制在"古老疆界"内,而不再给予法国"天然疆界"。梅特涅在和平条款上对英俄作出了大量让步,法国回到古老而不是"天然疆界",在相互一致下作有利于法国的修改,如果必要的话,萨瓦和莱茵河左岸的一些领土可让与法国。意大利和德意志由中等国家组成,梅特涅最终同意了该建议。为了实现大陆和平,卡斯尔雷表示只要满足英国在低地国家和把法国限制在"古老疆界"内的要求,英国放弃在海外获得的一些殖民地,对法国作出补偿。荷兰与比利时合并的方案获得了盟国的同意。盟国也一致同意在未来的谈判中海权问题将被排除在讨论之外。一旦与法国缔结和约,盟国将在维也纳召开会议,解决仍需讨论的问题。卡斯尔雷很满意目前取得的进展,向国内汇报说:"现在可以认为我们实际上摆脱了法兰克福建议的困境。"[1]然而在波兰问题未达成解决方案之前,俄奥两国不愿讨论缔结任何同盟条约。卡斯尔雷此时也束手无策,无法实现其大同盟的计划。但是在朗格勒会议"英国起到了整合的作用"[2]。这是卡斯尔雷转变为欧洲政治家的重要的一步,他作为同盟的调停者出现,这使得他在盟国同意之下实现了英国最根本的利益。

2月1日,盟军在拉罗歇尔击败拿破仑,盟军将在两周内抵达巴黎似乎确定无疑。卡斯尔雷充满信心动身前往夏蒂荣。1814年2月5日,盟国与法国的和谈在风景如画、人烟稀少的村庄塞纳河畔的夏蒂荣召开。盟军决心要把法国限制在1792年的疆界以内。代表拿破仑与会的是对他一贯忠诚、效劳多年的前驻莫斯科大使科兰古。出于对与会的英国谈判代表的担心,卡斯尔雷作为盟国唯一的主要大臣参加了和谈。由于2月间军事行动变化不定,会议的气氛也随之迅速变化。2月7日举行的首次会议上,盟国宣告法国必须撤到1792年的疆界,只有为彼此方便而做的若干变动,以及英国允予归还法国的一些殖民地不在此限。科兰古听了这个要求,强自克制,不动声色。他提醒说,他

---

① C. K. Webster, The Foreign Policy of Castlereagh 1812—1815, London, G. Bell and Sons Ltd. ,1931, p. 205.

② Henry A. Kissinger, A World Restored , Gloucester Mass. ,1973, p. 119.

们在法兰克福曾提出让法国以莱茵河和阿尔卑斯山为界；他追问，如果英国把法国禁锢于其欧洲旧疆界内，他究竟打算牺牲哪些殖民地。卡斯尔雷坚持殖民地的归还应取决于全面的欧洲解决方案。而沙皇表示在与法国缔结和约前，拒绝讨论欧洲的全面解决方案。在无法预知会获得那些殖民地的情况下，法国完全正当地拒绝了。此时，拿破仑在布瑞恩战败的消息传来，2 月 9 日处于绝望中科兰古致信梅特涅，表示如果能够立刻签订停战协定，他准备接受"古老疆界"作为和谈基础。卡斯尔雷表示坚持在全面的欧洲解决方案尚不清楚的情况下，英国不能确定把哪些殖民地归还给法国。总之，科兰古要求在不知道如何处理殖民地的情况下，法国不能满足盟国的要求，作出牺牲，现在双方都含蓄地要求全面和平的方案，"这再次证明同盟无法先赢得战争然后建设欧洲，而是在赢得战争前就要有生命力的欧洲结构概念上达成一致"①。

2 月 11 日—13 日的特鲁瓦会议上，英普奥三国同意接受科兰古古老疆界和平的建议，在充分保证的基础上，给予法国停战协定。沙皇表示拒绝，不同意继续谈判且不给予停战协定，盟军应向巴黎推进，推翻拿破仑后允许法国人民决定未来的王朝。梅特涅提出新的建议，表示俄国如不同意，奥地利将退出战争与法国单独媾和，沙皇被迫让步，回到了夏蒂荣的谈判桌前。2 月 10 日—14 日，拿破仑对布吕歇尔的胜利加强了俄国的观点，拿破仑太危险，不能让他继续做法国国王。私底下卡斯尔雷表示同意，而奥地利对军事前景表示悲观，希望尽快媾和，同盟愿意接受在古老疆界基础上作有利于法国调整的建议，拿破仑命令科兰古避免正面答复，他要求天然疆界作为停战基础，坚持在停战谈判期间继续战斗，撤掉了科兰古在夏蒂荣媾和的全权。

俄国代表要返回特鲁瓦的盟军司令部接受沙皇的训令。会议的第一阶段宣告结束。当卡斯尔雷抵达特鲁瓦时，同盟正濒临解体。在普鲁士军方的支持下，沙皇决定进军巴黎，推翻拿破仑，由法国人决定拿破仑的命运。梅特涅提出质疑，如果科兰古接受盟国的和谈方案，盟国

---

① Paul Schroeder, The Transformation of European Politics 1763 — 1848, Oxford, Clarendon Press, 1994, p. 498.

将如何回复;如何与波旁打交道;一旦巴黎陷落,如何进行统治。卡斯尔雷和哈登堡都赞同梅特涅的意见。如果在"古老疆界"的基础盟国现在能获得和平,那就不必延长战争,冒进一步伤亡和可能失败的危险。12日,在盟国委员会上,俄国代表涅些尔罗德传达了亚历山大的指示,在回复中沙皇不仅继续坚持挺进巴黎,而且拒绝与拿破仑谈判,认为波旁王朝无力统治法国 。考虑到盟友的感情,沙皇认为年轻的奥尔良公爵可能是一个不错的选择。占领巴黎后由一位俄国总督统治巴黎。奥地利无法接受沙皇的意见,奥地利是为了恢复欧洲的均衡而战,而不是为了改变法国的国内体制。"奥地利内阁的真诚愿望是同拿破仑议和,限制他的权力,保证他的邻国能遏止他的贪得无厌的野心,但还是要使他和他的家族保持法国皇位。"①科兰古接受夏蒂荣的条款表明削弱的法国与欧洲均势相符合。要求过多只能颠覆同盟的道义原则。但如果拿破仑被迫退位,波旁家族的领袖路易十八是唯一合法的君主。梅特涅认为:"波旁王朝复辟对俄国和英国的特殊利益之大,远远超过奥地利的特殊利益或欧洲的共同利益。"双方互不妥协,导致了僵局。12日,拿破仑战胜了布吕歇尔,表明他仍然拥有一定的实力,不会被轻易打败。在13日盟国委员会上,梅特涅建议只要拿破仑同意"古老疆界"的方案,就立刻签订停战协议,重开谈判,如果盟友反对的话,奥地利将与拿破仑单独媾和。这实际上就是最后通牒。"现在不是同盟的团结,而是均衡的要求是他(卡斯尔雷)的首要关切。"成功在即,卡斯尔雷面对他所珍惜的同盟濒临解体,放弃了调停者的角色。在长达两天的与亚历山大的会晤中,卡斯尔雷劝说沙皇同意在夏蒂荣重开和谈。但沙皇是顽固的,他已经在俄国驻英国大使列文公爵的来信中了解到英国舆论和利物浦内阁反对与拿破仑进行和谈,英国摄政王希望波旁王朝复辟。未得到政府的信任,卡斯尔雷非常愤怒,然而他依然毫不妥协。卡斯尔雷告诉沙皇:"我自己的判断指导着我,不会使自己受到忽视真实局势的英国已形成的假设希望的影响。"②并即刻派罗宾逊回国,要

①　〔英〕阿尔农杰·塞西尔:《梅特涅》,上海人民出版社,1974年,第125页。
②　C. K. Webster, ed., British Diplomacy 1813—1815, London, G. Bell and Sons Ltd.,1921, p.147.

求带回他得到政府全部支持的明确训令。他坦率地告诉内阁,如果事态的自然发展导致拿破仑下台,他当然欢迎。但如果英国政府的主要目标已实现,他不支持仅为了推翻拿破仑而延长战争。英国的主要目的是要使伊比利亚半岛获得解放,还有对英国更为重要的是荷兰和安特卫普得到解放。这些目的通过在夏蒂荣提出的让法国保持 1792 年的疆界而实现。首相利物浦以辞职相威胁,迫使摄政王和其他内阁成员作出让步,全力支持卡斯尔雷。但是沙皇拒绝让步,会谈无果而终。

在 14 日的盟国委员会上,梅特涅提出了已经得到卡斯尔雷和哈登堡同意的和谈草案。在夏蒂荣与拿破仑重开和谈,把法国限制在 1792 年的疆界内;如果拿破仑下台,同盟只与波旁打交道;一旦占领巴黎,由盟国委员会共同管理。如果沙皇拒绝,奥地利将退出同盟。为了加速推动和谈,卡斯尔雷答应,除多巴哥外,英国在西印度群岛略取的土地将全部归还,并设法替法国从瑞典和葡萄牙手上收回瓜德罗普岛和卡晏,还要归还好望角以东的全部法国属地,但不包括毛里求斯和波旁岛。沙皇被彻底孤立了,在联盟内部形成了一个反对俄国的同盟。同日,拿破仑再次击败布吕歇尔。当日沙皇同意了梅特涅的和谈草案。卡斯尔雷重返夏蒂荣。

1814 年 2 月 17 日,盟国向科兰古提出最终的和平方案,即"特鲁瓦基本原则"。给予法国 1792 年的疆界,战后拿破仑仍是法国的统治者。战争的目的仍是遏制法国而不是废除拿破仑。拿破仑采取拖延战术,希望战局发生有利于己的变化或同盟瓦解。卡斯尔雷在这个文件中谨慎从事,不让重提给予莱茵河左岸的问题。假使拿破仑愿意接受法国 1792 年的疆界,重建保持平衡的国家体制,放弃其大部分头衔,他本来可以结束战争的,这本是他挽救皇位的的最佳良机。然而此时拿破仑再度重创盟军,沙皇第一个要求立刻缔结停战协定。盟军总司令施瓦岑贝格在征得其他两位君主同意后,派代表到拿破仑的驻地,请求停战。拿破仑不肯亲自接见盟军代表,而把信收下,却迟迟不做回答。施瓦岑贝格召开军事会议,征求三位君主的意见,并且决定再向拿破仑建议停战。卡斯尔雷立刻致信梅特涅,虽然很愤怒,但未失分寸。"我无法向你表达我多么遗憾停战建议……你将……在道义和政治考虑上作出重大牺牲。……如果我们在军事和政治上谨慎从事,法国如何能阻止 60 万勇士要求的正义和平?"①

危机迫使他重返盟军司令部。当他抵达司令部时,盟军正准备全面撤退。毫无疑问,退却是处于军事上的考虑,但是也给人一种软弱的印象,会对盟国君主和将领产生灾难性的影响。俄奥之间的矛盾更加尖锐。处于绝望中的奥地利迫切要求和平,沙皇认为是奥地利的背叛导致了目前的败局,但他现在也准备妥协。卡斯尔雷坦率地承认,在与俄奥打交道时他的耐心几乎消耗殆尽。"的确,为了影响未来领土瓜分的决定,每个国家怀疑他国按兵不动。"②卡斯尔雷向盟国坚定地表示:"如果大陆能够并愿意在一个权威的原则上与波拿巴媾和,英国将作出最大的牺牲。如果他们不能作到,为了他们和我们自己,我们必须反对法国。"③

在 20 日的盟国委员会上,在军事方面卡斯尔雷起到了决定性的作用。他坚持将瑞典王储贝尔纳多特统率下的俄普军队交由布吕歇尔指挥,建议成立军事委员会,进行统一指挥。成功地消除了他们之间的相互猜忌,稳定了军心。"特鲁瓦危机突然化解了,惊恐消失了。"④而拿破仑的拒不妥协也帮了卡斯尔雷的大忙。拿破仑的胜利使他认为无论遭受多么大失败,总会在"古老疆界"的基础上与盟军媾和。另一方面"他的王朝历时不久未得以神圣化,他作为一国君主立足尚未稳固,即贸然同意让法国的疆土大减,这未免是一种耻辱"⑤。拿破仑指示在夏蒂荣谈判的科兰古拖延时间,并表示决不接受"古老疆界"。科兰古虽渴望和平,却给绑住了手脚,无可奈何。当盟国请求停战时,拿破仑禁止他的使节参加任何谈判,除非盟国同意以"天然疆界"为和谈的基础,并且在议和期间先将军队撤回阿尔萨斯、洛林与荷兰。他在致科兰古的信中说道:"同盟军行事是否真诚,英国是否愿意和平,我认为是可疑

---

① C. K. Webster, ed., British Diplomacy 1813—1815, London, G. Bell and Sons Ltd.,1921, p.158.

② C. K. Webster, The Congress of Vienna, London, G. Bell & Sons Ltd., 1945, pp.29—30.

③ C. K. Webster, ed., British Diplomacy 1813—1815, London, G. Bell and Sons Ltd.,1921, p.160.

④ Harold Nicolson, The Congress of Vienna, London, Constable Co Ltd,1946, p.79.

⑤ 〔英〕C. W. 克劳利编:《新编剑桥世界近代史》第九卷,中国社会科学出版社,第 854 页。

的，至于我自己，我只希望有一种牢靠和体面的和平。法国要是没有天
然疆界，没有奥斯坦德和安特卫普，就不能同欧洲其他国家处于平等地
位。英国和其他强国已经在法兰克福承认了这些天然疆界。法国在莱
茵河和阿尔卑斯山范围内所获得的地方，抵不上奥地利、俄国和普鲁士
在波兰、芬兰以及英国在亚洲所获得的地方。……他们是不是梦想使
法国回到原来的边界点呢？这就是贬损法国。……我不在乎这个皇
位。我决不接受可耻的条件使国家或我自己受辱。"①21 日，拿破仑由
于军事上的暂时胜利，致函奥地利皇帝弗兰茨一世，详论奥地利继续进
行战争的失策。为什么奥地利要使自己的政策从属于英国和沙皇的私
怨呢？为什么要眼看他昔日的比利时属地断送给一个即将同汉诺威王
朝联姻的信奉新教的荷兰亲王呢？法国决不会放弃比利时；而他，作为
法国皇帝，也决不会签订一项要把法国赶离莱茵河，排除在列强之外的
和约。但是，如果奥地利真正希望欧洲实现均势，他是愿意忘却过去，
在法兰克福条件的基础上媾和的。2 月 25 日，同盟给谈判确定了最后
的日期，法国必须在 3 月 10 日前作出答复。2 月 27 日，奥地利皇帝复
信给拿破仑，反复重申盟国只会在"古老疆界"的基础上与法国缔结和
约，"拿破仑的打击使反法同盟更加坚固了"②。拿破仑的拒不妥协使
同盟更清楚地认识到他继续执政与欧洲的和平不相符，任何与他的协
议只是一次停战协定。无论同盟之间有什么分歧，现在，拿破仑的威胁
是主要的。由于战争久拖不决，卡斯尔雷在大陆的时间早已超过了内
阁的预定时间。利物浦告诉卡斯尔雷，在 4 月中旬以前，议会没有紧急
事务，"我们所有人都认为最重要的是，在你带回令人满意的结果之前，
你不应离开盟军司令部"③。

　　3 月 1 日，卡斯尔雷随盟军司令部迁往肖蒙。缔结同盟条约是卡
斯尔雷最为迫切的目标，然而依然困难重重。俄奥在波兰和萨克森问
题上僵持不下，沙皇坚持重建波兰，自己兼任波兰国王。德意志领土的
划分仍悬而未决。幸运的是 3 月 4 日停战谈判破裂。卡斯尔雷及时地

　　①　王养冲、陈崇武选编：《拿破仑书信文件集》，上海人民出版社，1986 年，第 476—477 页。
　　②　〔英〕约翰·霍兰·罗斯：《拿破仑一世传》下卷，商务印书馆，1977 年，第 365 页。
　　③　C. K. Webster, The Foreign Policy of Castlereagh 1812—1815, London, G. Bell and Sons Ltd., 1931, p.225.

建议同盟应为长期战争作准备。在肖蒙无人认为战争会很快结束。他们明白自己远没有充分脱离危险,这一认识不仅使他们保持团结一致,而且从长远看促使他们朝着一个方向——将 18 世纪的组建协同体制愿望转变为有效的现实安排——迈出了真正的第一步。卡斯尔雷以机智圆通、临事镇静的本领,在弥合分歧方面创造了奇迹。他的努力终于得到了回报,"结果就是卡斯尔雷艰辛和耐心寻求的普遍同盟条约最终实现了"。卡斯尔雷对同盟的团结作出了积极贡献,再次向同盟保证,英国不会切断补助金或从大陆撤退维护它的殖民征服,他巧妙地提醒他们,英国能做什么,没有英国,他们既无法发动战争也不能进行和谈,卡斯尔雷不愿意为了尽快媾和在关键的安全问题上作出让步,但是卡斯尔雷也不会为了军事胜利和法国的体制而牺牲与拿破仑达成满意的和平,他的中心目的是在战争和战后维护同盟的团结,一个团结的欧洲抵抗拿破仑是安全的,一个分裂的欧洲尽管会赢取某种胜利或强加给法国和平条款,但很快会陷入新的冲突。经过这段困难时期,夏蒂荣会议结束了,卡斯尔雷最终实现了他长期追求的全面同盟。1814 年 3 月9 日,四大国签订了《肖蒙条约》,日期倒填为 3 月 1 日。"他们很快地认识到它是欧洲新秩序的基础。威灵顿骄傲地声称通过该条约四国拥有保卫欧洲和平的权利。这意味着同盟打算使之成为一个遏制法国的持久联盟。这是它的真正意义。"[①]"肖蒙……是非凡的英国成就,为胜利和平和战后安全奠定了基础。"[②]

3 月 9 日,四大国签订了《肖蒙条约》,以"通过重建公正的势力均衡终止欧洲的苦难、确保其未来的安宁"。根据协定,英国、俄国、奥地利和普鲁士保证不单独与拿破仑媾和,而要将战争继续下去,直到把法国赶回其古老疆界之内。由各自享有主权的王公建立德意志邦联,荷兰必须得到军事上合适的边界并恢复奥兰治家族在荷兰的统治,归还奥地利在意大利的领土,恢复波旁家族在西班牙的统治,恢复瑞士联邦的独立,英国仍保留他从前殖民地的许多地方,如马耳他岛、多巴哥岛、

---

　　① 　F. R. Bridge and Roger Bullen, The Great Powers and the European States System 1815—1914,NewYork ,Longmon, 1984, p. 23.

　　② 　Paul Schroeder, The Transformation of European Politics 1763 — 1848, Oxford, Clarendon Press,1994, p. 501.

毛里求斯岛等。为了实现这一目的，四国必须在战场上保持军队 15 万人。英国答应每年提供资助，给予各同盟国的数额一律相等。1814 年总数共达 5 百万英镑。如果拿破仑接受同盟国在夏蒂荣拟订的条款，这项条约就仅仅是防御性的；否则就是进攻性的。为了预防战后的法国东山再起，威胁欧洲安全，四强一致同意如战端重启，各出 6 万名士兵（英国则提供相当的经费）共同作战，互相保卫。协议将持续 20 年。英国在人力和物力上的贡献是大陆任何一个盟国的两倍，英国现在在大陆拥有 22 万 5 千名士兵，其中英军不足 7 万名，其他则是雇佣兵。这是非凡的力量展示，卡斯尔雷异常兴奋地给国内报告道："我把我的条约寄给您们，希望得到批准……我们对战争的贡献等于他们的总和……这显示了多么了不起的力量啊！……结束了任何对我们在大陆有发言权的怀疑。"①这打破了英国的外交传统，在和平时期英国也要承担大陆义务。"条约倡导了一个在和平时期中的大国集团来保持在欧洲体制中的均势。"②该条约维系了同盟，直至拿破仑被逐出欧洲，直至 1814 年至 1815 年的安排大功告成。在维也纳会议上，在第二次巴黎和约中，《肖蒙条约》的规定构成了基础，据此进行了为了欧洲和平而将协调和均势原则体制化的首次引人注目的历史试验，这是四国同盟的开始。

　　3 月 9 日，布吕歇尔在罗恩击败了拿破仑，3 月 10 日夏蒂荣会议即将结束时，科兰古提出了一个建议，表示愿意放弃拿破仑对"自然疆界"以外的地方保持控制的一切要求，并要求会议再延长十天。梅特涅迫切希望法国能抓住最后一次机会，派遣埃思特哈塞亲王到科兰古那里告诫他：纵使同盟国在军事上一时失利，被赶回莱茵河对岸，他们也决不会撤回对法国古老疆界的要求。"难道就没有办法开导拿破仑，使他明白自己的真实处境吗？如果他坚持要自取灭亡，难道就没有办法挽救他了吗？他是否已经无可挽回地把自己和儿子的命运都压在最后一门大炮上了呢？""我将尽最大的努力把卡斯尔雷勋爵留在这里呆几

---

①　C. K. Webster, The Foreign Policy of Castlereagh 1812－1815, London, G. Bell and Sons Ltd. , 1931, p. 228.

②　Michael Sheehan, The Balance of Power, History and Theory, London, Routledge, 1996, p. 119.

天。他一旦离开,和平将不复存在。"卡斯尔雷则希望尽快结束和谈,担心迟则生变,局势会发生逆转。他催促梅特涅应通盘考虑整个军事状况。沙皇赞同卡斯尔雷的观点,最终同意荷兰与比利时合并。作为回报,卡斯尔雷同意由英国承担俄国欠荷兰的债务。17日,盟军司令部指示夏蒂荣和谈的盟国代表,如果科兰古在最后规定期限内拒绝接受和谈方案,会议就会结束。拿破仑仍毫不妥协,表示"宁可失去一切,失去皇位,而不要一个只有旧的疆界的帝国"。于是谈判中断了。他拒绝严肃认真地对待谈判,注定了自己的失败,使得同盟反对他并毁掉他在法国的地位。在巴黎塔列朗领导下的一群重要的政客作出结论,皇帝现在是实现荣誉和平的唯一障碍,3月20日,同盟决定不再与拿破仑及其家族的任何成员谈判。他们认识到拿破仑从不考虑和平方案,至少是一个暂时停战协议。"同盟想要的是与法国的持久和平"①。

卡斯尔雷不希望把拿破仑退位等同于波旁复辟,因为"除非法国人民自己表现出强烈的最流行的对前朝的倾向,对英国或其他国家而言,把波旁强加与法国将是一个错误"。当征求卡斯尔雷的意见,是否允许波旁王公和英军同行时,卡斯尔雷表示:"反对任何把我们的体制与波旁体制混淆在一起的措施。"②他对波旁家族能否胜任表示怀疑,疑虑法军仍然忠于拿破仑,在内心深处,他觉得如果拿破仑或者至少拿破仑摄政,能获得更稳定的体制,然而经过夏蒂荣会议,他意识到任何把拿破仑置于王位上的和约都是不稳定的,英国的摄政王、内阁和公众对拿破仑极端敌视,希望恢复法国的古老王朝。3月22日,内阁给卡斯尔雷发出训令,无论如何决不能与拿破仑缔结和约。英国政府决定不再以拿破仑为谈判对手。3月28日,在盟国代表齐聚的宴会上,卡斯尔雷举杯庆祝波旁复辟,祝路易十八健康,卡斯尔雷态度的转变一方面是因为与拿破仑媾和根本是不可能的;另一方面,他要阻止在法国建立共和国或者把法国王位让与贝尔纳多特或欧根亲王。而自1660年以来英国的历史经验也表明接受教训的君主复辟是有益的。

---

① F. R. Bridge and Roger Bullen, The Great Powers and the European States System 1815—1914, New York, Longmon, 1984, p. 23.

② Harold Nicolson, The Congress of Vienna, London, Constable Co Ltd, 1946, p. 87.

盟国在亚历山大的推动下,采取了非常冒险的军事行动,把拿破仑抛在后方,直取巴黎。1814年3月30日巴黎陷落,解决法国的政治继承权问题是当务之急。从在战争结束时重建均势这一观点看,恢复波旁王朝是一个既省力而又最可取的方法。其优点是,他们具有正统性,他们重新上台对于任何一个外国支持者都不会产生厚此薄彼的问题;他们登上王位后所采取的保守政策,将有助于消除法国的那种带有危险性的活动。他们可以接受旧日的疆界而不失体面,因为那显然就是他们原有的疆界。此外,3月份在波尔多已有公众表示支持,而且巴黎也有一批人准备为路易十八建立政权。在占领巴黎前几天,几个主要盟国在对波旁王室问题上取得了一致的意见,这已是昭然若揭了,从各国外交官于3月28日第戎举行的盛大集会上为波旁王朝祝酒一事,就完全可以作出这样的结论。① 因此,卡斯尔雷认为保证自己极力奉行的政策得以实现,无须立即赶到巴黎去。而且,他清醒地认识到,外国占领一国首都是一个国家的耻辱。他不希望把拿破仑的退位与波旁的复辟混淆在一起。他以道路不安全为由,推迟前往巴黎。他也不想给议会的反对派提供攻击的借口。31日,沙皇在其巴黎的临时住所召开秘密会议,讨论法国的政治前途:与拿破仑讲和,由玛丽·露伊莎为其子摄政,由贝尔纳多特即位,让波旁回来,成立共和国。在谈到召回波旁王室时,沙皇虽摆出了一些反对意见,但其实是表明他现在赞成这个解决方法,只要这的确是法国的意愿。塔列朗力排众议,主张让流亡国外的路易十六的弟弟普罗旺斯伯爵登位,实现波旁家族的复辟,他对沙皇说:"陛下,不论是您、是各大盟国,还是您认为有几分影响力的我。我们谁也不能给法国一位国王。法国被征服了,是被您的武力征服;但今天您却没有了这种力量。一个强加给人民的国王,不论他是谁,他或是用阴谋推出,或是用武力扶植;两种方法中的任何一种都不行。要想建立一个持久的东西,为所有的人都接受,必须依据一个原则行事……路易十八是一个原则,他是法国的合法国王。"塔列朗的主张受到英国

---

① 但盟国同意波旁复辟是有条件的:法国要施行君主立宪制,承认已被没收的贵族土地归现在的主人所有,保证偿还法国的债务等。参见 C. K. Webster, The Foreign Policy of Castlereagh 1812—1815, London, G. Bell And Sons, Ltd., 1931, p. 244.

威灵顿公爵强有力的支持,尽管亚历山大认为法国的王冠对"他们是个过于沉重的负担"①。但最终还是同意让波旁王朝复辟。4月6日,元老院召回路易十八即位。

然而,事情还没有了结,拿破仑已撤到枫丹白露。4月1日拿破仑派科兰古晋见沙皇,请求在古老疆界的基础上媾和,沙皇的答复是:"和平对他将不过是暂时休战罢了。"科兰古立刻赶回枫丹白露请求拿破仑逊位,传位给其子。但拿破仑依然决心战斗到底,但将领们拒绝执行命令。皇帝终于让步,起草了一份公告,措辞如下:"同盟各国既已宣称拿破仑皇帝为重建欧洲的唯一障碍,拿破仑皇帝恪守自己的誓言,宣告愿意退位,离开法国,甚至献出生命以谋祖国的利益,这个利益是同皇太子的权利、同皇后摄政的权利以及同维持帝国的法律是分不开的。"②这只不过是表示拿破仑愿在一定的条件下退位。4月4日,科兰古一行立刻赶往巴黎,深夜抵达巴黎后,沙皇立即接见了他们。沙皇对拿破仑的全权代表说:"我并不坚持让波旁王族返回。我不了解这个家族。我将把你们的建议转告联盟各国。我支持这个建议,也希望能将事情告一段落。"随后,沙皇召见了临时政府的全体成员听取他们的意见。他们强烈反对,认为摄政府必然很快就屈从于拿破仑独断专行的意志。沙皇最后说,他听取普鲁士国王的意见后再做决定。但是,黎明前不久,传来了马尔蒙军团投降盟军的消息,沙皇为了谨慎从事,征询了普鲁士国王和奥地利亲王的意见,这才毫不迟疑地作出了决定:同盟国家既不同拿破仑也不同他的家族谈判,他们要求的是无条件逊位。但沙皇愿意给予拿破仑宽大的条件,如果拿破仑立即退位的话。沙皇同拿破仑的代表会谈时决定:拿破仑本人及其家族放弃法国的皇位,但他和皇后可终生保留其地位和称号;把帕尔马公爵领地交给皇后;在法国之外,给予拿破仑的养子意大利总督欧仁亲王一个合适的领地,每年由法国给拿破仑夫妻200万法郎,另拨250万给予其家属和拿破仑的前妻约瑟芬;考虑以科孚岛、科西嘉岛或厄尔巴岛为拿破仑将来的居住地,代表们对于厄尔巴岛的异议最少。沙皇希望展现出他对失败敌人的宽

---

① 〔法〕安德烈·卡斯特洛:《塔列朗传》,陕西人民出版社,1991年,第354页。

② 〔英〕约翰·霍兰·罗斯:《拿破仑一世传》下卷,商务印书馆,1977年,第387页。

大,在战后法国影响力的竞争中领先。3 月 11 日,沙皇和拿破仑签订了《枫丹白露条约》,该条约的危害性在于厄尔巴岛离法国本土太近,这是一个大失误。然而,该条约把拿破仑逐出了法国,为 3 月 23 日签订的停战协议铺平了道路。协议规定,法军放弃仍在占领的欧洲要塞,作为交换,盟军答应撤出法国。该协定在法国遭到了攻击,对 1792 年的疆界不满,实际上,"该停战协议帮助法国在通往和平的道路上,获得了比它有权希望的更好的和平"①。

　　拿破仑众叛亲离只有屈服。4 月 6 日,他写下了正式退位诏书:"同盟各强国既已声称皇帝拿破仑为欧洲和平的唯一障碍,忠诚于他的誓言皇帝,为他本身、也为他的后裔,宣布放弃法国的帝位和意大利的王位,为了法国的利益,他准备作出任何牺牲,甚至是他的生命。"②

　　4 月 10 日,当卡斯尔雷和梅特涅抵达巴黎时,谈判已经结束。鉴于厄尔巴岛离法国和意大利太近,梅特涅徒劳地抗议拿破仑对该岛的统治,他甚至预言两年内将有一场新的战争。卡斯尔雷也非常不满,他希望能找到一个比厄尔巴岛更适合拿破仑的地方。英国不承认拿破仑拥有皇帝的称号,卡斯尔雷成功地把该称号仅限于拿破仑本人,仅同意条约涉及领土安排的那部分条款,但最终盟国各方还是同意了《枫丹白露条约》。4 月 20 日,拿破仑离开枫丹白露,起程前往流放地。4 月 23日,盟军安排从法国撤军,作为回报,法军放弃在德意志和意大利占领的要塞。5 月 3 日,路易十八返回巴黎,波旁王朝顺利复辟,盟国政治家同法国的和谈开始了。

---

　　①　Paul Schroeder, The Transformation of European Politics 1763 — 1848, Oxford, Clarendon Press,1994, p. 509.
　　②　王养冲、陈崇武选编:《拿破仑书信文件集》,上海人民出版社,1986 年,第 491 页。

# 第 3 章　维也纳体系的构建：超越均势

## 3.1　第一次巴黎和约与伦敦会议——西欧的重建

英俄普奥四大国决心设计一个真正和持久的欧洲均势。这实际上产生了一个特殊的大国①集团，与严格的国家平等原则的解释相反，暗含着有组织的等级制国际社会。这不仅承认了已经存在的现实，更深远的意义在于大国不仅要制定和平方案的条款，而且在管理国际关系中扮演重要角色。在国际体系中大国承担特殊管理作用的思想，尤其是采取监督小国的形式暗含着干涉他国内政和控制其对外关系的集体霸权。

拿破仑结束战争后，通过谈判达成解决方案的政治家们抵御住了建立惩罚性和平的诱惑，他们寻求均衡而非报复，寻求合法性而不是惩

①　"大国与小国之间的区别……作为一种具有法律地位差异的国际政治和组织体制，产生于卡斯尔雷的头脑之中，并成为 1815 年所采纳的计划的基础。"〔美〕汉斯·摩根索：《国际纵横策论——争强权、求和平》，上海译文出版社，1995 年，第 568 页。"大国是这样的国家：它们被其它国家承认为、而且被它们本国的领导人和民众设想为具有某些特殊的权利和义务。例如，大国坚持并被赋予参与决定影响整个国际体系之和平与安全的问题的权利，它们接受并被其它国家认为根据它们承担的治理责任来修改本国政策的义务。"Hedley Bull, The Anarchical Society: a Study of Order in World Politics, New York, Columbia University Press, 1977, espically p. 202.

罚。卡斯尔雷的态度此时非比寻常,他成为克制的主要倡导者之一,阻止了"绝对安全"的诱惑。① 卡斯尔雷现在处于其影响力的顶峰。首相利物浦不断催促卡斯尔雷回国,帮助政府在下院捍卫其对外政策,没有卡斯尔雷议会就无法管理。卡斯尔雷坚持在新形势尚未明朗之前,留在巴黎极端必要,拒绝回国。他致信首相:"由于我缺席国内的岗位所造成的麻烦,我真的很抱歉;但是我要……完成我的工作。"②卡斯尔雷很乐观,想尽快达成协议。奥普两国在有关波兰的未来和法国新疆界以外的领土未达成协议前,不愿与法国签订和约。他们担心英国在实现低地国家和殖民地的目标后,会对解决其他欧洲问题毫无兴趣。而且一旦与法媾和,在讨论欧洲未来均势时就很难把法国排除在外。

1814 年 4 月 29 日,普鲁士首相哈登堡提出一个方案。该方案建议将整个萨克森和莱茵河左岸划归普鲁士;奥地利将获得提罗尔和意大利的领土作为补偿;俄国获得华沙大公国的主要部分,但塔诺普尔和克拉科夫归属奥地利;起草德意志邦联宪法,把一些小的领土补偿给巴伐利亚、巴登和皮埃蒙特。卡斯尔雷拒绝了普鲁士的方案,担心中东欧的领土问题会导致同盟解体,使法国有机可乘。建议应首先解决西欧的疆界和海外殖民地问题。沙皇也拒绝考虑该建议③,坚持先与法国媾和,以后再讨论这些问题。梅特涅也不支持哈登堡的计划,因为两国尚未解决美茵茨问题。

与法国的和谈立刻暴露了盟国之间的利益冲突和盟国领导人之间不同的政治理念。在取得胜利时很少有人能够做到宽宏大量。由于战争的胜利者可以为所欲为,因此,他们的行为方式可能会为自己的未来制造敌人。由于普鲁士等德意志诸国与法国接壤,在长达二十余年的战争中饱受法国的蹂躏,而且法国将来发动侵略战争的危险依然存在。

---

① 追求所谓的绝对安全的安排,即企图使自己强大到不以其他国家的决策为转移的程度。但是一个国家的绝对安全则意味着其他国家的绝对不安全;只有把其他国家弄到疲软无力才能达到此目的。这样,一个基本属于防御性的外交政策,就会变得与传统的侵略难分彼此。周启朋、杨闯等编译:《国外外交学》,中国人民公安大学出版社,1980 年,第 197 页。

② J. A. R. Marriott, Castlereagh, London, Methuen &Co. Ltd. , 1936, p. 248.

③ 拒绝原因是沙皇觉得拖延下去,英国就会对大陆解决方案丧失兴趣。他对伦敦的访问抱有希望。见 Henry A. Kissinger, A World Restored, Gloucester, Mass. , 1973, pp. 141—142.

为了确保自身的安全,以荷兰和普鲁士为代表的德意志诸国主张严惩法国,使之无力再危害邻国。他们要求肢解法国,至少要剥夺法国大部分的战略要地,由盟军占领法国,补偿盟国在战争期间遭受的损失,归还法国从各国掠夺的艺术品。而英俄奥三国则主张宽大处理。他们并非法国的邻国(奥地利除外),没有受到法国的直接威胁。尤其是英俄两国不希望以牺牲法国为代价,在欧洲获得领土。三国认为像法国这样具有强大的政治和文化传统的大国,不可能永久被削弱。严厉的和约条款会使新政府威信扫地,只能产生仇恨和复仇,导致波拿巴主义的复活。一旦法国恢复元气,会重启战端。未来安全的最大保证是在法国产生一种和解精神,使法国重新融入欧洲国际社会。不是通过削弱法国,而是加强其邻国来防范法国。回顾历史展望未来,他们认识到法国并不是欧洲和平与安全的唯一威胁,他国也有可能在将来发动侵略战争,而法国的合作是必不可少的。"在重建欧洲均势过程中应赋予法国应有的地位。"[1]

与法国的谈判分为两部分,大陆和殖民地。殖民地的谈判完全由卡斯尔雷负责。同时,他也密切地注视着有关大陆部分的谈判,因为这涉及低地国家的命运。谈判的草案是在 1814 年夏蒂荣会议上盟国提供给拿破仑的 2 月 17 日的条款。卡斯尔雷希望在 5 月 15 日之前与法国缔结和约。但是在路易十八返回巴黎之前,塔列朗没有得到授权以克服国内的反对意见。而德意志诸邦国希望英国在归还殖民地之前,应在对法和约中考虑到欧洲大陆领土的安排原则。因此谈判只能推迟进行。5 月 9 日,四大盟国与法国举行谈判,任命了领土和财政两个委员会讨论具体细节,这是卡斯尔雷早在夏蒂荣会议上提出的建议。但最终决定权仍在四国外交代表手中。同盟国准备给予法国比 1792 年时的人口多 50 万,领土是 1792 年的疆界。而法国代表则要求增加100 万人口,希望把尼德兰的大部分领土让与法国,在东北边界上作出调整。"该建议将把比利时的大部分让与法国,使其余地区无法防

---

① Norman Rich, Great Power Diplomacy, New York, McGraw—Hill, Inc., 1992, p. 9.

御。"①塔列朗试探其他国家的态度。奥地利放弃了在比利时的所有利益，希望在意大利得到英国的支持。俄国代表也不同意对法国作出让步。其他国家并不太关心比利时的疆界，但对卡斯尔雷而言，这是至关重要的。他强烈反对，向法国表示："如果他希望持久的和平，要消除军队思想中错误的观念，即对法国而言，佛兰德斯是必不可少的。"②与此同时，为了阻止法国拖延谈判，卡斯尔雷向盟国提出建议，如果 5 月底不能签订和约，谈判将移到伦敦举行，盟国表示同意。法国向奥地利求援，梅特涅表示法国只能接受它能得到的东西。法国别无选择，只能妥协，放弃了整个比利时和莱茵河左岸的领土。英国这样做是为了阻止法国军队再像 18 世纪 90 年代那样横行无阻，迅疾征服其邻国。法国大致恢复到 1792 年 1 月 1 日时的疆界，但实际上作了大量的调整，包括失去了两个很小的地区；给法国增加了十多个革命前"孤立的属地"（其中一个最大的飞地为阿维农及其周围地区），以及边界线上 6 个单独的地区，其中有两块比较大，一个跨越默兹河谷地，另一个在日内瓦以南位于美丽的有湖有山的地区（由于法国在 1815 年的所作所为，这些边境地区未能保住）。法国不仅保持了"古老疆界"，而且获得了萨瓦和巴拉丁的部分领土，疆界比革命前扩大了。人口也增加了 600 万。根据条约，法国同意莱茵河自由通航，德意志各国应予独立并以邦联的关系而联合在一起，瑞士独立和把意大利的属地让与奥地利。欧洲战胜国在法国周围设置了一个"安全系统"：奥属尼德兰（比利时）和荷兰合并为尼德兰王国，成为布置在法国北部的一道屏障；沿法国东部边境是几个德意志邦国和瑞士联邦，莱茵河左岸地区由荷兰、普鲁士和德意志的几个邦分辖；法国东南部的撒丁王国合并了热那亚、萨瓦和尼斯，这样就阻断了法军进入意大利的沿海路线。热那亚成为一个自由港。奥地利皇帝在意大利所拥有的属地应以波河和特辛河以及马煦湖为界，托斯坎纳重归哈布斯堡家族。奥地利加强了在意大利北部的统治。在卡斯尔雷和梅特涅来看，加强法国周围的地区可以有效地防止法国

---

① C. K. Webster, The Foreign Policy of Castlereagh 1812－1815, London, G. Bell and Sons Ltd. ,1931, p. 267.

② C. K. Webster, The Congress of Vienna, London, G. Bell & Sons Ltd. ,1945, p. 41.

向外扩张,一旦发生战争,这些地区可作缓冲地带。两个月内,各国派出全权代表前往维也纳参加欧洲和平会议。根据秘密条款,法国同意服从盟国在维也纳会议上对重新分配领土问题新作的决议。安特卫普成为不设防的商业港口,斯凯尔特河对所有国家自由航行。"遏制而不是肢解是西部解决方案的主旨。"①卡斯尔雷宣称,在巴黎,荷兰新国家的基础已经牢固地奠定了。英国是四国中唯一一个在维也纳会议召开前,在大陆安排中确保了其关键利益的国家,使之在将来更容易成为一个调解人。

在殖民地问题上,卡斯尔雷与塔列朗直接进行谈判。英国表示出慷慨大方的态度,把要求降到了最低。卡斯尔雷希望保留马耳他、开普殖民地、毛里求斯和多巴哥,确保地中海通往印度的航线和西印度的战略要地,首相利物浦认为:"在复辟波旁王室的战争中,我们花费了六七亿英镑,该要求是合理的。"塔列朗的建议完全没有满足英国的要求,在圣卢西亚和多巴哥问题上保持沉默,要求在纽芬兰获得捕鱼权。英国以放弃给予法国财政援助为条件,迫使法国在殖民地问题上作出让步。法国放弃了圣卢西亚和多巴哥,纽芬兰的捕鱼权恢复到 1792 年前的状态。英国军方获得了通往印度、西印度航线的战略要地。这说明对法战争迫使英国优先考虑欧洲大陆的政治及其自身的安全。卡斯尔雷坚持政治考虑必须凌驾于经济要求之上。他"谋求实现那种没有什么经济价值然而因其损失却会导致对收益损失的战略领土的控制"②。其目的不在于这些领地的直接经济利益,而在于它们在保护其税收来源(殖民地)方面的战略意义。这几乎完全忽视了已经投资的种植园主和商人的利益。在荷兰所属的富庶的西印度群岛殖民地上,英国表现出了高度的战略克制,归还了战争期间占领的绝大多数荷兰殖民地。战时,荷兰的独立是英国利益的首要战略目标,在谈判中要确保该问题不会引起争议。但是英国不准备以牺牲全面的欧洲解决方案为代价推行自己在荷兰的利益。不努力使联省仅仅成为英国的卫星国。英国允许

---

① F. R. Bridge and Roger Bullen, The Great Powers and the European States System 1815—1914,NewYork ,Longman,1984, p. 25.

② 〔美〕罗伯特·吉尔平:《世界政治中的战争与变革》,中国人民大学出版社,1994 年,第 53 页。

和鼓励尼德兰成为一个独立的中等强国。英国更直接统治荷兰的代价并不昂贵，但是这种战略克制的做法给其他主要国家作出了示范。卡斯尔雷认为："我确信作为一种实力、力量和信心的特征，我们在欧洲大陆的声威比以这种方式获得疆土更加重要。"[①]

在奴隶贸易问题上，双方遇到了更大的困难。尽管塔列朗承认英国的要求是公正的，但法国工商界认为这会阻止殖民地商业的恢复，切断法国一个重要的财政来源，几乎没有几个法国人赞成废除奴隶贸易。塔列朗也表示，只有在法国殖民地得到它所需要的奴隶恢复元气后，才会同意英国的主张。卡斯尔雷也意识到事情的困难，他从现实出发，表示愿意作出让步。"我的感觉是……我们不必……在这个问题上与法国过多纠缠，如果我们这样做的话，将使废奴在法国令人厌恶，认为我们受到阻止恢复它（法国）殖民利益的……观点的影响。""如果我们使法国站在我们一边，我们将拥有权威上的优势；没有它的帮助，我对让西班牙和葡萄牙赞同我们的观点感到绝望。"[②]因此，他要求缓和法国公众舆论，而不是采取态度强硬的方式使法国同意。这种安排激怒了政府内的反对派，英国内阁和公众强烈反对作出让步。5月3日，英国下院通过一个决议，如果法国拒绝废除奴隶贸易，英国将不归还给法国殖民地。塔列朗表示在条约的秘密条款中满足英国的要求，五年后废除奴隶贸易，并在维也纳会议上支持英国的废奴主张。在这种情况下，除非内阁准备拒绝归还全部殖民地。英国别无选择，只能接受塔列朗的建议。除此点外，英国基本上是满意的。

在财政问题上，俄奥两国同英国一样，表现出克制。这是因为俄奥两国认识到经过长年战争，法国已经财力枯竭，而长达六个月的占领已经沉重地报复了法国人。为了争取波旁王朝站到自己这一方，英国政府没有要求赔款，卡斯尔雷的秘书库克不满地写道："法国为毁灭欧洲分文未付，我们为拯救欧洲倾其所有。"[③]他们放弃了向法国索要七万

---

①　Harold Nicolson, The Congress of Vienna, London, Constable Co Ltd, 1946, p. 98.

②　J. A. R. Marriott, Castlereagh, London, Methuen &·Co. Ltd., 1936, p. 247.

③　Harold Nicolson, The Congress of Vienna, London, Constable Co Ltd, 1946, p. 98. 英国的战争费用为七亿英镑，是一战的两倍。

法国战俘费用的要求,只要求对战争中遭受到损失的英国公民的私人财产给予补偿。卡斯尔雷毫无困难地使法国接受了这一原则。然而,在赔偿问题上,普鲁士要求得到赔偿的数目等同于1812年前拿破仑从它那掠夺的财富,并把法国掠夺的艺术品物归原主。此先例一开,麻烦将接踵而至。在沙皇的支持下,法国断然拒绝了普鲁士的要求,为了确立政府的权威、获得人民的支持,政府必须表现出它有能力获得体面的和平、捍卫法国的利益。塔列朗表示路易十八一旦赔款就会遭到牢狱之灾。盟国决定新的法国应以调整平衡的账单开始。最终,整个财政问题在卡斯尔雷最初建议的方案上得到了解决,法国对基于契约要求的个人作出补偿。对于拿破仑从欧洲掠夺的大量财宝和珍贵的艺术品,盟国也没有要求归国。[①] 此外,盟国没有对法国未来军队的规模作出限制。盟国希望这会有助于第二阶段的谈判顺利进行。

1814年5月30日,盟国与法国签订了《第一次巴黎和约》。该和约是"重建欧洲过程中的第一个正式步骤"[②],被誉为"欧洲新秩序的基石"[③]。塔列朗自己就把这个和约说成是罕有的照顾。他致信德·古兰德夫人:"我同四大列强结束了和平谈判……条约好极了,完全平等,十分体面……以您为首的我的朋友们应当对我很满意……"在回忆录中,塔列朗指出:"国王进入巴黎六个星期后,法国的国土有了保证;外国军队撤离了法国;从国外重镇回归的部队以及战俘使法国拥有一支强大的军队;而且保住了我军从欧洲几乎所有博物馆中获得的珍贵艺术品。"[④]解决方案的关键是未来的安全,而不是复仇。正如卡斯尔雷所说:"安全的保障来自这样一个事实——某个国家如果不向关心现状的

---

① 未归还的原因是由于法国拒绝归还;在归还过程中艺术品易受到损坏;归还艺术品会使法国新政府的声威受到损害,失去民心。Harold Nicolson , The Congress of Vienna, London, Constable Co Ltd,1946, p. 99.〔法〕安德烈·卡斯特洛:《塔列朗传》,陕西人民出版社,1991年,第408页。

② Walter Alison Phillips, The Confederation of Europe, NewYork, Howard Fertig, Inc. , 1966, p.87.

③ E. V. Gulick, Europe's Classical Balance of Power, New York, Cornell University Press, 1955, p.177.

④ 〔法〕安德烈·卡斯特洛:《塔列朗传》,陕西人民出版社,1991年,第409页。但盟国的人民对此却非常不满,见〔英〕阿尔农杰·塞西尔:《梅特涅》,上海人民出版社,1974年,第136—137页。

所有国家宣战,它就不能对你造成危害。"①第一次巴黎和约的条款是令人惊奇的宽宏大量,他们的慷慨不是出于感情而是出于政治考虑。盟国首要的关切是安全与和平。法兰西帝国的崩溃对法国公众是一个沉重的打击。盟国政治家已经认识到任何进一步的要求只能削弱波旁王朝的地位,导致波拿巴主义的复活。卡斯尔雷感到该条约贯彻了他的目的,消除了出现过度不信任的安排。

通过第一次巴黎和约,盟国在恢复平衡的国家体系这一艰难历程上走完了第一阶段。但欧洲的均势尚未完成,波兰和萨克森问题等待着下次会议来解决。然而形成解决方案已非常明显,通过巴黎和约,法国作为均势中一个可能的因素出现了。"复辟王朝"已使得法国成为一个"可以接受"的盟友,没有意识形态的鸿沟把它与其他欧洲国家分开。

划分法国的疆界比决定从华沙到意大利南海岸的法兰西帝国的命运容易的多。每一个欧洲国家的疆界急需确定,大国的利益处于攸关时刻。胜利后,如何调解各国间利益的冲突,成为卡斯尔雷最棘手的问题。问题的关键是中东欧的领土安排,亚历山大对奥地利的要求没有作出任何让步,他希望占有克拉科夫和扎马斯克,新增 40 万人口。并违背了战时对普鲁士的许诺。对俄国邻国而言,局势很危险。普奥两国在波兰问题上有共同的利益,但是普奥两国在萨克森和美茵茨的分歧导致了双方的分裂,普鲁士想占有这两个地方,但奥地利在是否把两地让与普鲁士的问题上举棋不定。如果普鲁士占有了萨克森和美茵茨,其势力会深入到德意志南部。而一心想拥有美茵茨要塞的巴伐利亚就会拒绝在提罗尔对奥地利作出让步。卡斯尔雷担心如果俄国的计划成功的话将会危及欧洲的均衡,使俄普奥三国同盟决定欧洲大陆的命运。他的目的很自然的是希望沙皇放弃该计划,尽力分化俄普,促使普奥结成紧密同盟,阻止来自法国或俄国的威胁。

卡斯尔雷认为这些主要的问题在巴黎无法解决,5 月中旬,他与梅特涅达成协议,推迟到伦敦会议解决,卡斯尔雷计划在伦敦能够重建欧洲。奥地利寄希望于英国作为调解者发挥积极作用,摆脱在巴黎有利

---

① C. K. Webster, The Foreign Policy of Castlereagh 1812−1815, London, G. Bell and Sons ltd. , 1931, p, 268.

于俄国的形势。波兰和萨克森的命运悬而未决,意大利问题也进展甚
微,卡斯尔雷设想的是把意大利置于奥地利的保护下,尽可能地恢复旧
家族的统治,排除法国的影响。事实上,卡斯尔雷已经同意奥地利获得
威尼斯和米兰,其他各国也不反对。意大利由独立的各个邦国组成。
通过条约的秘密条款解决了奥地利在意大利的边界问题。意大利其余
地区的命运尚未确定。缪拉的命运尚模糊不定,卡斯尔雷赞同内阁的
要求,在和平条约中不承认缪拉。

在国外卡斯尔雷历经 5 个月的艰险返回英国,议会下院全体起立
鼓掌欢迎他,条约一致通过。甚至卡斯尔雷的对手坎宁也盛赞这是英
国政府缔结的最辉煌的条约。卡斯尔雷说明实行和解政策是有道理
的,"使法国成为和平的商业国,不好战争,不务征服,这样更好"[①]。

1814 年 6 月初,大多数主要的政治家和君主休会前往伦敦,作为
英国政府的客人庆祝恢复和平。对英国人民而言,这次访问不仅是庆
祝结束二十年来英国在战争中孤立的一个机会,而且是欧洲对英国在
冲突中坚持不懈、对盟国慷慨大方表示敬意。开始,沙皇亚历山大在伦
敦大受欢迎,但由于没有警察保护有点神经紧张,以至举止失当,对他
的欢迎也就很快冷淡下来。他拒绝了摄政王安排他下榻圣詹姆士宫的
建议,坚持住在他妹妹安排的普尔特尼旅馆。这本身引起了极大的不
便和不悦。亚历山大和英国摄政王讨厌的反对派接触频繁,甚至威胁
要拜访已与摄政王公开断绝关系的威尔士王妃,干涉英国王室的家事,
只是由于俄国驻英大使列文公爵强烈反对才作罢。他没有意识到侮辱
一国的首脑——尽管该首脑不受欢迎——等于侮辱该国本身。这使他
失去了英国政府对他的同情。[②] 而先于沙皇到达的他的妹妹叶卡捷琳
娜女大公任性胡为,把她的个人好恶置于国家的政治利益前,干预夏洛
特公主和新近同奥兰治的威廉亲王订婚的联姻计划上,使得俄国王室
的形象受到极大的损害。

英国政府殷勤地招待各国来宾,使得卡斯尔雷把很多注意力放在

---

① 〔英〕约翰·霍兰·罗斯:《拿破仑一世传》下卷,商务印书馆,1977 年,第 394 页。
② 沙皇这样做的原因是因为摄政王不受公众欢迎,他认为托利党内阁不能长久掌权。
见 C. K. Webster, The Congress of Vienna, London, G. Bell & Sons Ltd.,1945, pp.47—
48.

正式的官方欢宴上,而同时他要担负起下院领袖的职责,处理数不清的政府事务,加之各国之间外交上的敌对,使卡斯尔雷很难贯彻实施自己的计划,以至在主要问题上进展甚微。沙皇拒绝正式讨论波兰问题,因为伦敦的气氛不利于俄国。但在荷兰问题上英国取得了实质性的进展。卡斯尔雷同荷兰代表亨德里克·法格尔通过谈判成功地解决了英荷问题,他们一致同意,英国保留战时夺得的圭亚那的一些地区,但允许荷兰在该地区继续从事贸易活动,英国要为瓜德罗普岛偿付瑞典100 万英镑,该岛于 1813 年原已答应归瑞典,但在第一次巴黎和约中又转归法国;英国要承担俄国欠荷兰债务的 1/2(300 万英镑);为开普殖民地偿付荷兰 200 万英镑,该殖民地在战时被英国占领,现仍在英国手中。荷兰同意把这最后一笔款项用于修建防御工事以对付法国,新成立的荷兰及其边界的最后具体划法留待维也纳会议去确定。6 月 14日,四国商定根据最近在巴黎达成的协议。将比利时地区交回奥兰治家族临时管辖。卡斯尔雷宣称英国的行为是慷慨大方的,英国所占殖民地在当时被认为没有太多的商业价值,而且在战时荷兰是无法保卫这些殖民地免遭英国敌人的进攻,这得到了欧洲大国的同意。"卡斯尔雷和他的政府更多的关心他们新创建的新国家的福祉和欧洲公众的意见,而不仅是他们自己商人的要求或试图垄断殖民地贸易,他们正在建设比他们认识到的更好的未来"[①],此外荷兰政府同意废除奴隶贸易,结果是双方对该方案都很满意。人们对于英国在这个问题上所采取的外交姿态未免会感到大为惊讶。他的外交大臣在维也纳会议召开之前就已经把他认为对本国利益至关重要的一些问题解决了:在肖蒙巩固了联盟并且一直维持到战后时期;在法国恢复了波旁王朝;将安特卫普及附近的比利时地区置于友好的奥兰治王室的管辖下;作为英国的一部分胜利果实在海外取得了适当的领土补偿;最近同荷兰解决了财政问题,并在重建平衡的国家体系方面取得了一致意见。毋庸置疑,卡斯尔雷在为和会进行准备时充满信心,确实是有充分理由的。

德意志问题也进行了讨论,在卡斯尔雷的调停下,汉诺威和普鲁士

---

① C. K. Webster, ed., British Diplomacy 1813—1815, London, G. Bell and Sons Ltd., 1921, p. 305.

达成协议,卢森堡和美茵茨成为未来邦联的要塞。梅特涅对此大失所望,希望把该问题拖延下去,等待时机。有关萨克森问题,卡斯尔雷明确表示留待维也纳会议再解决,因为他无力单独解决,寄希望于奥普能否合作反对沙皇。尽管在伦敦会议上,四大国之间存在矛盾,未就主要问题达成协议,但他们仍决心把决定权抓在手中,并未打算允许他国决定欧洲的主要问题。正如雷蒙·阿隆所言:"国际体系的组织总是为少数人所垄断。……都是主要的行为者制约国际体系,而不是后者制约前者。"①根据秘密条款,他们要使法国服从他们之间已作出的决定。

维也纳会议原订于8月15日召开,但沙皇拒绝接受,他坚持要先返回俄国,希望延期至9月底。四国同意在维也纳会议召开之前,不会在临时占领的地区采取任何行动。这一点非常重要。俄国占领了整个波兰和萨克森。普鲁士已占领了莱茵河左岸和美茵茨。他们重订了肖蒙条约,将各国承担派遣军队的数量改为7.5万名,许诺只有在共同一致的情况下才能使用军队,该条约是卡斯尔雷设计的,以确保沙皇许诺不使用武力解决棘手问题。

另一个令人费心的是挪威问题,根据基尔条约,丹麦放弃挪威,转交给瑞典。盟国答应给予丹麦补偿。英国同意归还除赫尔果兰岛以外的丹麦以前的殖民地,并在欧洲其余地区努力补偿丹麦。然而,挪威人拒绝接受基尔条约的约束,宣布独立,并选举丹麦的克里斯蒂安·弗里德里希亲王为挪威国王。派人到伦敦,向英国寻求援助。英国政府谴责挪威的独立运动,但表示如果挪威让步的话,英国愿意居间调停。挪威拒绝英国的建议,等待时局的变化。该事件使英国的反对党辉格党和商人阶级对挪威颇为同情。根据条约,英国派海军封锁挪威,导致英国国内反对派的抗议,在议会上下两院展开了长时间的辩论。卡斯尔雷面临着一个棘手的问题,那就是国际法承认被割让省的人民的反抗权。为了避免这个问题,就把挪威人的起义归罪于丹麦人的幕后策划,并正式向哥本哈根施加压力。首相利物浦建议盟国派代表前往挪威,劝说他们接受瑞典国王,盟国代表采取了高度一致的立场,挪威人放弃

---

① Raymond Aron, peace and War: A Theory of International Relations, New York, Garden City, 1966. p. 95.

了独立。但瑞典国王也作出了让步,全部接受了挪威的宪法,被选为挪威国王。条件是建立一个享有主权的联盟,而不是批准以基尔条约为基础。

在西班牙半岛,英国的作用是举足轻重的。英国帮助西班牙人赢得了独立,可西班牙王室一直担心英国对西属美洲殖民地的野心。西班牙国王斐迪南德决心废除具有自由主义性质的 1812 年宪法,恢复专制统治,重建审判所,把许多爱国志士驱逐出西班牙。卡斯尔雷对国王的倒行逆施深表遗憾,希望国王能够颁布一部新的宪法,并接受盟国与法国签订的条约,而西班牙不满足于二流大国的地位,企图与法国单独谈判,取得更多的领土。卡斯尔雷赞同西班牙从法国手中取得圣多明各,但拒绝西班牙对路易斯安娜的要求,因为法国无力从美国手中购买并归还给西班牙。7 月 5 日,盟国与西班牙签订了条约,英国最关心的废除奴隶贸易和把奥利文萨归还给葡萄牙的问题没有解决。但西班牙表示,如果重开南美殖民地的贸易时,英国享有最优惠的待遇。西班牙国王同意不会与法国讨论缔结"家族公约"。卡斯尔雷很高兴获得该条约,它"至少消除了在法国和西班牙同时恢复波旁王朝的必要的恐惧"[①]。

在西班牙,至少取得了一些进展,而在意大利情况更为复杂。西西里国王斐迪南德重新登上王位后决心推翻宪法,并迫害立宪派人士。卡斯尔雷准备保护立宪派,但是他指出,英国不能为此目的而动用武力。英国暗示,如果西西里国王继续迫害立宪派,"对我们来说,采取任何有效的恢复西西里国王戴上那不勒斯王冠的措施将是不可能的"。卡斯尔雷向西西里国王的代表解释,英军不可能永久驻扎在那里,国王应与支持立宪的臣民和平相处。否则,外部的干涉会降低国王的威信,恶化双方的关系,这表明英国政府准备除掉缪拉。6 月,法国的奥尔良公爵访问英国,希望彻底解决那不勒斯问题,首相利物浦表示爱莫能助,试图把除掉缪拉的责任扔给波旁宫廷。卡斯尔雷也在思考在不承担责任的情况下,处理这一困难问题。而此时的梅特涅仍犹豫不决,英

---

①　C. K. Webster, The Foreign Policy of Castlereagh 1812—1815, London, G. Bell and Sons Ltd. , 1931, p. 313.

国政府拒绝接受缪拉的代表。6月29日,卡斯尔雷暗示政府有采取行动的自由,因为一纸停战协定不可能束缚住英国。此时,教皇的代表孔萨尔维主教抵达伦敦,受到热烈欢迎,所有英国人都是希望归还教皇财产的天主教徒。他们希望在与支持废除奴隶贸易的天主教国家打交道时,得到教皇的支持。英国答应在即将召开的和会时,支持教皇归还财产和确定疆界的要求,但拒绝作出明确的承诺。

波兰和德意志问题仍然悬而未决,沙皇和梅特涅带着失望的结果离开了英国。整个7月,卡斯尔雷一直在下院勤奋工作,使下院通过了英荷条约和在大陆驻军7.5万名的要求。8月8日,他致信普鲁士首相哈登堡,希望他能够组织一支波兰军队并密切注视俄军在德意志北部的动向。哈登堡回信承认需要关注俄国,但同时表示奥地利以牺牲萨克森为代价寻求修正边界,因此他建议把整个萨克森让与普鲁士,莱茵河左岸划归普鲁士和奥地利、荷兰加入德意志邦联,而这一点是卡斯尔雷极力反对的。梅特涅与俄国就波兰问题没有达到一致。[①] 在与卡斯尔雷会晤中,他谈到了对俄战争,卡斯尔雷冷冷的拒绝了。卡斯尔雷继续坚持对待波兰的正确方法,重建一个独立的波兰,这样会赢得波兰人和英国国内舆论的支持,并使俄国退回到维斯杜拉河。1814年6月,法俄接近的传言也令卡斯尔雷忐忑不安,卡斯尔雷急于想知道塔列朗在波兰和意大利问题上的观点,确保法国不会加入俄方阵营。8月7日他致信威灵顿,要威灵顿询问法国是否在波兰问题上用武力支持英国的观点,并要求法国支持催促普反对俄国对波兰的要求。他接受了法国的邀请,去维也纳的路上途经巴黎和塔列朗会谈。8月24日抵达巴黎,他与法王和塔列朗讨论了所有欧洲问题,并交换了意见。塔列朗表示支持英国的政策,"英法两国在即将开始的讨论中有共同的利益和责任"[②]。但卡斯尔雷同时指出,根据第一次巴黎和约的秘密条款,四大国有权解决一切重大问题,他答应法国尽最大努力协调盟国和法国的利益。在塔列朗抵达维也纳之前,卡斯尔雷作为代理人表达法国的

① 沙皇推迟解决波兰的原因是为了获得国内的支持,Harold Nicolson, The Congress of Vienna, London, Constable Co Ltd, 1946, pp. 105—106.

② C. K. Webster, ed., British Diplomacy 1813—1815, London, G. Bell and Sons Ltd., 1921, p. 321.

观点。双方有了一定的了解。"在他们（塔列朗和卡斯尔雷）之间建立了合作的基础，在维也纳会议危机的时期，该基础产生决定性的影响。"①

## 3.2　维也纳会议——中东欧的重建

在维也纳会议之前，曾开过一些会议，如 1648 年的威斯特伐利亚和会，1713 年的乌特勒支会议。但这些会议的目的都是为了结束敌对和瓜分战果。维也纳的和平缔造者并没有完全忽视他们的前辈在奥斯纳布吕克和乌特勒支一心关注的那些事情。他们要确保各成员国能够得到与其为胜利作出的牺牲和贡献大小相符的回报，他们还将不少时间用于一个复杂的事情——恢复被拿破仑赶下台的统治者的称号和领土。然而 1792 年后法国的成功使得他们相信 18 世纪的均势体制已证明无法承担该任务。他们的主要任务是从单纯结束过去的战争进至一种将防止未来冲突的安排，即创建一个新的国际体系来纠正 1789 年以前国际体系的缺点。它能够遏制国际暴力，防止战争如同在拿破仑时期那样再次采取绝对形态，防止法国大革命和拿破仑统治的再度发生，而解决国际冲突居于第二位。他们共同的目标是确保欧洲的稳定与和平。② 会议的主题主要涉及两方面：其一，如何重建欧洲的领土均势；其二，如何重建欧洲的和平与秩序。"战略而非种族的考虑主导着这次谋划。"③

卡斯尔雷于 9 月 13 日抵达维也纳，几天之内其他各国的主要使节也相继到达。尽管四大国存在分歧，但"战时的记忆仍然为国际关系提

---

① Harold Nicolson, The Congress of Vienna, London, Constable Co Ltd, 1946, p. 126.

② 正如根茨所说："和平缔造者们'更宽广'的目标是遏制大众的不安分和我们时代的无序。"F. R. Bridge and Roger Bullen, The Great Powers and the European States System, 1815—1914, NewYork, Longmon, 1984, p. 28.

③ Kalevi J. Holsti, Peace and War: Armed Conflicts and International Order 1648—1989, Cambridge University Press, 1991, p. 115. p. 169.

供了动力"①。他们一致同意各项事务实际上必须由几个主要大国来处理,然后提交给大会通过,把法国和小国排除在会议考虑之中。② 他们不仅代表自己,而且代表整个欧洲,他们要亲自解决所有重大问题。"这清楚地反映了一种信念,即大国有特殊的权利和责任,只有他们能保证新秩序的安全。"③

　　法国战败,解决西欧问题后,英国的民众、议会和大部分内阁成员更喜欢从欧洲撤出,集中注意在贸易、帝国、削减债务和税收等问题上。英国的主要利益在第一次巴黎和约中得到了保证,因此内阁对维也纳会议兴趣不大。为了国内公众舆论的原因,内阁指示必须努力确保废除奴隶贸易,但在其他问题上,认为英国不必起到重大作用。然而,事态的发展迫使卡斯尔雷和其同事把更多的注意力放在外交问题上。他带着一种信念——即英国的利益取决于欧洲的重建——赴会,不像他的同僚,他认为英国是大陆的一部分。他清楚地看到,如果无法获得和平解决方案,对他而言消除冲突是何等困难。因此他准备不仅参与到各国承认的英国有特殊利益的荷兰问题,而且积极参与事关重建中欧的波兰-萨克森问题。他把问题当作一个整体看待,希望建立一种阻止任何一个国家危及他国的欧洲均势。这种新的欧洲均势能够阻止最近所经历的那样一种战争重演。

　　拿破仑战争后,奥普国力衰弱。为了预防法国和俄国的侵略,必须建立建立一个抵御俄国入侵欧洲心脏地区的屏障。整个计划的核心是波兰问题。重建的波兰在俄国和西方之间形成一个有益的、有价值的、合适的缓冲国。这就意味着俄普奥三国放弃18世纪三次瓜分波兰获得的领土。作为补偿,普鲁士可获得萨克森和莱茵的领土,使之成为一个强大的德意志国家,能够阻止法国未来的侵略。至于意大利,他很自然地认为是奥地利的势力范围,阻止法国在该地区的优势,虽然这会威

---

　　① Henry A. Kissinger, A World Restored, Gloucester, Mass. ,1973, p. 151.

　　② 把小国排斥在会议之外的原因,见 Norman Rich, Great Power Diplomacy, New York, McGraw—Hill, Inc. ,1992, p. 15.〔法〕安德烈·卡斯特洛:《塔列朗传》,陕西人民出版社,1991年,第417页。

　　③ F. R. Bridge and Roger Bullen, The Great Powers and the European States System, 1815—1914, NewYork, Longmon, 1984, p. 21.

胁到英国在地中海的海权。同时阻止奥地利为获得补偿以牺牲土耳其
为代价,在巴尔干地区进行扩张。奥地利和普鲁士在中欧将势均力敌。
英国和荷兰通过联姻将保证斯凯尔特河,爱好和平的法国和通过家族
联系在一起的西班牙和两西西里王国提供了进一步的保障,欧洲的均
势建立起来了。英国使用海上优势使大家都受益,毫不费力地维护自
身的安全和世界的和平。"英国成为一个本质上保守,爱好和平的国
家。""通过该方式,实现了一种完美的均势。"[1]卡斯尔雷考虑到不仅要
通过重新调整领土来实现该目标,而且必须建立良好的普奥关系,阻止
沙皇贯彻他的波兰计划,在莱茵地区和维斯杜拉河建立起无法突破的
屏障。

在卡斯尔雷离开英国前,他已经筹划好了在波兰问题上对俄国的
政策。他希望通过展示亚历山大要求的不合理性来约束他。如果劝说
失败,他准备在反法同盟内部聚集反对亚历山大的力量,向他们阐明俄
国拥有波兰对均势构成了威胁。最终,万一斗争不可避免,产生僵局时
引入法国。

在讨论波兰—萨克森问题时,卡斯尔雷起到了重要——在某些方
面是——决定性的作用。卡斯尔雷努力使沙皇懂得他的三个盟友反对
俄国独占波兰的计划,外交僵局产生了。从一开始就没有达成协议的
希望。沙皇认为拥有波兰是对俄国独一无二的战争努力和牺牲的唯一
重要补偿。俄国"臣民牺牲巨大,应当得到赔偿,并以军事行动赢得的
边界保障其不至于遭受新的入侵"[2]。而且波兰大部分在俄国手中会
使波兰人满意,保护波兰民族,阻止欧洲的分裂和混乱。奥普已经接受
同意恢复其 1802 年和 1806 年的地位和规模的原则,但不是在波兰而
是在德意志和意大利。出于忠诚和慷慨,俄国愿意把波森和库尔姆地
区让与普鲁士,威耶利奇卡盐矿和波德戈兹地区让与奥地利。除此之
外,俄国拒绝作出任何让步。在波兰有大军支持,亚历山大坚持他国无
权讨论俄国给予波兰的政策和宪法。沙皇认为俄国在波兰有优先权是

---

①　Harold Nicolson , The Congress of Vienna, London, Constable Co Ltd, 1946,
p. 121.

② 〔法〕亨利·特罗亚:《神秘沙皇——亚历山大一世》,世界知识出版社,1984 年,第
232 页。

理所当然的,这是基于历史、条约,而且对欧洲是有益的。当沙皇要求在波兰自由行动时,毫无疑问他是真诚的。亚历山大真诚地认为,他的政策是在帮助波兰,他是真正要建立一个在俄国保护之下的自主的波兰。自己负有道义上的责任,要使波兰人幸福,而不是为了俄国的利益或个人的野心。

在沙皇到达后与卡斯尔雷的首次会晤中,亚历山大向卡斯尔雷声明:"纠正瓜分波兰时在道德上犯下的罪孽。"他首次清楚地表明了他的波兰计划,除了遵守卡利什条约把一小部分让与普外,沙皇建议华沙大公国加上波兰被瓜分时已被并入普奥的国土,组成独立王国,宣布沙皇为该王国的国王。总之,波兰应属俄国,但形式上则不然。波兰将仅仅通过其君主同俄国相联系。波兰在地理上是自主国家,而在政治上则不然。沙皇坚持这些要求不是野心的结果,而是希望实现波兰人民福祉的道义责任。这些要求不会危及任何国家。而且得到了英国议会和公众的支持。卡斯尔雷反驳,宪政波兰会激起普奥境内波兰人对其统治者的不满,危及普奥的安全。普鲁士占有一部分波兰使法国成为所有二等国家的代言人。"俄国可能会通过奥地利和普鲁士之间的矛盾和斗争而建立起它在各个方面和每个问题上的优势。"①他担心这会对东部边界尚未确定的荷兰的解决方案产生不利的影响。他认为,俄国占领波兰就是"企图恢复我们大家曾协力摧毁的那种体制,即一个庞大的军事强国使另外两个强有力的国家处于某种依附和屈从的地位"②。毫无疑问,沙皇不准备从波兰退出,卡斯尔雷和亚历山大的第一次会晤仅仅表明了两者的不同。

然而,在第二次会晤中,沙皇也表示作出一些让步,放弃把重建的波兰王国包括进立陶宛和白俄罗斯。卡斯尔雷坦率地向沙皇表示英国希望恢复一个独立的波兰,但他接受了其他三国的建议,放弃了该方案。因此,他也拒绝承认沙皇的波兰方案。希望重新瓜分该公国,使普鲁士和奥地利重新获得他们原有的土地。沙皇仍然拒绝让步。卡斯尔

---

① C. K. Webster, The Foreign Policy of Castlereagh 1812—1815, London, G. Bell and Sons Ltd., 1931, p. 350.

② C. K. Webster, ed., British Diplomacy 1813 — 1815, London, G. Bell and Sons Ltd., 1921, p. 200.

雷继续坚持,"只有欧洲共同认可方能使一个国家平静的享有新的战利品"[①]。10 月 13 日,亚历山大拒绝了卡斯尔雷的观点:认为俄国拥有波兰会威胁欧洲均衡。沙皇认为他的波兰计划远不是扩展俄国的权势,表示在波兰问题上决不妥协,他本人是波兰前途的主宰,俄国军队驻扎在波兰,波兰问题的解决方式只有一个。卡斯尔雷告诉沙皇:"维也纳会议将给人类带来幸福还是成为大国之间的一场闹剧,这完全取决于沙皇陛下的意志。"[②]

卡斯尔雷在与沙皇谈判的同时,也努力集中这样一种力量。作为一个抽象的外交问题,他的任务似乎是简单的。如果沙皇的要求危及欧洲均衡,就会自动生成反对沙皇的力量组合。没有欧洲其他国家组成的统一战线无法阻止沙皇。然而,在考虑真正的危险时,欧洲国家根本不一致。他们不希望看到全面均衡被推翻,但他们不准备牺牲其历史地位依赖的作用为代价来阻止沙皇。一个强大的俄国也许会统治欧洲,但一个强大的普鲁士会超越奥地利,一个统一的德意志会威胁法国。"没有大陆领土需要防卫的岛国代表卡斯尔雷是唯一一位为全面均衡而斗争的政治家。"[③]普鲁士首相哈登堡对萨克森感兴趣。塔列朗担心在没有法国参加的情况下产生不利于法国的方式解决波兰问题。由于奥地利的地理位置,梅特涅的态度非常复杂。奥地利反对俄国独占波兰。俄国占有波兰的大部分领土会确立它在东欧的统治地位;使得奥地利的加利西亚省的波兰部分极易面临来自俄国的政治和军事压力,其东北边境受到俄国的威胁,俄国的边界就会推进到离维也纳不到 175 英里的地方。同时使事情变得更糟的是,波兰王国的任何方式的恢复,必然会使在加里西亚无法还乡的奥地利籍波兰人感到不安;另一方面,普鲁士获得整个萨克森会必然会破坏德意志邦联内部的均势,导致它在德意志北部取得统治地位,从而挑战奥地利在德意志的传统领导权,威胁到奥地利的西北边境,使普奥本已共有的 250 英里又要增加

---

①　C. K. Webster, ed., British Diplomacy 1813—1815, London, G. Bell and Sons Ltd., 1921, p. 197. p. 201

②　Harold Nicolson, The Congress of Vienna, London, Constable Co Ltd, 1946, p. 170.

③　Henry A. Kissinger, A World Restored, Gloucester, Mass. ,1973, p. 155.

200英里。由于奥地利的地理位置,公开反抗是不明智的,这样会成为攻击的中心并放弃与普鲁士的紧密合作,而梅特涅认为这是奥地利安全的关键。因此,梅特涅打算把在这个问题上的政策简化为具有战略意义的原则,只能在俄国公式的一半上冒险,而不能同时在两半上冒险:如果俄国得到华沙大公国,普鲁士就不能占有萨克森;反之,如果普鲁士得到萨克森,俄国就不能占有该公国。

卡斯尔雷认为,只有三国的一致要求才能迫使沙皇妥协。他努力建立反俄的统一战线,然而困难重重。当卡斯尔雷劝告哈登堡和梅特涅采取共同行动时,他被迫承认"存在一种相互间的不信任……这使得我谈到结果时不自信"[1]。梅特涅不是一个具有强烈感情和敢于采取大胆行动的人,不是天才,而是一个伟大的干才,一个冷静、镇定、沉着和典型的谋略家。虽然英奥普三方结盟足以遏制俄国,但也会使奥地利成为前线国家,在持续战备中消耗奥地利的力量。奥地利面临着旧有的安全困境:它自身的易受攻击性,在俄国的不易受攻击面前,危及到作为一个独立大国的生存。这并不是唯一的原因。更糟糕的是俄国打算在俄国王冠下建立一个自治立宪的波兰。奥地利可以容忍俄国的权势扩张,但不能容忍一个波兰王国。孕育波兰民族主义和革命,使波兰无法统治,奥地利对革命担心远远大于外部的军事威胁。假如俄国一定要将波兰并入自己的版图,那么至少不要恢复波兰王国那个旧名,也不要动摇仍然隶属于奥普的波兰人的那种顺民心理。梅特涅认识到解决的方法要超越传统的均势局限。一个独立和安全的欧洲中部源自和基于一个欧洲广阔的政治一致并由法律支持。中部国家团结对抗过于强大的侧翼压力,外部国家要支持这种团结,侧翼国家自己要接受它。

普鲁士国王和首相哈登堡对俄国在波兰的扩张不像奥地利感到那么大的威胁。普鲁士信任亚历山大,对奥地利心存怀疑,普鲁士在德意志有野心。它的主要目标是使奥地利同意它兼并整个萨克森[2]和美茵

---

① C. K. Webster, ed., British Diplomacy 1813—1815, London, G. Bell and Sons Ltd., 1921, p. 202.

② 普鲁士要求获得萨克森是因为两国接壤,其居民是新教教徒。见 Henry A. Kissinger, A World Restored, Gloucester, Mass., 1973, p. 157.

茨。哈登堡不仅是要获得萨克森，而且想摆脱对沙皇的依赖，建立一个在普奥合作基础上的欧洲秩序。梅特涅知道这种让步与奥地利的战略利益直接冲突，萨克森是普奥之间的中间地带。"君主原则，传统和战略要求保留萨克森国王的王位。"①如果一旦在德意志争夺霸权，还可以把这个缓冲国看作一个潜在的同盟者。萨克森政府坚持是因为没有一个盟友能保护其中立，它才在 1813 年被迫重新加入拿破仑一方。梅特涅要让普鲁士知道，如果普鲁士与奥地利在波兰和德意志共同反对俄国，奥地利将在萨克森问题上与之合作。然而，普鲁士首相哈登堡告诉他的盟友，在他确保得到萨克森之前，他在波兰问题上不会采取任何行动。10 月 9 日，哈登堡同意三国结盟，但条件是普鲁士在波兰问题上的合作取决于奥地利同意普鲁士兼并萨克森和美茵茨要塞，并由普鲁士临时占领以示诚意。哈登堡的备忘录表明了普鲁士的困境。在俄国支持下获得萨克森并不合法，而奥地利的支持是在波兰获得补偿而不是在萨克森。他致信卡斯尔雷和梅特涅要求得到明确答复。10 月 11 日，卡斯尔雷明确回复哈登堡，如果普鲁士支持他的波兰计划，他正式同意普鲁士兼并整个萨克森，不反对他立刻临时接管该王国。并否认萨克森国王有权得到补偿，因为他不希望使问题复杂化。10 月 22 日，梅特涅同意该方案，但条件是普鲁士同意在德意志其余地区作出令奥地利满意的安排。奥地利提出了普鲁士占领萨克森的三个条件：在波兰问题上保持一致立场；美茵茨要塞交给巴伐利亚，作为德意志南部防御体系的一部分；摩泽尔作为普鲁士在莱茵地方的南部界线。"这很清楚的表明梅特涅更关心德意志而不是欧洲的均衡。"②他们同意遵循由卡斯尔雷本人起草的行动方案，建立一个独立的波兰。把俄国限制在维斯杜拉河东岸。10 月 23 日，卡斯尔雷最终成功使奥、普搁置分歧，同意在梅特涅备忘录的基础上共同行动反俄。三国提出了三个方案：第一次瓜分前存在的独立的波兰，1791 年残缺的波兰，三国瓜分的波兰。卡斯尔雷在 10 月 25 日致威灵顿的一封信件中概括地提出了他

①　Paul Schroeder, The Transformation of European Politics 1763－1848, Oxford, Clarendon Press,1994, p. 528.

②　Henry A. Kissinger, A World Restored, Gloucester, Mass.,1973, p. 158.

的依据"只有两种方案可供考虑:两个德意志大国在英国支持下结成联盟,从而使德意志各小邦联合起来,与荷兰一道在俄、法之间构成一个中间体系;或者,奥地利、法国和南方诸国结成联盟以对抗由俄、普两国结成紧密联盟的北方大国"①。10 月 30 日,沙皇呼吁普奥两国的君主反对他们首相的行动,奥皇没有同意,普王完全屈从于亚历山大的意志,不支持首相哈登堡。这既阻挠了卡斯尔雷的外交策略的运用,又为法国提供了难得的机遇。在亚历山大的压力下,普鲁士于 11 月初放弃该方案。11 月 5 日,哈登堡接到了其君主让他退出三方联合的具体命令。很明显,俄普奥三方都不愿放弃已获得的波兰领土,建立一个强大的新波兰。均势战术尝试了、失败了。俄国轻易地战胜了英奥的反俄同盟,迫使他国接受了俄国在波兰的基本领土和宪法目标。波兰的斗争告一段落。卡斯尔雷立刻看到必须作出新的考虑,他被迫转向方案的另一半,即阻止将整个萨克森割让给普鲁士。

卡斯尔雷的计划彻底失败了,"卡斯尔雷一直担心,其目标要尽力避免的形势……现在产生了"②。奥地利不能实现他的波兰目标,就会拒绝普鲁士兼并萨克森(萨克森国王曾兼任华沙大公国的国王),造成两国之间的疏远,谈判的焦点也随之转移到萨克森问题上,俄国的优势全面确立起来。维也纳会议分歧的传言传到英国内,招致了反对派对政府的攻击。内阁不太关心大陆,希望远离纠纷,卡斯尔雷面临着国内强大的压力。

波兰是一个地理位置遥远的国家。只有证明沿维斯杜拉河能够最好保卫莱茵或除法国外存在对和平的威胁时,英国才能介入。内阁认为波兰争端是大陆自己的事务,看不出遥远的波兰与英国会有什么直接关系。处理它时应主要考虑对国内政治的影响。这导致了内阁与卡斯尔雷之间的讨论。10 月 14 日,首相利物浦致信卡斯尔雷,指出从议会的观点看,沙皇的计划优于新的瓜分,因为它维护了波兰独立的原则。10 月 28 日,利物浦重申该观点。但卡斯尔雷坚持,它反对俄国不

① C. K. Webster, ed., British Diplomacy 1813 — 1815, London, G. Bell and Sons Ltd.,1921, p.218.

② A. W. Ward and G. P. Gooch,ed., The Cambridge History of British Foreign Policy, London, Cambridge University Press,1922,Vol. I, p.471.

是为了波兰而是为了欧洲,最好在波兰保卫安特卫普。如果波兰问题的解决违背了中欧国家的意愿,就会导致德意志内部普奥的竞争,俄国成为中欧的仲裁者,使得荷兰无法防御,直接的英国利益的安全取决于欧洲政策。他断言英国的所有利益最终与获得一个和平的解决方案密不可分。

卡斯尔雷面临着国内强大的压力。岛国会以欧洲均衡的名义而战,但他倾向于把对均衡的威胁等同于对其直接安全的威胁。因为他的政策是防御性的而不是预防性的,只有对均衡危险迫在眉睫时,英国才会采取行动。但利物浦的回应毫无疑问表明内阁担心法国甚于俄国,更担心战争而不是对均势的威胁。11 月 27 日,卡斯尔雷抵达维也纳后内阁首次给他发出训令,避免卷入大陆冲突中。对卡斯尔雷在波兰—萨克森问题上扮演的积极角色感到不安,催促他要采取谨慎的政策。

卡斯尔雷不为所动,继续执行积极调解的政策。他本人原是内阁中最关心欧洲的成员,比其他同僚更加深刻地意识到在欧洲大陆建立有效的领土均势具有何种价值。因而在谈判的紧急关头,他就准备对于这种官方指示置之不理。他坚信,只有积极参与谈判,才能避免大国关系破裂,因为"破裂如果发生,肯定使整个欧洲,最终使英国卷入战争"①。

12 月中旬,卡斯尔雷致信利物浦,现在波兰问题实际上解决了,仅仅萨克森和那不勒斯问题仍是严重冲突的根源。波兰—萨克森问题是典型的权力政治结构,俄国胜利了。亚历山大也意识到胜利的代价,疏远了英国,使奥地利更依靠西方国家,失去了在法国施加影响的机会,丧失了垂涎已久的战后同盟领导权。此后,亚历山大开始寻求妥协,到 12 月底和翌年 1 月初,欧洲不再试图使俄国在波兰问题上让步。波兰的斗争告一段落。

卡斯尔雷希望在反法同盟内部集中优势力量反对俄国的计划没有成功。"但这是一种错误的印象。"②如果在波兰的失败转化为在萨克

---

① A. W. Ward and G. P. Gooch, ed., The Cambridge History of British Foreign Policy, London, Cambridge University Press, 1922, Vol. I, p. 474.

② Henry A. Kissinger, A World Restored, Gloucester, Mass., 1973, p. 160.

森取得成功,或许在萨克森的胜利能提供在波兰取得让步的方法。在议会受到攻击的卡斯尔雷反对普鲁士兼并整个萨克森的要求。卡斯尔雷不再把萨克森争端看作德意志内部的事务。11月8日,俄国把萨克森移交给了普鲁士。卡斯尔雷完全支持奥地利的要求,不同意普鲁士兼并萨克森。11月18日,利物浦致信卡斯尔雷,表示在这个国家存在着尊重萨克森的强烈感情,因为萨克森的彻底灭亡在英国是不受欢迎的。鉴于萨克森总是在德意志事务中扮演重要角色,卡斯尔雷寻求的不是维护整个萨克森,而是寻求一种妥协,使得普奥再次团结起来,使普鲁士从俄国的影响中摆脱出来。

奥地利不能以牺牲萨克森为代价来加强与普鲁士的紧密合作。一旦萨克森灭亡,中等的德意志邦国不可能加入一个毁灭了其中一个成员的德意志邦联。被迫容忍俄国在波兰权势扩张的奥地利不可能同意在不完全破坏均衡的情况下,在德意志内部普鲁士权势的扩张。梅特涅主张保留萨克森,但把它的大部分领土割让给普鲁士。普鲁士仍坚持己见,导致了僵局。

三大国要迫使普鲁士在萨克森问题上作出让步。这种耻辱的让步不仅严重损害普鲁士的名誉和大国地位,而且允许萨克森王国生存下去,也产生了一个依靠奥地利的永久的边境敌人,这是灾难性的错误。此时的普鲁士变得更加好战,军方公开谈论战争,甚至温和的哈登堡也暗示采取极端措施。但是不具备合法的占有是虚幻的,通过武力使之合法化是妄想。在这种情况下,卡斯尔雷不打算遵循内阁的训令。宣布英国对大陆事务不感兴趣会消除对战争的主要阻碍,而内阁最担心的是爆发新的战争。英国撤出斗争会导致奥地利投降和均势的彻底颠覆。"共同努力的记忆不足以阻止任何国家把法国加入到天平的一方,这变得清晰了。"①塔列朗也加入到了英奥阵营。

现在处于绝望中的普鲁士建议把萨克森国王转移到莱茵地区建国,但英奥双方反对。在英奥的压力下允许法国代表加入。普鲁士现在完全被孤立了,由于沙皇已经拥有了波兰,甚至他也不建议普鲁士现在抵抗。战争的威胁也使沙皇更易接受意见。为了使普鲁士更易接受

---

① Henry A. Kissinger, A World Restored, Gloucester, Mass., 1973, pp. 162—163.

萨克森安排,卡斯尔雷建议沙皇在波兰作出一些让步,亚历山大同意把多恩归还给普鲁士。普鲁士坚决反对,威胁要把对萨克森的临时占领变为永久统治,把任何外部干涉看作是对普俄开战的理由。普鲁士以进行战争相威胁,但这恰恰反映了普鲁士的无能。普鲁士要求俄国全力支持它,俄国拒绝了。此时不愿让步的普鲁士以战争相威胁。12 月1 日,卡斯尔雷与哈登堡会晤,明确表示支持奥地利,哈登堡宣布他"宁愿冒所有的危险而不带着这种耻辱回国"。卡斯尔雷尖锐地回应道这只能产生负面效应。最终,哈登堡答应考虑奥地利的建议,卡斯尔雷催促梅特涅尽力使建议更具有和解性,梅特涅主张保留萨克森,但把它的大部分领土割让给普鲁士,普鲁士仍坚持己见,导致了僵局。作为三国调停代表的卡斯尔雷同意与普鲁士重新会晤。普鲁士提出了新的计划,恢复萨克森王国,作为对萨克森国王的补偿,它可以获得莱茵左岸的大片领土。卡斯尔雷拒绝该计划,认为新的王国将置于法国的影响之下,使荷兰的安全系数降低,他希望一个一流的大国捍卫莱茵地区,支持荷兰。普鲁士已不可能得到整个萨克森,它必须在别处找到补偿。为了解决所涉及的领土和人口问题,卡斯尔雷建议建立一个由四国代表组成的统计委员会,以便在普鲁士杰出的统计学家霍夫曼的协助下,对那些地区及其居住的人口数制订出一致同意的一套数字来。四国均表示同意。12 月 24 日,委员会成立,在解决纠纷上起到了重要作用。在卡斯尔雷的支持下,法国也加入了该委员会。12 月 29 日,开会讨论波兰—萨克森问题。卡斯尔雷和梅特涅坚持只有允许法国参加,才能进行正式讨论,普鲁士和俄国强烈反对,因为在萨克森问题上,他们当然要设法避免三票对两票的尴尬局面。塔列朗的加入意味着终结普鲁士获得整个萨克森的希望。12 月 31 日,哈登堡在会上激动得声称:不把萨克森割让予普鲁士就等于战争。卡斯尔雷警告普鲁士:"如果由这样一种情绪……主导,我们无法在独立的状况下思考,那结束会议更好。"[①]普鲁士的行为迫使卡斯尔雷加速与法奥结盟。

卡斯尔雷向内阁指出,对英国而言,长期置身战争之外是不可能

---

① Harold Nicolson , The Congress of Vienna, London, Constable Co Ltd, 1946, p. 177.

的,英国在低地国家的利益会迟早使它卷入战争。英国的唯一机会是在东方三国中武装调停,为了使之有效,英法应共同行动,以免法国混水摸鱼,而两国的共同力量足以阻止危险的发生。此后的谈判进程证明卡斯尔雷的担心是有根据的,奥地利的建议普鲁士拒不接受。亚历山大显示出愿意让步的迹象,把特诺普尔地区让与奥地利,但在萨克森的立场上没有松动。首相利物浦支持卡斯尔雷与法国结盟的方案,承认如果战争爆发,英国不可能仅仅是个旁观者。

塔列朗的机会来了。值此关键时刻,塔列朗提出了"正统主义"(Legitimisme)与"补偿"原则,以抗衡普鲁士对萨克森的领土要求。正如他自己所说:"我什么也不要求,可是我给你们带来了重要的东西——神圣的正统原则。"[①]在维也纳会议上,塔列朗阐述了"正统主义"原则。1814 年 12 月 9 日,他致信梅特涅说:"法国并无任何个人的野心和利益;它只希望回到原来的疆界里而别无他求……然而它衷心所期许的,乃是:不单单在法国,而且也在整个欧洲完成恢复(旧制度)的事业;使革命的精神永远不复存在;使一切合法的权益成为神圣的权益;使一切野心或非正义的图谋都受到谴责,并通过明确确认和坚决保障这些不幸为(法国)大革命在长期间所遗忘的原则而使之遇到永恒的阻遏。"[②]

1815 年 1 月 1 日,卡斯尔雷建议英法奥三方缔结防御性同盟。卡斯尔雷直接违背了训令,为了均衡拆散了他努力建立的同盟。"这是一个大胆的步骤"[③],在关键时刻的果敢表明了一位政治家的负责任的观念:机会一旦失去就无法挽回。卡斯尔雷违背训令并采取大胆行为显示了他在国内的统治地位和他确信内阁相信他的基本政策而不是他们同意每一步措施。该条约是把肖蒙条约的条款运用到了新的形势。条约规定如果受到普鲁士的进攻,三方彼此给予支援,并为此各提供 15万人的军队,英国提供补助金。要求法奥保卫低地国家和汉诺威,并重新强调了法国要遵守第一次巴黎条约。规定邀请巴伐利亚、荷兰和汉

---

① Harold Nicolson, The Congress of Vienna, London, Constable Co Ltd, 1946, p. 143.

② 陈乐民主编:《西方外交思想史》,中国社会科学出版社,1995 年,第 86 页。

③ Henry A. Kissinger, A World Restored, Gloucester, Mass., 1973, p. 168.

诺威一道行动，后来它们都同意了。同时，三方相约不得和敌方举行单独和谈。①三国同盟为彻底而迅速地解决中欧全部主要问题铺平了道路。卡斯尔雷仍然表示条约并不拒绝普鲁士在萨克森获得新的领土。但普鲁士的进攻是不可能的，战争恐慌只是表面现象，基本上是人为制造的，而三国密约是虚张声势。②卡斯尔雷和利物浦都认为同盟不是为了备战，而是作为制约法国的同盟，为英法武装调停作准备，阻止东方国家尤其是奥普间的敌对，最弱的大国普鲁士而不是最强的大国俄国是同盟的目标这一事实得到确认。普鲁士发现要面对三国的反对，而沙皇对此漠不关心。因为志得意满的国家不会为他国的要求而战。如果普鲁士坚持己见，条约意味着战争。卡斯尔雷的决定与内阁的训令相反，事态的发展已处于关键时刻，他告诉首相利物浦，英国肯定要卷入战争，签订这样一个条约远比使事态自然发展好得多，正如卡斯尔雷所预料的那样，首相接受了这个决定。实际上，早在 12 月 23 日内阁已经决定与法国结盟。但当卡斯尔雷签订条约时，内阁的训令尚未到达。

1 月 5 日，卡斯尔雷向内阁汇报，战争的警报结束了。现在由五国共同讨论萨克森问题，卡斯尔雷扮演双方调解人的角色。根茨报告说卡斯尔雷夜以继日不知疲倦地工作。为了顺利结束谈判，在他努力实现最终解决方案时，卡斯尔雷必须阻止普鲁士把萨克森国王移到莱茵河左岸和奥地利为萨克森取得易北河畔托尔高要塞的企图。在沙皇的帮助下，他使普鲁士确信为了欧洲均衡的利益，它必须承担起莱茵地区的防务。"英国一种稳定的均势概念的核心要求……是德意志大国中

---

① 条约的内容见 Ralph R. Menning, The Art of The Possible: Documents on Great Power Dipolomacy, 1814－1914, New York, The McGraw－Hill Companies, Inc. 1996, pp. 15－16.

② 最后，法与英奥结盟遏制俄国，如果必要的话通过武力强加给俄国波兰—萨克森解决方案。这点引起了怀疑：法国是否有战斗能力，是否愿意与英奥并肩战斗，法国从哪里得到军费，盟友是否敢让法军越过莱茵河与俄普作战，英国政府和议会是否批准该条约，见 Paul Schroeder, The Transformation of European Politics 1763－1848, Oxford, Clarendon Press, 1994, pp. 530－531. 和 Harold Nicolson , The Congress of Vienna , London, Constable Co Ltd, 1946, p. 178.

的一个在低地国家防御法国。"①卡斯尔雷也向奥地利表明防御性同盟仅为了反对推翻欧洲均衡的企图,而不是为了德意志内部的安排。

1月7日,已获知存在西方同盟的亚历山大原则上同意瓜分萨克森。当1月10日五大国开会时,有关萨克森问题的要点早已决定了。普鲁士知道它必须让步,现在它所关心的是能得到多少萨克森的领土以补偿它在波兰的损失。卡斯尔雷在形成萨克森方案时起到了领袖作用,他催促奥地利同意普鲁士获得更多萨克森领土,如果普鲁士放弃莱比锡,英国以牺牲荷兰和汉诺威为代价,答应普鲁士在莱茵地区可多获得5万人口。尽管普鲁士在莱茵地区的扩张对荷兰和汉诺威构成了威胁,但卡斯尔雷并没有放弃建立一个强大的普鲁士的方案。塔列朗和梅特涅想把普鲁士排除在萨克森之外,卡斯尔雷亲自与奥皇进行交涉,迫使奥地利放弃了该计划。由于普鲁士坚持要保留莱比锡,产生了僵局,沙皇同意把多恩让与普鲁士,才使普鲁士在莱比锡上作出让步。最终,卡斯尔雷获得了一个令各方满意的方案。"毫无疑问,该结果很大程度上归功于英国大臣充沛的精力、坚定的态度和外交技巧。"②2月8日达成协议,在卡斯尔雷的坚持下,普鲁士获得了萨克森五分之二的领土,包括易北河畔的托尔高和埃尔富特要塞和二分之一的人口。更重要的是,在萨克森问题上的妥协,使普奥恢复良好关系成为可能,为卡斯尔雷最关切的作为加强中欧的德意志邦联谈判铺平了道路。

2月11日达成了最终协定。在波兰,奥地利仍占有加里西亚和塔纳普尔地区,克拉科夫为自由市。普鲁士占有波森地区和多恩。原华沙大公国的其余地区成为沙皇统治下的波兰王国。"维也纳的解决方案等于是第四次瓜分。"③亚历山大获得波兰国王的称号,并有权在这个"享有另行设置的行政机构的国家","适当扩大该行政机构的内部适用范围"。这就使俄国直接与德意志国家接壤,从某种意义上讲,也就

① Paul Schroeder, The Transformation of European Politics 1763 — 1848, Oxford, Clarendon Press,1994, p. 129.

② C. K. Webster, The Congress of Vienna , London , G. Bell & Sons Ltd. ,1945, p. 119.

③ Derek Mckay and H. M. Scott, The Rise of the Great Powers 1648—1815, London, Longmon, 1983, p. 342.

是把俄国同整个欧洲的命运联系了起来。在德意志，普鲁士获得了萨克森 2/5 的领土和 85 万人口，易北河的要塞，瑞典的波美拉尼亚，莱茵河左岸大部领土和威斯特伐里亚公国。第一次同法国在大片土地上接壤，成为邻邦。成为德意志北部的霸主。奥地利获得提罗尔和萨尔茨堡，在意大利北部得到补偿，在意大利占统治地位。在波兰问题上，卡斯尔雷很满意沙皇作出的让步。把多恩让与普鲁士，把克拉科夫作为自由城市，暗示对中欧国家作出某些让步。卡斯尔雷在波兰问题上明显遭到惨败之后确实进行了有力的还击。在方案完成以前，卡斯尔雷发表了一份特别声明，如果可能的话英国还是希望建立一个独立的波兰。这"仅仅是为了满足英国的公众舆论"。危机既已结束，内阁急需卡斯尔雷回国在下院捍卫政府的对外政策。2 月 14 日，卡斯尔雷回国，威灵顿继任为代表。

　　德意志问题远不如波兰—萨克森问题那样富有戏剧性，但也非常重要甚至更复杂。维也纳最后议定书的条款为德意志邦联由 39 个邦和 4 个自由城市组成永久性的防御联盟提供了框架。以邦联为纽带把普奥和德意志其他国家团结起来，从而为中欧各国的安全与独立提供了保障，缓解了普奥之间争夺德意志领导权的敌对。统一的德意志对欧洲来说是不安全的，无法接受的。总之，欧洲既不会允许一个强大团结的德意志，也不允许垂死帝国的无政府状态和敌对。一位代表后来说，德意志必须作为一个减震器，因而必须为了和平而照旧处于分裂状态，维持"借助于一种内在引力而来的平衡"。德意志邦联旨在共同抵御外侮，它是个完美的设计，虽强大到不怕法国的进攻，却又太分散尚不足以威胁到邻邦。这个邦联平衡了普鲁士超强的军事力量与奥地利无上的威望及正统地位。其目的在于阻止德意志的统一，保存各邦国，同时又要防止法国的侵略和俄国的威胁。它在这方面均很成功。[①] 1815 年出现的是一个松散的非正式的二元主义邦联。从整体来说，奥地利领导邦联，实际上同意普鲁士在北德的霸权。卡斯尔雷对各方都施加了压力，让他们制定出细节，尤其是推动奥、普、荷在莱茵地区达成

①　〔美〕戈登·克雷格、亚历山大·乔治：《武力与治国方略——我们时代的外交问题》，商务印书馆，2004 年，第 18—19 页。

最终的领土妥协。而且成立一个议会,由奥地利人担任议长,各成员邦都派代表参加,但在投票表决方面有差别。宪法中规定,各邦君主在战争时不得单独谈判,也不得缔结危及邦联整体利益的联盟。虽然由此建立的只是一个脆弱的联盟,但它毕竟给德意志政治上的混乱局面带来了一点秩序,而且由于把普鲁士和奥地利都拉进了同一个结构中,从而使卡斯尔雷的关于建立一个强有力的中心的梦想得以部分实现。在卡斯尔雷离开维也纳之前,阿尔卑斯山以北的全部欧洲疆界解决了。"就中欧而言,最终的结果满足了他的愿望。"①

然而意大利问题,特别是缪拉的地位仍未解决。各国完全注意到在确保欧洲和平之前,必须处理好这个难题。梅特涅成功地阻止了正式讨论意大利问题,法国要求推翻缪拉已得到了英国的许可。在维也纳会议期间,卡斯尔雷拒绝正式承认缪拉的地位,但实际上又承认保留他的王国。1814 年 12 月 18 日,卡斯尔雷在给利物浦的信中建议支持波旁君主西西里国王斐迪南德的行动,承认他为那不勒斯国王。给予缪拉以经济补偿。如果缪拉拒绝的话,将视未来局势的发展而定。在威灵顿的支持下,卡斯尔雷建议必要时使用武力。1815 年 1 月 11 日,首相利物浦同意了卡斯尔雷的计划。因此卡斯尔雷向塔列朗明确表示采取行动反对缪拉,法国则同意在解决德意志问题时作出全部必要的妥协。此时梅特涅也下决心抛弃缪拉,然而他希望波旁的复辟不能打乱哈布斯堡王朝对意大利的统治,他希望法国接受奥地利重建意大利半岛中部的计划,尤其依据枫丹白露条约建立的由玛利亚·路易莎及其子统治的帕尔马公国。梅特涅取得了卡斯尔雷的信任,起草了意大利的最终解决方案。2 月 27 日,当卡斯尔雷返回英国途经巴黎时,把该方案呈给法国。作为推翻缪拉的回报,路易十八同意了该方案。此时,拿破仑的回归对卡斯尔雷的政策没有产生重要的影响。对缪拉和拿破仑合作的担心和两人之间通信的报告加速了卡斯尔雷把缪拉赶下台的步伐。来自巴黎的报告和来自维也纳的威灵顿关于缪拉近期行动的报告使内阁也不再犹豫不决。拿破仑的复辟和缪拉的倒戈解决了这

① A. W. Ward and G. P. Gooch,ed., The Cambridge History of British Foreign Policy, London, Cambridge University Press,1922,Vol. I, p. 482.

一切。3 月 12 日,内阁授权威灵顿签订协议把缪拉从那不勒斯的王位上赶下台。缪拉此时仍表示站在同盟一边。直到 4 月初,缪拉才逐渐改变了态度。[①] 4 月 10 日,奥地利对缪拉宣战,缪拉战败被赶出了那不勒斯,逃往法国,后来回到意大利南部,在那里被逮捕枪决。卡斯尔雷现在可以放手支持梅特涅建立奥地利控制意大利的计划。6 月 12 日,两西西里国王斐迪南德与奥地利签订条约,保证不在那不勒斯建立君主立宪制,英国表示满意。

瑞士的边界、宪法和对外关系这些复杂问题,到 3 月间大体上由专设的特别委员会解决。解决方案规定 22 州建立一个松散的联盟,边界加以调整。各大国许诺保证瑞士的中立,这是由瑞士首先提出,11 月间正式实施的一项正确而有政治远见的建议。

爱奥尼亚岛的命运是由俄英政策的冲突与合作决定的。俄国想占有该岛,但土耳其反对,英国持有疑虑。卡斯尔雷本打算把该岛转交给奥地利。但是俄国不能容忍,它怀疑英奥密谋阻止俄国在巴尔干的扩张和镇压希腊的民族起义。因此俄国坚持英国保留该岛。根据 11 月 5 日在巴黎签订的四国条约,爱奥尼亚岛中立后,在由爱奥尼亚大会起草的宪法下由英国统治。

卡斯尔雷提出建立一种特殊的机制来维护欧洲的和平,由所有欧洲国家来确保新的秩序。卡斯尔雷的计划毫无疑问应追溯到 1805 年的小皮特方案,卡斯尔雷现在努力要把他的设想实现。为了避免承担特殊的责任,也对他国能否承担保证有疑虑[②],他建议各国共同声明:"他们决心维护和支持已达成的协议,此外,他们决心团结力量,如必要的话,以武力抵御企图打破协议的国家。"亚历山大非常欢迎,并由根茨起草了一份宣言。但卡斯尔雷比小皮特走得更远,建议列强全面保证土耳其帝国的统治和领土完整。沙皇表示,他希望英法奥三国能在俄土之间进行调停,解决两国所有悬而未决的问题,他就同意作出国际保证。但苏丹拒绝该协议,拿破仑的回归也使该计划搁浅。

---

① 有关大国对缪拉的态度和他倒向拿破仑的原因,见 C. K. Webster, The Congress of Vienna ,London ,G. Bell & Sons Ltd. ,1945, p. 124.

② G. John Ikenberry, After Victory, Institutions, Strategic Restraint, and the Rebuilding of Order After Major Wars, Princeton University Press,2001, p. 116.

废除奴隶贸易是会议的一个重要问题,英国代表最为关切。因为英国公众最关心这个问题,并对议会和政府施加了巨大的压力。卡斯尔雷由于未能将这一问题作为明确的条文写进第一次巴黎条约,执政的托利党受到了激进的废奴主义者威尔伯福斯和强大的废奴运动的攻击,认为是对废奴事业的背叛。有 100 万人签名的 800 份请愿书递交下院。正如威灵顿公爵所言:"在这儿存在对废除奴隶贸易无法描述的狂热。"①迫于英国内公众的压力,10 月 8 日卡斯尔雷向塔列朗递交了官方照会,如果法国同意立刻废除奴隶贸易,英国愿意让出西印度的特立尼达或给予金钱补偿,尽管卡斯尔雷认为这并非明智之举。正如威灵顿所言,因为这"没有考虑到他国的成见和感情"②。迟至 11 月 5 日,正如卡斯尔雷所预料的那样,塔列朗表示拒绝。卡斯尔雷建议在伦敦和巴黎建立一个永久的委员会来监督条款的有效实施。然而,西班牙和葡萄牙提议成立八国特别委员会讨论该问题。卡斯尔雷放弃了在会议上公开谈判,转而寻求私下与各国协商。通过与三大盟国君主的私人会面,卡斯尔雷获得了他们的全力支持。

在八国会议上,尽管西葡两国维持统一战线,但一个正式的废除奴隶贸易的宣言发表了。1815 年 2 月 8 日在卡斯尔雷离开维也纳之前,通过了《各国关于取缔贩卖黑奴的宣言》,它是"既面对法律和仁爱,又面对普遍道义",是对"所有文明人民共同舆论"的回答。宣言指出,各国与会代表 表示"热忱希望结束使欧洲感到羞耻、对人类构成侮辱、如此长久的使非洲成为一片废墟的灾难根源"。但宣言没有明确规定每个大国"认为最适当的贩卖黑奴最后期限,因此,确定彻底取缔这种可恨贸易的期限仍然是各国宫廷谈判的对象"③,并建立伦敦和巴黎委员会来贯彻执行。葡萄牙同意在赤道以北废除奴隶贸易,但卡斯尔雷未取得更多进展。尽管成绩不大,但也为战后达成协议迈出了第一步。议会和公众对这个结果深表满意。尤为幸运的是拿破仑的"百日政变"

---

① Harold Nicolson , The Congress of Vienna , London, Constable Co Ltd, 1946, p. 211.

② Harold Nicolson , The Congress of Vienna , London, Constable Co Ltd, 1946, p. 214.

③ 〔苏〕费尔德曼、巴斯金:《国际法史》,法律出版社,1992 年,第 124 页。

在这个问题上助了英国一臂之力，因为他宣布法国人进行这种贸易为非法，而路易十八也只得重申他的决定。维也纳会议上，英国颇想各国同意禁止贩卖黑奴，但其结果是各国只对于贩奴制度加以谴责。直至1890 年布鲁塞尔会议时，贩奴制度才为各国所一致禁止。英国与其他国家订立多种禁止贩奴的条约，其中有些条款，如缔约国的军舰对于任何可疑的船舶，有临检与搜索的权利；又如设立国际法庭，以审判被捕获的贩奴船舶，以释放被贩卖的奴隶等，均为值得称许之点。

　　成立国际河流的管理委员会是会议另一主要议题。英国不太关心，但卡斯尔雷利用该委员会起草了有关英国特殊利益的安特卫普的条款，使之成为一个贸易港。维也纳会议制定了《关于河流自由航行的规章》。该章程由几章组成。第一章涉及流经不同国家领土并成为其边界的河流。第二章规定，在上述河流全程中，自通航点直至河口，商业航行完全自由，任何人不受禁止。但人人必须遵守为航行秩序而订立的规则。各处规则又一律统一并尽可能便利所有国家进行贸易。同时规定，各处向船舶征收税费应统一。不过，维也纳会议对于国际河川的自由航行，仅作原则的宣布，直到1831 年，各国签订莱茵河航行议定书时，还只把莱茵河开放给沿岸的国家。

　　为了保证国际河流的自由航行，维也纳会议决定，流经不同国家的河流应由沿岸国家任命委员共组国家性的专门委员会，经协商一致，制定航行管理章程，保障该河的自由与安全可靠的运输，并允诺不侵略各国国家主权。根据此决定，创立了莱茵河委员会，该委员会在国际组织发展史上颇具重要意义。它是主权国家最早创立的国际组织之一，由沿岸国家组成，有制定宪章、管理莱茵河使用之权。委员会开会，每一会员国有一个投票权，但某些场合也顾及各国境内河流的长短而定其投票权的数量，如选举总视察，普鲁士的投票权占总投票数的 1/3，法国与荷兰各占 1/6，而巴登、黑森、巴伐利亚、拿骚四国共占 1/3。莱茵河委员会成立后，沿岸边界税取消，航行无阻，深为沿岸国家称许。莱茵河管理的成就后来为多瑙河所仿效。

　　最后，维也纳会议还通过了关于国君及外交代表等级位次的规定。19 世纪以前，关于外交代表的等级与优先位次的问题是过去经常发生外交纠纷的根源。为了避免这些争执，国际社会曾实行位次轮流制。

在国际条约的署名上,一般公认神圣罗马帝国皇帝位居各国之首,其他国家实行轮流制,各文件保存国第二个签名。后来在某些国际场合下,各国全权代表通常只在给对方的文本上签名以代替轮流签名制,但并未根本解决问题。为了从根本上解决这个棘手的老问题,1815年维也纳会议曾任命一个专门委员会负责草拟解决方案。经各国代表多次磋商,最终达成共识,在采取轮流制的国际文件或条约中,各使节签名时应遵循的次序以抽签方式决定之。尽管如此,在《最后议定书》上签名时却按各国国名第一个法文字母顺序决定位次:奥地利、西班牙、法国、英国、葡萄牙、普鲁士、俄罗斯、瑞典。这等于宣布国家无论大小强弱,在国际法律面前一律平等。它成为国际社会应遵循的惯例和基本准则之一。1815—1919年期间签署国际文件使用的外交语言为法语,各国代表签名次序依其第一个法文字母的顺序而定。1919年凡尔赛会议规定使用英语为外交语言,故依各国第一个英文字母顺序签名。此后,在举行国际多边会议时,除非决定采用其他顺序,均以各国国名的法文或英文第一个字母顺序决定各国代表签名次序。[①] 事实证明:1815年维也纳会议关于各国元首及代表位次的规定,从根本上解决了国际外交活动中的位次之争。从而结束了18世纪外交实践在地位高下问题上经常发生的无休无止的争吵和冲突。

不仅如此,1815年维也纳会议还第一次以国际公法的形式承认各国驻外使馆是其国家官僚机构的组成部分,并统一了各国外交代表的名称、等级和位次。会议通过的《关于外交代表等级的章程》规定,外交代表分为三级:大使、教宗特使或教廷大使为一级;公使或向君主派遣的其他代表为一级;向外交部长派遣的代办为一级(第1条)。关于外交人员的“位次”问题,该章程规定同驻一国的同等级的外交代表的位次依其正式通知驻在国的抵达日期先后来决定(第4条)。这实际上体现了一种以主权平等为基础的安排。当然在当时的条件下,这种表面上平等的安排只能在英、俄、普、奥等欧洲列强之间实行,因当时欧洲列强对欧洲中、小国家都只交换公使而不交换大使。这些中、小国家在外

①〔英〕费多萨姆:《外交手册》,中国对外翻译出版公司,1984年,第142页。〔英〕萨道义:《外交实践指南》,上海译文出版社,1984年,第332页。

交代表的级别上低了一等,自然无资格争位次的先后了。《章程》还规定了各国对接待各级外交代表应统一接待规格与方式。维也纳会议通过的《关于外交代表等级的章程》第一次以国际公法形式:"划一了各国外交代表的等级,这在后来的长时期里一直作为国际法规而成为外交惯例,并且直到今天还依然有效。"①

此外,维也纳会议还根据实际需要形成了许多新的议事规则。例如,维也纳会议创造由东道国代表担任国际会议主席的先例。维也纳会议由奥地利邀请,在奥地利举行,即由奥地利首相兼代表梅特涅担任主席。维也纳会议还设立委员会分组议事。维也纳会议设立十个委员会,分别研讨问题。这为后来的 1919 年凡尔赛会议及国际联盟以及其他国际组织所效仿。而此前的威斯特伐利亚和会和乌特勒支和会都未设推荐主席,也未设委员会。

综上所见,维也纳会议对国际法的贡献是架起了一座通向现代国际法的桥梁,1815 年维也纳创立的许多制度长时期在起作用。只要看一看现在调整国际河流航行问题的大量多边公约、《维也纳外交公约》(1961 年)、《废止奴隶制、奴隶贩卖及类似奴隶制之制度与习俗补充公约》(1956 年)以及其他许多文件就足以说明问题了。它们并不是维也纳会议决议的重复,但在许多情况下却以它们为依据。

大会建立了通过大国一致产生变化的合法的国际秩序。合法的国际秩序是通过各方接受,实现它的变化。把变革秩序变为各方都能接受的,把变革力量和保守力量联系起来。"在新的国际秩序内,不存在如此不满的国家,以至于它不喜欢在维也纳安排的框架内寻求解决方法,而更愿意推翻它。"② 3 月,拿破仑从厄尔巴返回法国。令人印象深刻的是会议忽视了拿破仑,继续其工作。拿破仑的回归不仅解决了德意志问题,而且解决了许多其他不太重要的问题。"因此,在 6 月实际开战前,会议成功结束了。"③

基辛格对维也纳会议的结果感叹不已:"令人惊异的并不在于解决

---

① 〔苏〕B. Д. 波将金等编:《外交史》第 1 卷(下),三联书店,1979 年,第 635 页。

② Henry A. Kissinger, A World Restored, Gloucester, Mass. ,1973, p. 173.

③ Paul Schroeder, The Transformation of European Politics 1763 — 1848, Oxford, Clarendon Press,1994, p. 550.

办法如何欠妥,而在于这种办法多么高明;不在于解决办法(照 19 世纪历史编纂者那种自以为是的理论来说)如何'反动',而在于搞得如何均衡。它也许并没能实现充满理想的一代人的全部愿望,但它总算给了那一代人一种也许更为宝贵的东西:一个使他们在没有大战、没有不断革命的情况下实现其愿望的稳定时期。"①

## 3.3 第二次巴黎条约与战后国际机制的建立

正当维也纳会议缓慢而艰难地走向结束时,一个具有重大后果的事件引起了欧洲人的密切关注。1815 年 2 月 26 日,拿破仑逃离厄尔巴岛,3 月 1 日在法国南部登陆,进军巴黎,沿途得到了法国人民的支持。3 月 19 日,波旁王朝垮台,路易十八逃往比利时,拿破仑重新上台。

拿破仑如此行事是有原因的。路易十八违反了枫丹白露条约,拒绝给拿破仑 200 万法郎的年金,并没收他在法国的财产,使得拿破仑只能靠积蓄度日。英法奥对于拿破仑住的地方离法国海岸太近是十分不安的,有过要把他迁到更远地方的商谈。这使得拿破仑确信从道义上说他可以不再履行枫丹白露条约的条款。最重要的是他获悉国内不满波旁王朝的倒行逆施,维也纳会议大国矛盾重重,认为恢复帝制的机会到来了。

然而了解法国局势的人都知道,在巴黎掌权不能解决任何问题。除非得到欧洲的一致同意,否则拿破仑的统治不可能存在下去。他上台后表示想要与欧洲和平相处,遵守现存的条约,尊重他国的独立。然而他长期的谎言和侵略记录使人根本无法相信他作出的大量保证。"从他在法国登陆的那一刻,他的行动构成了对欧洲的实际宣战。""没有人……怀疑他在法国重新掌权意味着反对欧洲和欧洲新秩序的战

---

① 〔美〕马文・卡布尔、伯纳德・卡布尔:《基辛格》,三联书店,1975 年,第 70 页。

争。"①他的统治再度带来的不是和平而是刀剑。他号召法国人民和军队追随他去追求新的荣誉，向外国掠夺者和本国叛国者复仇。然而，1815 年的拿破仑是 1814 年的被征服者。他失败的记忆限制了对权力的要求。"拿破仑……已经成为一个与可恨的正统主义原则作斗争的象征和原则。"拿破仑只有把他的政府建在雅各宾基础上才能使自己合法化，而"把自己建立在国内革命基础上的拿破仑在均势中不再是可以接受的要素"②。

3 月 7 日，拿破仑逃离厄尔巴岛的消息传到维也纳。会议代表极为震惊。3 月 12 日，卡斯尔雷在给威灵顿的信中，表示拿破仑的回归与欧洲的和平和安全不相容。建议盟国君主发表一个反对拿破仑的共同宣言。3 月 13 日，八大国发表联合声明："波拿巴破坏了把他安置在厄尔巴岛的条约，这就破坏了他赖以为生的唯一法律依据。他怀着制造混乱和破坏秩序的计划再度出现在法国，就自行剥夺了法律保护，并向举世宣告了同他没有和平或休战可言。因此各国宣布，拿破仑·波拿巴已自行置身于文明和社会关系之外，成为世界和平的敌人和破坏者，他使自己应该受到公众的报复。"③承诺给予法王重建公共安宁的必要帮助。此时盟国只有一个声音，缔结肖蒙条约就是为了避免这种危险。为防止法国重开战端，迅速作了如下部署：威灵顿统率的英国和汉诺威的部队守卫莱茵河下游，普鲁士军队作为那里的预备队并守卫莱茵河中段，俄国和奥地利的军队开往南方。由于又一次面对着法国的威胁，在维也纳的政治家们很快又恢复了他们所熟悉的同盟伙伴关系。3 月 16 日，卡斯尔雷在伦敦致信威灵顿，催促后者"不要丧失使他们注意肖蒙条约的机会……除非聚居在他们周围的所有其他国家支持四大国紧密的牢不可破的团结，否则欧洲无安全可言"④。3 月 25 日，他们通过了一个有九项条款的文件，表明他们回到了肖蒙原则。在这

---

① Paul Schroeder, The Transformation of European Politics 1763－1848, Oxford, Clarendon Press, 1994, p. 549.

② Henry A. Kissinger, A World Restored, Gloucester, Mass. , 1973, p. 177.

③ 〔法〕布里昂：《拿破仑传》，天津人民出版社，1986 年，第 513 页。〔英〕约翰·霍兰·罗斯：《拿破仑一世传》下卷，商务印书馆，1977 年，第 403 页。

④ C. K. Webster, ed. , British Diplomacy 1813－1815, London, G. Bell and Sons Ltd. , 1921, p. 314.

一文件中,他们重申了第一次巴黎和约,一致同意四大国各提供一支15万人的军队,各国不得单独媾和,等到战争危机过去后肖蒙条约继续有效。英国还另外同意如果战争拖延下去,它提供500万英镑的津贴到1816年4月1日。许多小国都团结在联盟的周围,不久汉诺威、撒丁、巴伐利亚、萨克森、荷兰、葡萄牙、巴登和其他许多国家都包括进来。于是重新组织了同盟,并开始工作,其速度与效率是欧洲历史上前所未有的。实际上,这样高的效率是因为具备了理想的条件:政治家和将领们都聚集在维也纳,军队就在近旁,津贴很快有了着落,军事前景一片光明,最近共同的同盟经历和为预防紧急情况的肖蒙条约的存在。拿破仑重返法国戏剧性的构成了一种共同的威胁。5月3日,盟国达成共识,"他们与现在的法国统治者处于敌对状态,因为经验表明无法相信他的信念……为了实现他们自己的独立,重新获得持久的和平,他们准备战斗,因为在现在领导人统治下的法国无法提供安全"①。

尽管在对拿破仑的目标上达成了一致,但在补救方法上并不是一致的。处于四分五裂和士气低落状态的法国能否选出自己的统治者是值得怀疑的。沙皇认为路易十八"是导致欧洲再次陷入动荡不安的根源"。倾向于由奥尔良公爵担任法国国王或建立一个共和国,而不是第二次复辟。亚历山大相信,只有他的权势和领导才能拯救欧洲。他建议战后在欧洲同盟的保护下法国人民自己选择统治者和体制。然而俄军动员缓慢和财政缺陷使沙皇无能为力。

英国或许是最可能再度恢复波旁的国家,但国内的立法不允许为此目标而战。"不干涉他国内政是英国政策的一个主要原则,不允许为了波旁违背该原则。"②因为英国人民不觉得欧陆的政治或社会动乱有多大的威胁,唯有均势改变才会使他们产生威胁感。尽管英国政府在对待拿破仑上与盟国一致,但大多数辉格党人反对战争。卡斯尔雷必须准备一个与岛国社会特质相符合的战争理由。4月28日,辉格党人惠特布雷德反对战争的提案以二百七十三票对七十二票被否决。英国

---

① C. K. Webster, ed., British Diplomacy 1813—1815, London, G. Bell and Sons Ltd.,1921, p. 331.

② Henry A. Kissinger, A World Restored, Gloucester, Mass.,1973, p. 178.

决定对拿破仑而不是对法国宣战。宣称他们参战不是为了把某个王朝强加给法国人民。并再次承担了史无前例的财政努力,同意拨款 900万英镑。4 月 29 日,卡斯尔雷告诉议会,波旁已经给了法国一部宪章并使法国成为国际大家庭的一员,拿破仑的回归仅仅是因为军队不满意和平。战争是团结的欧洲反对拿破仑威胁的斗争,战争的目的是使法国重新融入国际大家庭,而不是惩罚它。

　　拿破仑眼见其夙敌紧密团结,就企图破坏这一新的同盟。特别是他派人把在杜伊勒里宫找到的英法奥于 1815 年 1 月 3 日签署的秘密条约的副本交给仍在维也纳的沙皇,敦促他直接与法国谈判。亚历山大以大局为重,共同反对拿破仑。拿破仑在外交上几乎是孤立的,只有那不勒斯的缪拉支持他的事业。此外路易十八只做过几件得人心的事,而其中之一就是取消征兵制,于是留给拿破仑军队的不过 20 万人。但是从前的许多军官回来了,皇帝在他们帮助下,迅速地采取了应急措施。同时,为了迎合法国目前比较强烈的自由主义的情绪,他答应颁布一部自由主义的宪法,然后准备进攻反法同盟。

　　6 月 18 日,威灵顿和布吕歇尔在滑铁卢击溃拿破仑。"拿破仑在滑铁卢的战败,不仅是对欧洲古老的多元主义国家体系的确认,而且是对英国新近获得的对世界其他地区的霸权的确认。"[①]

　　拿破仑想渡海逃往美国。但由于西风劲吹,加上英国的封锁而无法成行。只得向英国海军投降。卡斯尔雷一听到拿破仑被捕的消息立即致信利物浦,表示:"与之战斗二十年后,作为战利品,他属于我们的。"利物浦压下了他心中"最好由法国国王动手吊死或枪毙波拿巴"的愿望,同内阁讨论了拿破仑的归宿。为了防止他再次扰乱法国和欧洲,被押送到圣赫勒拿岛,作为盟国的战俘在此度过了余生。

　　"滑铁卢战役后,威灵顿和卡斯尔雷成了法国和欧洲命运的仲裁者。"[②]路易十八在威灵顿的敦促下,于 6 月 25 日重新踏上法国的土地。四天以后,第一批普鲁士军队便在巴黎的城郊出现,布吕歇尔已决

---

　　① 〔美〕戴维·卡莱欧:《欧洲的未来》,上海人民出版社,2003 年,第 47 页。

　　② Walter Alison Phillips, The Confederation of Europe, New York, Howard Fertig, Inc. ,1966, p. 120.

定向该城提出两种方式听凭选择:一种是无条件投降,一是受到攻击。但是威灵顿劝说布吕歇尔,"他们令人尊敬的国王都是法兰西国王殿下的盟友。因此,他们应该把法兰西作为一个友邦对待"。布吕歇尔态度有所缓和。威灵顿是一向主张对法国提出宽厚的条件的。"在我看来,法国不是我们的敌人……我们的敌人只是一个人,和他的同伙……因此,我们不能把今后的面临的形势说成是对法国开战,而应该说成是包括法国在内的整个欧洲,在对波拿巴和他的军队开战。波拿巴的倒行逆施使得灾难有可能发生,我们都为此感到难过。"法国议会建议以奥尔良取代路易十八。威灵顿认为:"为了欧洲的安全应该让国王复位,其他任何形式的政府将不可避免地导致新的和无休止的战争。""他的政府是和平的唯一出路。"①警方的富歇和军方的达武配合威灵顿安排残存的法军投降,镇压了巴黎的波拿巴分子和奥尔良分子。并使法国的合法统治者路易十八在国民大会的要求下重新复辟,这解决了体制问题,很快组建了临时政府。7月6日,卡斯尔雷抵达巴黎。同盟各国于7月7日又一次凯旋进入巴黎。7月8日,路易十八返回了被英普两国占领的巴黎。沙皇和奥皇抵达巴黎之后,只能面对既成事实。

皇帝已被放逐,波旁得以复辟,接下来就该处理法国问题了。"胜利的前提是全力以赴,而稳定的前提是自我克制。"②在赢得战争胜利之后,占上风的不应该是胜利者的凯旋,而是政治理智和治国之术。只有这样,才能使军事上的胜利有意义。在处置战败的敌人,胜利者设计和平方案时,心态必须由获胜所必要的奋斗到底的精神,调整到为达成持久和平所需要的妥协求全。惩罚性的和平对国际秩序无益,因为它会使战争期间实力已大肆消耗的战胜国,还需要负责压制战败国对和约的不满,决心抑止到底的反弹。早在3月26日,卡斯尔雷致信威灵顿,尽管"法国必须为他自己得救付出代价",但战争不能变为"一场不分青红皂白和毁灭性的掠夺"③。卡斯尔雷和威灵顿要求法王施行温和的国内政策。威灵顿也急于采取有效的措施避免损害军队的效率。

---

① 〔英〕菲力普·圭达拉:《威灵顿》,军事科学出版社,2006年,第218页。

② Henry A. Kissinger, A World Restored, Gloucester, Mass. , 1973, p.138.

③ C. K. Webster, The Foreign Policy of Castlereagh 1812—1815, London, G. Bell and Sons Ltd. ,1931, p. 454.

他与路易十八会晤，建议设立盟国委员会协调盟军与法国民众的关系。但他也无法制约他的盟友，120 万盟军占领了法国，巨大的占领费用和赔偿金使得濒临破产的法国政府岌岌可危。危险一结束，盟军就在法国的领土上大肆劫掠，同时要求英国给予补助金。威灵顿宣布："短期内，盟军将发现自己在法国陷入了同法军在西班牙一样的情形，如果这种体制……不能被有效阻止的话。"①

在如何处理战犯的问题上，英国内阁态度强硬。虽然利物浦首相并不热衷于严厉的做法，但也坚持要对战犯予以制裁。"目前表现出的忍让做法只能被看作是软弱而决不是什么仁慈……只有对策划波拿巴复辟的阴谋家们从严惩处以儆效尤，才是唯一有效的办法。"②"直到国王敢于使叛徒流血之时，他才能安坐王位。"③卡斯尔雷坚持温和的路线，设法避免报复性的和平。他不赞成这样做，只是装摸作样地执行给他的指示，希望那些战犯会谨慎的自己躲开。他只催促路易十八对罪大恶极的战犯采取有力措施。

卡斯尔雷反对普鲁士肢解法国的计划，拒绝摄政王、内阁、议会和大众舆论要求严惩法国的愿望。岛国的代表拯救了法国和欧洲均势。面对国内的误解和国外的压力，卡斯尔雷依然保持着惯常的有条理的自我克制。④ 当卡斯尔雷准备讨论和约时，追求绝对安全的观点深受欢迎。"尽管追求绝对安全的观点有合理性，但是他们在国际社会内将

---

① C. K. Webster, ed., British Diplomacy 1813—1815, London, G. Bell and Sons Ltd., 1921, p.343.

② C. K. Webster, ed., British Diplomacy 1813—1815, London, G. Bell and Sons Ltd., 1921, pp.345—346.

③ C. K. Webster, The Foreign Policy of Castlereagh 1812—1815, London, G. Bell and Sons Ltd., 1931, p.465.

④ 克制在于能参照他人的利益来确定自己(个人的，组织的，集团的或国家的)的利益。事实上，人们可以作出审慎的努力来计划他的利益和目标，同时尽可能地包括他人的利益和目标。摩根索有一段精彩的论述："……一国的国家利益……必须参照(他国的利益)来规定。"乔治和基欧汉探讨了特殊情况下使用国家利益的趋向。他们把这种特殊情况下称为注重"自我利益"，排斥"他人利益"和"集体利益"。他们指出，这种说法只在非常危险的时期适用，而这种时期是很少出现的，"因此有理由认为，使自我利益高于他人利益的做法在道义上是站不住的。"〔美〕威廉·奥尔森、戴维·麦克莱伦、弗雷德·桑德曼：《国际关系的理论与实践》，中国社会科学出版社，1987 年，第 89 页。〔美〕希奥多·A.哥伦比斯、杰姆斯·H.沃尔夫：《权力与正义》，华夏出版社，1990 年，第 181 页。

产生一种革命性的形式。"①这将产生身心上的不平衡。和平越是惩罚性的,越迫切需要一种把从前敌人的危险合法化的集体安全体系,但这样一种体系是僵硬的,仅能通过压倒性的武力维护和平。战胜国违背了合法性的原则,无法使从前的敌人自愿接受这种安排。追求绝对安全导致持久的革命。

1815 年 7 月,面对普鲁士的过度要求,某种程度上还有奥地利,来自自己政府的压力,卡斯尔雷被迫捍卫自己的观点。他对盟军对法国的大肆掠夺和占领军的不断进入深为不满。卡斯尔雷指出:"如果无法维持纪律和秩序,国王、军队和人民将忘记他们之间的分歧而拥有憎恨外国军队的共同感情。法国的复兴将是令人失望的,盟军将陷入一场持久战,或许没有完成他们恢复和平的目的就被迫撤出法国。"②为了实行对法国的温和和平,卡斯尔雷寻求沙皇的支持,他建议在第一次巴黎条约的基础上,要求法国付出合理的赔偿金。在盟国中,只有沙皇倾向于采取一个宽大的政策,甚至比卡斯尔雷还宽大,他甚至愿放弃对法国的暂时占领。数周来,只在沙皇亚历山大支持下,他才取得了最终的胜利。给法国实际上提出的条款几乎就是他最先构想出的。

英国国会和整个英国被复仇的情绪所影响,准备加入欧洲大陆列强的行列,不仅要血洗法国,还要夺取法国大量的领土,以使它丧失防卫的能力。为安全起见,盟国应保有北部的所有要塞。内阁坚持法国政府是不可信赖的,只有减少法国侵略的手段才能赢得安全,最低限度要拆除法国北部和东部的主要要塞,并赔付赔偿金。宽宏大量政策的结果已经证明是令人失望的。利物浦宣布,路易十八的受欢迎程度并不能影响完全取决于威灵顿军事判断的处理法国要塞。内阁和整个国家关于这个事件的观点通过利物浦由信件传给卡斯尔雷。利物浦在 7 月 10 日致卡斯尔雷的信中写道:"我们必须寻求边界的安全,和削弱法国。""即法国在未来需要同一系列强大的'缓冲国家'把它四面围困起来。"在 15 日,利物浦指出:"这个国家的主流观念就是我们有权利利用

---

① Henry A. Kissinger, A World Restored, Gloucester, Mass. ,1973, p. 180.

② C. K. Webster, The Foreign Policy of Castlereagh 1812—1815, London, G. Bell and Sons Ltd. ,1931, p. 463.克劳塞维茨对普军的暴行深感痛心,见〔德〕弗兰茨·法比安:《克劳塞维茨传》,中国对外翻译出版公司,1984 年,第 206 页。

目前的时机从法国夺回路易十四时代的主要战利品。"①殖民大臣巴瑟斯特也提出:"无法使公众理解为了维护法国的领土完整,为什么我们要被课以重税。"卡斯尔雷受命去试探盟国对该观点的意见,同时也被授权,如果盟国反对这个观点,就同意暂时占领法国北部边界,直到由法国出钱在尼德兰修筑好一系列要塞。但没有什么比内阁的极端观点更能取悦卡斯尔雷在巴黎的大多数同僚。与此同时,英国的新闻界鼓励普鲁士坚持他们的极端要求。沙皇显然受到了影响,他告诉威灵顿,如果英国屈服于公众压力,他将接受普鲁士的方案,并率军回国,拒绝承担任何责任。但一直被威灵顿公爵支持的卡斯尔雷从一开始就完全反对这个观点。尽管困难重重,他仍然拒绝屈服于要求惩罚法国的大众热情。他不受公众情绪和民族仇恨的影响,不想粗暴地对待战败的敌人。他不反对盟国有权从法国获得赔偿,但关注的是为不远的将来建立安全措施。法国仍然是欧洲的一个威胁,既要严格遏制它,还必须让法国人接受这种遏制。从一开始他就清楚看到了夺取法国在 18 世纪征服的土地和使法国陷入绝望境地的行为的愚蠢。

因此,这迫使卡斯尔雷完全表明安全的性质。他面临着两种选择:温和的和平保持法国的完整或惩罚性的肢解法国方案,8 月 12 日的备忘录涉及到了领土割让问题。卡斯尔雷坚持认为,如果肢解代表了对安全的保障,不管瓜分领土会不会激起不团结,那也是危险的。在没有他国决心反抗新的侵略的保证下,肢解只会激活法国的军事反抗。总之,绝对安全的幻想毁掉同盟努力实现的成果。"如果能让法国相当满意,而不是愤愤不平,对欧洲才比较安全。"②卡斯尔雷认为:"法国持续之过度作为无疑仍可能促使欧洲……分崩离析……但若令其失望……则此等国家势必再动干戈,其不仅掌握主动,且有一股道德力量,仅此便足以令其紧密结盟,故而盟国处于确保欧洲各强国均迫切需要之和

---

① C. K. Webster, The Foreign Policy of Castlereagh 1812—1815, London, G. Bell and Sons Ltd., 1931, pp. 468—469. 威灵顿对英国舆论的批评,见 C. K. Webster, The Foreign Policy of Castlereagh 1812—1815, London, G. Bell and Sons Ltd., 1931, p. 41.

② 〔美〕亨利·基辛格:《大外交》,海南出版社,1998 年,第 62 页。

平,应再给予一次机会。"①8月17日,卡斯尔雷在致利物浦的信中表示否认应顺从短视的公众舆论来指导政策:"我毫不怀疑折中路线是最受大众欢迎的……但是我们的任务不是搜集战胜品,而是把世界带回到和平的习惯。"10月1日,卡斯尔雷在给首相的信函中写道:"我们的最大目标就是使国王安坐王位。我相信,适度的和约是达成这一目标的最好办法。"②法国将再次成为一个有益的而不是危险的欧洲体系的成员。如果剥夺法国自路易十四获得的领土,英国将承担大陆义务保卫欧洲,反对一个无法和解的国家。此外,如果实行瓜分法国的政策,各国都会要求补偿,那么类似维也纳会议的全欧大会将不可避免。卡斯尔雷向内阁解释为了阻止亚历山大在巴黎获得更大的影响,英国也应该实行宽大政策。他表现出一个大国所应有的自我克制,认识到自己的力量,鄙视滥用权力的做法。他的话最终使人信服,尽管直到8月底他才说服了内阁。

卡斯尔雷成功地克服了内阁的犹豫不决。接下来他面对着大陆国家的贪心。德意志人自然感到他们复仇的时机已到,耶拿和弗里德兰的景象再度出现在他们眼前。在普鲁士将军们的压力之下,哈登堡主张至少要把萨尔路易、蒂翁维尔和卢森堡等要塞交给普鲁士;要把兰道交给德意志邦联的某一国家;要拆除许宁根和斯特拉斯堡的防御工事,除非后者改为一个自由市。哈登堡还进一步建议把孔代、瓦郎西恩和比利时边境的其他一些重镇交给新成立的尼德兰王国,作为它失去卢森堡的补偿,以此来削弱法国的力量。普鲁士提出的解决方案就是永久性的削弱法国,并通过胜方的绝对优势力量来使之长时期地处于从属地位。他们以为下一场战争根源将同上一场一样,都以处罚和不吸收的态度处置战败方。他们对战后国际秩序的看法是等级式的:胜利者有权从失败者那里用武力获得任何他们能得到的利益,这不仅是作为对战前及战争中自己所受种种苦难的补偿,而且也是一种使被征服者永久处于弱者地位的方式。构建任何一般性国际秩序的全部目的就

---

① C. K. Webster, ed., British Diplomacy 1813—1815, London, G. Bell and Sons Ltd.,1921, p. 361.

② H. G. Schenk, The Aftermath of The Napoleonic Wars :the Concert of Europe — an Experiment , London,Kegan Paul, 1974, p. 47.

是要防止先前战争的重演。他们没有设想到可能新出现的问题及新的
行动者。他们的解决方案就是通过压倒性的力量来保证和平。路易十
八以退位相要挟，表示："我拒绝充当任何导致断送我国人民的工具，我
宁可放弃王位，也决不允许法兰西王朝自古以来所享有的荣誉遭受前
所未有的损害。"[①]塔列朗同时表态，法国国王和大臣不同意牺牲法国
哪怕是最少的领土。在这种情况下，卡斯尔雷决定和沙皇达成共识。
在一次会谈中，他说服沙皇接受英国提出的暂时占领的方案，双方迅速
达成了共识。沙皇迫使奥地利和普鲁士接受由卡斯尔雷和威灵顿连同
俄国大臣们制订的草案。8 月 3 日，卡斯尔雷送交回国内一个由威灵
顿起草的临时占领的计划书，并且他特别留意到了法国的感受，免除了
里尔和斯特拉斯堡。不管是英国内阁还是盟国都不满意这些提议。尽
管他的内阁同僚们提出很多批评，但在重要问题上反对威灵顿并不是
件容易的事，他们要求卡斯尔雷了解盟国的观点。

　　实际上，梅特涅的立场接近卡斯尔雷，而不是哈登堡。他认为盟国
应该坚持占领、赔款和割让有限的领土，使法国从一个革命型国家变成
一个稳定的、维护现状的国家。欧洲的利益是第一位的，德意志的利益
退居第二位。奥地利的草案很温和，只要求法国割让一小部分佛兰德
和东部边境线的领土。实质是要维护法国的领土完整。普鲁士的草案
由军队将领们提出，要求法国所有第一线要塞必须予以摧毁或交给邻
国。这些要求，在卡斯尔雷看来是不可能让法国接受的。因为这样会
使新政府丢脸而遭到削弱，从而使这个国家在欧洲的平衡中成为一个
不稳定的单位。一个领土上得到满足的法国，尽管强大、稳固，但由于
受到遏制，将证明其可以成为欧洲和平的有利因素。卡斯尔雷明确提
出和内阁相反的意见，并指出公正和盟国的真正利益息息相关。因为
瓜分政策势必引起法国的仇恨，从而使欧洲陷入和一场真正战争一样
有害的境地中。他极力维护暂时占领政策，使内阁和盟国确信暂时占
领是保证欧洲和平与安全的最佳方式。这些想法都写在卡斯尔雷发回
国内的信中。卡斯尔雷还指出通过他的政策防止沙皇采用自己的策略

①　〔法〕亨利·特罗亚:《神秘沙皇——亚历山大一世》,世界知识出版社,1984 年,第
256 页。

从而成为"法国唯一的保护者"。作为一个相对满意的国家,法国还可以有效地起到平衡俄国实力的作用。他建议由一支 24 万人的军队占领法国。

尽管利物浦认为有必要阻止各种形式的抢劫,但是法国必须承担一部分战争费用。沙皇和卡斯尔雷都认同法国应该赔款。但他们希望是一个可以接受的数目,按法国的能力在短时间内是可以付得起的。卡斯尔雷反对向法国索取一大笔赔款,认为这将会挫败盟军在这场战争之前以及目前对这场战争所设定的目标。"如果我们提出了巨额的赔款要求,我们就必须考虑到这样会埋下战争的种子,法国会在机会合适的时候重新挽回它的损失,我们将被迫在和平时期也保持过分强大的军事力量,从而浪费我们的资源。我们将会察觉到我们过分追求赔偿并没有什么好处,那个国家在将来一定要努力地挽回它所蒙受的损失。""我们应该继续遵循我们的伟大目标,追求世界真正的和平和安宁。"①奥地利、普鲁士和其他德意志小国要求血洗法国,他们已经准备在占领期间大肆掠夺,并不急于撤出法国。一方面大肆掠夺,另一方面领取英国的补助金。普鲁士要法国付出 12 亿法郎的赔款。关于要求战争赔款的数额,奥地利并没有提出确切的声明,但是它所赞成的是普鲁士和其他盟国的建议之间的一个平均数。

为了使草案有效,卡斯尔雷对大陆列强作出让步,他提出减少法国的领土,使之恢复到 1790 年的状况。这就意味着法国将失去兰道、萨尔河谷和萨瓦的一部分。同时留给它阿维农和其他小的在 1789 年时是在它统治下的境内的外国领土。到 8 月中旬,卡斯尔雷宣布亚历山大准备支持这个草案。在 8 月 31 日,他发了一份备忘录答复奥地利和普鲁士,附上威灵顿起草的支持该备忘录的文件,该文件包括了强有力的维护暂时占领原则并提出了可行的执行草案。梅特涅很容易的被说服了。实际上,他从一开始就赞同卡斯尔雷的政策,但觉得必须提出强硬的观点来依从德国的公众舆论。普鲁士人发起了一场更坚决的战斗,但他们因为孤立而无法取胜。哈登堡 8 月 28 日表示将缓和自己的立场,亚历山大也急于使普鲁士避免遭到屈辱性的挫折,表示他赞成

---

① 〔英〕菲力普·圭达拉:《威灵顿》,军事科学出版社,2006 年,第 220 页。

法国割让一点领土。就这样,通过把赔款从 6 亿提高到 8 亿法郎,卡斯尔雷最终成功地在盟国中达成协议。

9 月 20 日,同盟提交给法国的条款与第一次巴黎条约相比苛刻得多,但主要是为了增强法国弱小的邻国而不是削弱法国。条款被呈给塔列朗内阁,他以非常强硬的言辞拒绝割让领土,他知道这样的条款在法国是不得人心的。塔列朗不接受丧失领土的条款,辞去了职务。但不久塔列朗的继任者、深得沙皇信任的黎塞留公爵出任首相。继任法国首相的黎塞留是个流亡者,曾任俄国敖德萨的总督。卡斯尔雷虽然对沙皇在法国政府中日益加强的影响有所警觉,但他还是乐于接受这个局面。由于与黎塞留谈判进行得很顺利,盟国把赔款减少到 7 亿法郎,由一支不超过 15 万人的军队占领法国北部 5 年(如果法国履行条约义务可减少到 3 年),并放弃拆除一些要塞。威灵顿任总司令。占领军的费用每年 1.5 亿法郎由法国负担。和约虽然给予法国沉重的惩罚,但还在它可以承受的范围内,而且事实上也没有使法国陷入仇恨和绝望中。法国失去兰道、斯特拉斯堡、马里安堡、菲利普威尔和萨瓦的一部分领土,并必须拆除许宁根的防御工事。赔款中的 2 亿法郎,包括给英国的全部赔款份额,将用于修筑法国东北边界的一些要塞。另外还有一个法国对私人的赔偿协定,具体赔偿数字没有列出。普鲁士后来就这个协定提出巨额的要求,但被英国和俄国阻止了,最后的赔款总额仅为 2 亿 4 千万法郎。以对盟国最有利的方式得到这笔赔款,同时把对法国政府的危害降到最小程度。

法国被迫归还大量在大革命和拿破仑战争中从欧洲各国掠夺来的艺术品。卡斯尔雷大力支持这些举措。他拒绝接受首相在给摄政王的信中提出的把部分艺术品运往伦敦的荒谬建议。他认为这些艺术品不是作为惩罚而是作为一项迟来的公正措施,应该还给它们的原先的所有者,并且英国政府帮助一些穷困的所有者包括罗马教皇支付沉重的运费。最后,卡斯尔雷从路易十八那里得到了拿破仑在百日政变时发布的完全废除奴隶贸易的法令,并使他同意在伦敦建立一个在维也纳就已提出的委员会。现在他可以公正地宣称将和平带回欧洲,并且为拿破仑的归来造成的掠夺重重惩罚了法国。

这是一种妥协的和平。11 月 20 日,签订的《第二次巴黎和约》保留了第一次条约的基本特征,通过把关键的领土和要塞转让给法国的弱小邻国加强了屏障地带。法国北部地区由盟军占领 5 年,赔偿 7 亿法郎,其中部分用于修建和维护德意志和比利时的要塞。该条约不仅从拿破仑手中拯救了法国和欧洲,而且从某些方面加强了维也纳的安排。尽管该条约缺乏第一次巴黎条约的宽宏大量,然而它并没有把法国转变为一个持久不满的国家。在不到 15 个月内,再一次缔结了温和的和平。卡斯尔雷两次成功地经受住了全面胜利的诱惑。[①] 最终的结果是法国仍然是一个强有力的国家,它的物质损失远比大陆其他国家少得多。他并没有阻止法国人的荣誉,而是使他们在行动时更谨慎。内阁与英国大众很满意条约的内容。

　　"在所有英国领导人之中,只有卡斯尔雷和威灵顿亲身经历过欧洲大陆过去几年重大事件的风风雨雨。所以,他们两人有着亲身经历和个人关系,这是他们的朋友所没有的。他们两人看到,同盟的瓦解是如此轻而易举,国家之间的竞争是如此根深蒂固,幸免于难的机会又是如此绝无仅有。"[②]他们很明白有可能出现新的拿破仑,相信必须建立某种执行体制,它将能够在对均势的威胁一旦冒头时及时处理。在均势被破坏之前,威胁着它的危险是从不暴露的,一旦暴露,均势就已经被破坏了。此外,对所有明智的政治家显而易见的是,今后任何大规模的欧洲战争都是无法容忍的,因为这样一场战争,几乎意味着一次新的革命,也就是旧政权的毁灭。前盟友维持良好关系的动机非常高,因为他们害怕关系破裂将会导致潜在的霸权者的东山再起,对他们重新构成威胁,甚至引发新的战争。推翻拿破仑的政治家们比后代更清楚地懂得,和平是一种多么脆弱而又宝贵的东西。然而,"1815 年的政治家们清楚地知道,尽管精心制定,但没有任何解决办法能长久经得起国家对立和环境变化的压力"。因此他们决定建立一个机制来保证维也纳均

---

　　① 克劳塞维茨对英国作出了高度评价,参见〔德〕威廉·冯·施拉姆:《克劳塞维茨传》,商务印书馆,1998 年,第 406—407 页。"重新由路易十八统治的法国并未因第二个巴黎和平协定而受到本质的损伤。"〔德〕威廉·冯·施拉姆:《克劳塞维茨传》,商务印书馆,1998 年,第 397 页。Alan Sked, Europe's Balance of Power, London, Macmillan, 1979, p. 148. 和 C. K. Webster, The Foreign Policy of Castlereagh 1812—1815, London, G. Bell and Sons Ltd., 1931, p. 474.

　　② C. J. Bartlett, Castlereagh, London, Macmillan, 1966, pp. 159—160.

势体系的运转——即"欧洲协调"。①

　　早在 7 月 17 日,卡斯尔雷在给利物浦的信中就后悔在第一次巴黎条约中没有制订防止拿破仑回归的条款。他在信中写道:"毫无疑问,在我们退休前,法国会深深反思为何它会遭到整个欧洲的入侵。如果我们使整个欧洲的入侵成为拿破仑的继承人或他家族里的人在法国掌权的必然结果,那么我确信在经历了这样深重的灾难后,在法国没有一个阶层,包括军队可以冒着被全欧洲军队征服和领土被瓜分,赔款的危险去忠于他。我们上次在巴黎犯了一个大错,没有设立条款防止拿破仑回来。毫无疑问他可以使整个国家和军队相信他可以复辟并且维持和平。"②

　　1815 年 11 月 20 日,英、俄、普、奥签订了《四国同盟条约》。"这完成了卡斯尔雷过去两年来寻求建立国际安全的构想"③,大国共管欧洲秩序。各盟国一致同意维持第二次巴黎和约,条约"特别是应重申和确认根据 1814 年 4 月 11 日条约永久剥夺拿破仑·波拿巴及其家族在法国的统治权之约定,缔约国通过本约保证,全力维持这一剥夺,必要时不惜使用全部武力"。一旦波旁王朝被推翻,四大国要共同协商,法国的侵略或拿破仑及其家族的复辟成为自动开战的理由。在卡斯尔雷的坚持下,四大国不承担使复辟的波旁王朝永久化,只要革命不危及普遍和平,法国人希望变更政体,就可以。同时"缔约国庄严地承认加倍注意其民族安宁和利益责无旁贷,同时相约,万一不幸事件再次发生……采取它们认为对追求各自国家安全和欧洲普遍安宁所必需的种种措施"。卡斯尔雷也拒绝了普遍保证全部欧洲疆界的建议。为防止拿破仑东山再起,坚决支持占领部队,每个签字国同意额外提供 6 万名士兵,如有必要也可以提供更多的兵力。四国同盟条约是肖蒙条约的继续,但包括了新的重要条款。条约的第六条出自卡斯尔雷之手,这"反

---

　　①　〔英〕艾瑞克·霍布斯鲍姆:《革命年代》,江苏人民出版社,1999 年,第 135 页。

　　②　C. K. Webster, ed., British Diplomacy 1813－1815, London, G. Bell and Sons Ltd.,1921, p. 349.

　　③　Ian R. Christie, War and Revolution, Britain 1760－1815, London, Edward Arnold Ltd, 1982, p. 325.

映了卡斯尔雷独特的欧洲政治经验"[1]。该条规定:"为促进和保证本
条约之履行,亦为加强目前使四国君主团结无间以谋举世康乐之相互
联系,缔约国业已同意定期举行会议,会议或由四国国君亲自主持,或
由各自的大臣出席,以便磋商其共同的利益,并考虑各个特定时期可被
认为最为有益的措施,以利于各国的安宁和繁荣以及欧洲和平之维
护。"[2]第六条对战后年代通过会议从事外交活动确立了法律基础,这
在处理国际问题上是一种值得注意的有益实验。于是,新秩序在某种
意义上被赋予了一部宪法,连同一个宪法性监护机构,那就是均势(如
最后议定书所界定)与监护均势的大国协调。这是一种尝试,特别是卡
斯尔雷的尝试,为的是把各大国在联盟方面的某些经验运用到战后的
世界事务之中,这也明确地标志着大国的支配地位和"欧洲协调"的原
则。[3] 确保这些原则的手段是由这些大国自己组成的常设会议。因

---

① Carsten Holbrad, The Concert of Europe, New York, Barnes&Noble, Inc. ,1970,
p. 137.

② I. H. Vienner, ed. , Great Britain: Foreign Policy and the Span of Empire 1689—1971,
a Documentary History, New York, McGRAW Hill Book CO. , 1972, Vol. I, p. 243.

③ C. K. Webster, The Congress of Vienna ,London ,G. Bell & Sons Ltd. , 1945,
p. 143. 根据 Hinsley 的说法,欧洲协调体系与国际关系史上的其他时期外交程序上的区别可
被概括为对它三项内在原则的依赖:大国对维持 1815 年条约规定的现存领土秩序和解决欧
洲出现的国际问题负有共同的责任;当既有秩序需要修正,或问题需要解决时,非经它们正式
的一致同意不得单方面进行变更和获取利益;既然需要各方的一致同意,决定自然不能由投
票作出。F. H. Hinsley, Power and the Pursuit of Peace, Cambridge University Press,1963,
p. 225. 曼德尔鲍姆认为它们奉行了两个原则:第一,各国必须克制自己在欧洲扩张领土的野
心,至少要避免发生大规模的战争;第二,当欧洲各国内部矛盾或国家间矛盾即将引起战争
时,所有大国以和平的方式解决争端,也就是举行由各国代表参加的会议。曼德尔鲍姆把这
种体制叫做"共管均衡体制"。〔美〕迈克尔·曼德尔鲍姆:《国家的命运》,军事科学出版社,
1990 年,第 5 页。在这种体制中,利益有了新的含义,即通过竞争获取更多的领土外,以合作
避免战争也是一种必须维护的利益。这也是人们对于欧洲整体利益的认识的开始。协调的
因素包括:第一,大国承担欧洲和平的责任。第二,大国接受一定的规范和态度:尊重条约;不
干涉彼此内部事务;不采取单边行动或者强化权势,尤其是在领土问题上(至少是在欧洲);参
与(在全体一致的规则下)所有的重大决策。第三,大国地位平等;不使其中的任何一个国家
蒙受耻辱。第四,对内部的不稳定和革命施加限制。F. R. Bridge and Roger Bullen, The
Great Powers and the European States System 1815—1914,NewYork ,Longmon, 1984, pp.
1—40. Louise Richardson,The Concert of Europe and Security Management in the Nine-
teenth Century,in Helga Haftendorn,Robert O. Keohane,and Celeste A. Wallander, Imper-
fect Union: Security Institutions over Time and Space, Oxford University Press, 1999,
pp. 48—77.

此,欧洲协调体系可被认为是冲突管理和冲突规避的组织化机制的发端。它主要是由追求自我利益的最强大的国家所塑造的,并主要反映了大国的利益。① 这一体系并不能废止战争:战争仍被视为解决国家间争端的合法手段。它的目的在于防止欧洲出现一个新的霸权国家并保证大国利益不受损害。该同盟不仅仅是汇集资源对抗通常外部威胁的手段,还是牵制盟友、阻止冲突、稳定地区的机制。② 对盟国政策进行控制的愿望常常成为一个或两个大国愿意建立同盟的主要原因。同盟所形成的限制性条约,允许签约国可以干涉伙伴国的安全政策。潜在的对手就会相互牵制,减少猜忌,降低不确定性,并形成可以相互影响对方政策的制度性机制。战后同盟要预防法国的报复并管理欧洲的政治冲突,防御性的同盟是解决方案的核心,同盟国的共同一致指导全部的谈判。不是通过均势反对潜在的侵略者,英国寻求利用同盟来约束霸权的追求者,在同盟内约束和统治其盟友的行动,把潜在的对手一起置于一个制度化的安全条约内可以减少安全困境。同盟为大国合作提供了一种机制,也为他们相互警戒、相互影响和约束提供了一种方式。"他们合作的确是因为他们互不相信"③,然而它没有明确地规定何时、何地、为什么具体的目的举行国际会议。这种遗漏导致了会议时期的争议。卡斯尔雷这样做很可能是他意识到政府不赞同承担普遍保证规定的义务,内阁把英国的安全等同于遏制法国。而卡斯尔雷催促欧洲国家不仅为了控制法国,而且为考虑欧洲和平的普遍问题而紧密合作。稳定在于责任而不是机械的平衡,在于预防而不是防御的观念超越了内阁的想象力,以至于没人反对由卡斯尔雷亲自起草的条约第六条。英国的经验阻止了它理解其外交大臣。

　　维护第二次巴黎条约的领土安排毫无疑问,这对内阁最有吸引力。

---

　　① 〔美〕罗伯特·基欧汉:《霸权之后——世界政治经济中的合作与竞争》,上海人民出版社,2001 年,第 75 页。

　　② Paul W. Schroeder , "Alliance, 1815－1945: Weapons of Power and Tools of Management", in Klaus Knorr, ed. , Historical Dimensions of National Security Problems, Lawrence, University Press of Kansas, 1976, pp. 227－262.

　　③ Andreas Osiander, The States System of Europe, Oxford, Clarendon Press, 1994, p. 234.

因为拿破仑反复打破了领土均势,不干涉原则不适于拿破仑及其家族。但是如果法国经历一场波拿巴分子以外领导的革命该如何处理？革命就意味着战争,将导致放弃不干涉原则,但置身事外或许会导致一系列革命斗争。英国承认欧洲稳定有社会因素,为顺从公众舆论避免承担责任,从而解决了困难处境。万一革命再次席卷法国,为各国安全起见采取必要措施,同盟同意继续小心警戒,法国革命被宣布为一个潜在的威胁,但它不可能自动成为战争的理由。内阁提醒卡斯尔雷仅仅是自从1789年英国经历的特殊的国际局势①使政府同意接受这样的义务。1816年2月,下院以二百四十票对七十七票通过了该条约。

沙皇的神圣同盟是支持和平解决的另一种迥然不同的办法,是维也纳和会上最值得一提的创举。"强调了大国的甚至国际法上的特权地位"②,为维护国内体制以保有既得的利益,促使大陆各国团结在一起,避免了如前一个世纪它们必然走上的冲突之路。由于受孟德斯鸠、卢梭、圣皮埃尔和18世纪其他启蒙思想家的影响,亚历山大确信,反拿破仑的胜利者必须建立一个新的国际秩序,并在该体系中用基于自由主义的原则来代替旧的惯例。实际上,神圣同盟是源于沙皇对国际体系改革的愿望,而不是源于后来他对革命的关心。③ 最初他并没有打算把同盟变成一个镇压革命的工具。他打算把所有的国际关系都置于为共同利益而自我克制的基础之上。甚至由亚历山大提出神圣同盟的原始文件草稿也保留了自由主义和理想主义的观点,并寻求对致力于欧洲利益的做法进行界定。梅特涅对草稿的修改将所有涉及自由主义的词句都被删掉了,只留下列强根据基督教原则处理相互关系的暧昧

---

① 对于一个国家来说,能够与革命的影响并重的只有这个国家经历的上一次重大战争了。由于战争及其后果具有震颤和普遍的效应,与之相关的经历——战前的外交活动、战争进行的方式、战时形成的联盟、战争结束的方式等——都会深刻地影响该国大多数国民的知觉倾向。重大战争在一个国家的生活中占据重要的地位,所有对战争有记忆的人都亲身经历过战争岁月。〔美〕罗伯特·杰维斯:《国际政治中的知觉与错觉》,世界知识出版社,2003年,第276—277页。

② 〔奥〕阿·菲德罗斯等:《国际法》,商务印书馆,1981年,第90页。

③ F. H. Hinsley, Power and the Pursuit of Peace, Cambridge University Press, 1963, p.196.

承诺。文件变成对一些无关痛痒的原则的声明。① 9 月 26 日,俄普奥三国缔结了神圣同盟,要按基督教教义保障和平并确保欧洲大陆有良好的政府。这是纯粹的意识形态联盟,同盟条约制定了缔约国保证予以遵守的普遍道德原则和它们保证谋求实现的总目标。意识形态因素一旦加诸实际的共同利益,便把精神信念和感情偏爱发动起来支持联盟,从而增加联盟的力量。反法大国以神圣同盟的形式提出一种反革命的理想,宣扬保守的国际基督教君主政体。他们希望以保守的基督教见解来抵消 1789 年的危险观念及其有关思想。"各国不仅在形势力上,在道德上亦处于均衡状态。权力与正义取得相当的协调。权力均衡降低诉诸武力的机会,共同的价值观则降低诉诸武力的欲望。"②该同盟明显地有助于增加对法的温和和平条约,同样重要的它帮助欧洲防范俄国的霸权。

欧洲所有国家的君主以及瑞士总统为讨好沙皇或是为适应当时宗教复兴的潮流,都加入了这个同盟,在盟约上面签了字。惟有英国国王、罗马教皇和土耳其苏丹是例外。梅特涅起初并没有意识到这是实现他自己政策目标的有价值的工具。他颇为蔑视地形容这个条约是"空洞而又响亮的文件",但他认为条约可以达到某些实际目的。其含混的措辞后来为梅特涅提供了一种可能,即构筑一个保守主义的堡垒,抵抗未来任何可能席卷欧洲、危及各国王权的革命浪潮。梅特涅视此为沙皇保证维持正统统治,尤其是防范其独断专行地抒发其宗教热忱的一个机会。神圣同盟将保守的国君聚在一起对抗革命,但也要求他们必须协同行动,这无异于让奥地利在理论上对强邻俄罗斯的妄动享有否决权。沙皇对巴黎的第二次远征产生了意想不到的后果,他设想的作为改革世界工具的条约成为了维护欧洲均衡的方式。

然而获得英国的同意仍有些困难。卡斯尔雷以英国人特有的格调,称它为"一种高尚的神秘思想和一堆废话",是不无理由的。他认识到议会不可能正式接受它。但为了满足亚历山大的宗教感情,他建议

---

① 对草稿和最终文件的比较见 H. G. Schenk, The Aftermath of The Napoleonic Wars :the Concert of Europe — an Experiment , London, Kegan Paul,1974, pp. 37－39.

② 〔美〕亨利·基辛格:《大外交》,海南出版社,1998 年,第 60 页。

摄政王以个人名义同意该条约。摄政王最终在给他兄弟般君主的一封信中表达了个人对努力的同情,表示完全支持神圣同盟的基本原则。经过一代人的战争,两者都用不同的形式表达了对和平时期的渴望。①

---

① 根茨描绘它的一般特征时这样写道:"1814 年和 1815 年在欧洲建立的体系是世界史上闻所未闻的一个现象。均衡原则,或者更确切地说是由特定联盟形成的抗衡原则,在三个世纪中曾支配欧洲,也经常扰乱欧洲,使欧洲遍地流血。如今这一原则已被一个大联合的原则取代,它将全部国家联合为在一个五大国指导下的联盟……二等、三等、四等国家对拥有绝大优势的大国联合作出的决定不约而同地默然屈从;欧洲最终似乎形成了一个在它自己创造的最高法院领导下联合起来的政治大家庭。"〔美〕汉斯·摩根索:《国际纵横策论——争强权、求和平》,上海译文出版社,1995 年,第 567—568 页。F. H. Hinsley, Power and the Pursuit of Peace, Cambridge University Press, 1963, p. 196.

# 第 4 章 欧洲协调的运行——从顺利到阻力

## 4.1 亚琛会议①

　　1818 年 4 月,确定亚琛为会议地点。② 因为亚琛是各国君主和政治家会晤占领军总司令最便利的地方。有著名的受人欢迎的温泉,环境宜人,而且是见证了哈布斯堡荣誉的神圣罗马帝国的故都,现在在专制的普鲁士的统治下。"亚琛会议是和平时期欧洲大国为管理国际事

---

　　① 从国际法的观点来看,大会"congress"和"conference"并无实质区别。两者都是讨论和解决国际事务的全权代表的会议;都包括决定政治问题和处理社会或经济事务的会议。"大会"这个名称过去常常用来指旨在媾和和重分领土的全权代表的集会。现在"会议"一词习惯上用来称呼所有旨在解决所讨论的问题而召开的国际会议。〔英〕萨道义:《外交实践指南》,上海译文出版社,1984 年,第 327－328 页。韦伯斯特说明了在 1815 年以后人们喜欢采用"conference"一词的理由,虽然现代人混用"congress"和"conference"两词,使二者不可能有任何显著的区别。见 C. K. Webster, The Foreign Policy of Castlereagh 1815－1822, London, G. Bell and Sons Ltd. ,1925, p. 56 的注。大陆的历史学家依然把这一时期各国君主参加的会议称为"congress",而且这种用法有某些方便之处。

　　② 沙皇喜欢在新教福音派的中心巴塞尔举行,但梅特涅不同意。因为这个瑞士城市是来自各国的自由主义流亡者的避难所,会议无法摆脱公众的压力,不能提供外交谈判的适宜环境。见 Leonard W. Cowie and Robert Wolfson, Years of Nationalism, European History 1815－1890, Edwar Arnold, 1985, p. 24.

务举行的首次会议。"①

会议于 1818 年 9 月 30 日在亚琛召开。奥地利和俄国的君主,以及普鲁士的国王都亲自出席了会议。亚历山大大帝与往常一样,自己担当代表,辅佐他的是大臣涅些尔罗德伯爵,以及副外交大臣卡波迪斯特里亚伯爵。代表奥地利的是梅特涅亲王。代表普鲁士的是哈登堡亲王和伯恩斯多夫伯爵。英国的代表是卡斯尔雷和威灵顿。黎塞留虽然没有被准许进入会场,也代表法国出席了会议。因此,这次庄严的会议的性质就与维也纳会议有了本质上的区别。在维也纳,尽管所有重要的决定都是在大国的内部会议上达成的,但小国在讨论某些具体问题的委员会也偶尔起过实质性的作用。但是在亚琛召开的会议仅仅包括同盟国的大国;尽管在讨论切实关系到小国利益的问题也曾征询过他们的意见,但是小国在决策中几乎没有发言权。这种局面是由于英国的政策造成的。会议前夕,黎塞留曾建议邀请西班牙国王斐迪南德七世出席会议,旨在解决西班牙和美洲殖民地之间的问题。在 8 月 24日,西班牙驻圣彼得堡代办曾向沙皇提出相同的问题,而沙皇也同意征询其同盟国的意见。这种想法因为卡斯尔雷的反对而夭折。他认为排除他国而接纳某一国家,就会破坏现有的协议;让其他国家加入这次会议就等于把会议变成了像维也纳会议一样的全欧大会,会带来无尽的混乱。而同盟国也认为这种做法不合时宜,因为它将导致对 1815 年协议最终的怀疑。神圣同盟的二流缔约国被排斥在会议之外,仅仅有权听取大国作出决定后所进行的通报。

实际上,这一举动也体现出英国在与欧洲大陆各国交往中所遵循的保守政策,即恪守"条约"是和平稳定的唯一基石。英国公众和内阁越来越关注国内事务,对与大陆保持联系不感兴趣。"共同分担维护大陆和平的责任才能维护欧洲和英国的和平,卡斯尔雷自己的信念同以前同样强烈。"②他希望通过会议消除大国间的猜疑,但他也意识到他不可能承担比 1815 年条约更多的责任。但是在宪政和议会传统中,没

---

① C. K. Webster, The Foreign Policy of Castlereagh 1815—1822, London, Bell and Sons Ltd. , 1925, p. 121.

② C. K. Webster, The Foreign Policy of Castlereagh 1815—1822, London, Bell and Sons Ltd. ,1925, p. 124.

有东西阻止他继续新的外交方法。如果大陆盟友要求不多,通过个人影响他能继续把他的政策与大陆联系起来,继续警戒欧洲和平。因此,会议的主题只能限于大国对法关系。梅特涅表示赞同,声称只有同盟四大国有权要求召开会议,并采取措施确保普鲁士持相同的观念。沙皇亚历山大也接受了不把会议扩大成像维也纳会议那样的大会,只在关系到法国问题上作出决定。

在对待占领军问题上,卡斯尔雷主张尽早撤军。以示对法国的宽容政策。国内的反对派辉格党人不喜欢英国支持波旁王朝,反对英军驻扎在法国,希望撤出大陆。根据《第二次巴黎和约》,法国的某些军事要塞由盟军占领三至五年。法国所有政党团结一致反对占领军。[①] 法国认为占领军的规模和费用,在法国驻扎的时间和赔款的数目在国际关系史上是前所未有的。法国人确信这些措施的基本目的是要永久损害法国,延迟法国的恢复。因此,法国对外政策的基本目标是摆脱占领军和赔偿的负担。当法国被外国军队占领并欠巨大赔偿金时,法国不可能被认为是个大国,民众也不可能忠于复辟的波旁王朝。"它同独立问题一样是个荣誉问题。"[②]占领军的撤离将消除失败的外部可见的迹象。法国国王和法国各党派都希望尽早结束占领状态,法国民意也是如此。盟军占领法国已使法国人民不能容忍。虽然普鲁士对于可能发生的事情还不无顾虑,可是各国一致认为对法国所加的负担,无论在财政上或感情上都过于沉重,必须予以解除。威灵顿是最有资格说话的,他完全同意这样的政策。占领军的目的是为了使法国履行条约义务,但是再驻扎下去会适得其反,导致法国推翻 1815 年的条约。沙皇也认为,延长盟军对法国的占领,会"伤害人民的自尊心,加深他们的创伤,

　　① 法国首相黎塞留表示,他"不能同意接受由四国大使共同签署的照会。除非法国成为其成员,否则驻扎在巴黎讨论欧洲和法国事务的元老院会议就不能存在。如果为了防止再次发生革命,对法国的监督持续下去是可以容忍的话,它应该是相互的。如同普鲁士镇压法国的骚乱一样,也应要求法国镇压普鲁士爆发的革命"。见 Alan Sked, Europe's Balance of Power, London, Macmillan, 1979, p. 37. John Clark, British Diplomacy and Foreign Policy 1782—1865, London, Unwin Hyman, 1986, p. 155.

　　② Alan Sked, Europe's Balance of Power, London, Macmillan, 1979. p. 124.

使之进一步脱离他们可能已谴责为灾难根源的王朝"[①]。1818 年盟国撤出占领军,他们完全注意到法国已重建了军队,恢复了募兵制,平时可保持 10 万兵员。即使无盟国的协助,波旁王朝现在也具备了维护国内秩序的能力,拥有必要的的军事力量镇压革命活动。占领军至迟于 1818 年 11 月 30 日撤出法国领土,如有可能,这个日期还可提前。第二阶段会议于 10 月 1 日召开,四国列强签订同盟,同意在第三年年底从法国撤军,如果可能撤军时间可以更早。

撤军的前提是法国履行赔款的义务。前提是法国分期支付到期共 2.65 亿法郎的赔偿款得以安排妥当,并有霍普和巴林的金融机构给法国提供一笔贷款。由于被允许平等地加入其他四大国的行列,法国得以最终摆脱正受惩处的苦难。对于这一前提,会议授权威灵顿与巴林银行和阿姆斯特丹的霍普银行作出安排。根据安排,两家银行同意在特定条款下接管该债务,从而将它转变成一项普通的公众义务。按照提交内阁的备忘录草稿的话来说,如果法国政府没有发生严重的腐败行为,是不会拒付该款的。同盟国于 10 月 9 日与法国签署了条约,一致同意到 11 月 30 日从法国领土上撤军。而法国政府要在 9 个月内偿还 1.65 亿法郎的赔款,以支票方式偿还。至于剩下的 1 亿法郎,同盟国同意按政府有息公债的形式收回,其价格按银行同意接手公债的当天计算。这一价格和同盟国从法国手中拿到的价格是一样的,这 1 亿法郎和 1.65 亿法郎偿还方式一致。银行为其复杂手续和风险加收 50%,他们购买了 1 亿法郎的债务,也就是说,可以盈利 8 950 万法郎。法国节省了 1 500 万法郎。

法国对和约的一切义务,可以说到此是完全履行了。黎塞留公爵要求法国应与盟国享有平等的地位,也就是说同意法国加入"欧洲协调"。然而,这显然违背了同盟国的初衷,他们的撤军政策并不是因为相信法国人性情已好转。特别是东方国家认为法国政府对自由党复苏持软弱态度,这一点使他们很惊慌,比如最近的选举就非常令人不安。亚历山大一世的激进主义思想尽管绝没有完全消失,也已经在衰退,他

---

① 〔法〕亨利·特罗亚:《神秘沙皇——亚历山大一世》,世界知识出版社,1984 年,第 289 页。

尖刻地指出十分之九的法国人已被有害的道德准则和暴力的党派色彩所腐蚀,剩下的一部分人也无力构建国家宪法。当黎塞留催促亚历山大一世同意法国加入同盟国时,亚历山大就质问他怎能在承认当前法国内政非常不稳定的情况下作出这种提议,并在同梅特涅谈话中将这一请求视作一种愚蠢。①

梅特涅实质上同俄国一样惊慌。他坚持认为四国同盟奠定了同盟国真正的道德力量的基础,而《肖蒙条约》是一种政治道德的永恒规范。它们从实际上来说,就是专门对付法国。如果接纳法国的话,则会破坏条约的根基,从而将保守原则和革新原则、稳定和动荡、安全和危险混为一谈。若保留《肖蒙条约》,然后再另外和法国达成一致会更好。毕竟,除了《肖蒙条约》外,还有神圣同盟作为它的补充。如果这一切都还不够,法国可以作为发布联合公告的一个成员,并表示接受其所有条款。

在允许法国以《肖蒙条约》为基础加入同盟国的问题上,英国内阁同其他同盟国是一致的,因为卡斯尔雷和他的同僚们都深信不疑地认为法国复辟的君主政体并不稳定,而坚信维持四国同盟对于欧洲的和平稳定是必要的;他们也意识到这个自相矛盾的事实:吸纳法国成为条约中的一员,但该条约本身就是因对抗法国而订立的。另一方面,如果法国完全被排除在外,就会不可避免地将成为另一个联盟的核心,而这样欧洲和谐就会处于危险境地。若除《肖蒙条约》之外再签订另一个包含法国的新条约,按照下院的实际情况,是不可能得到通过的。9 月 4 日的内阁备忘录指出这些困难所在的同时,也提出了一个巧妙的解决方法来克服这些困难:不以《肖蒙条约》、而以 1815 年 10 月 20 日签订的四国同盟条约中的第六条为基础,吸收法国加入。的确,鉴于英国政府一贯坚决反对任何具有普遍同盟性质的事务,这很可能开创了一个尴尬的先例。但是因为该条约主要仅仅涉及法国,没有必要邀请其他列强加入。

卡斯尔雷也希望将法国纳入国际体系,加强法国政府反对国内军事扩张主义的力量,使它感到不再受到威胁和孤立,"增强法国自身的

---

① Walter Alison Phillips, The Confederation of Europe, New York, Howard Fertig, Inc. ,1966, p. 159.

安全感"①。此外,允许法国加入同盟,有利于盟国监督和控制法国的政策。同盟遏制了法国,同时也保证了法国自身的安全。但同盟也必须考虑到作为其成员国法国的利益,也有助于法国捍卫自己的利益。卡斯尔雷认为:"将法国这样一个大国纳入国际体系比将它孤立起来而任由它组建一个与我们对抗的集团要安全得多。根据我们与法国打交道的经验,让它参与目前的这些讨论对大家都有好处,这样可以满足它的要求,我们也可以原封不动地保留经议会同意的我们的盟约。"②一个战败的法国显然也是一个大国,各大国积极参与管理体系是维护稳定的最佳方式。此外,通过把法国融入体系,毫无疑问同盟寻求法国承担对欧洲稳定事业的责任。但是欧洲的稳定意味着法国作为一个战败国的地位,协调的成员在法国不必为大国地位而战的情况下给予它大国地位。用这种方式法国不必采取单边行动以获得它在大国俱乐部中的地位,这符合和平秩序的利益。③"它也清楚地表明只要变化能增加稳定,大国允许现状发生改变。协调机制有利于有序的变化过程。"④如果法国加入这四大国的磋商,其正面效果就会大大增加,达成有效的统一意见并增强其道德砝码。只要它表现规矩,它有与其他四国相同的权力,但如果不规矩,将会是四比一。与此同时,卡斯尔雷指出他更喜欢这种解决方案而不是把法国排除在协调之外,如果俄国坚持排除法国,他甚至准备缔结一个新条约,但他希望无此必要。

最终,四大国同意法国作为协调的一员。在给法国的照会中,四大国邀请法国参加为维护和平而举行的目前和将来的讨论。法国接受了邀请,重申了承担协调原则的责任。在回复四国的照会中,法国承认它

① Norman Rich, Great Power Diplomacy, New York, McGraw — Hill, Inc. , 1992, p. 34.

② C. K. Webster, The Foreign Policy of Castlereagh 1815—1822, London, Bell and Sons Ltd. , 1925, p. 138

③ Louise Richardson, The Concert of Europe and Security Management in the Nineteenth Century, in Helga Haftendorn, Robert O. Keohane, and Celeste A. Wallander, Imperfect Union: Security Institutions over Time and Space, Oxford University Press, 1999, p. 58.

④ William H. Daugherty, System Management and the Endurance of the Concert of Europe, in Jack Snyder and Robert Jervis, ed. , Coping with Complexity in the International System, Westview Press, 1993, p. 72.

的责任是为了增加全面和平答应给予所有国家的益处。因为政府的亲密联盟是持久和平最初的保证。五国签署了共同议定书,他们宣称:"确保法国在欧洲体系中属于它的位置将使之更紧密地遵循所有君主国参与的和平仁慈的观念,因此增强了普遍的和平。""法国由于合法君主和宪政权力的复辟而与其他国家联袂并进,自今以后允诺协助维护并确立曾使欧洲恢复和平并唯一能保障和平的秩序。"①四国同意公告将重申和管理四国同盟并邀请法国依据第六条加入。10 月 12 日,四个同盟国同意遵守四国同盟,不允许法国成为其成员国,四国合作维护1815 年的条约。英国的目的是要加强四国的联系,"强调需要继续警戒来维护维也纳方案的西部安排"②。为了消除其他国家的担心,同盟发布宣言,表明大国会议的目的不是"自称有至高无上的权力或在没有国际法的严格授权下会干预他国政治"。

事情进展得异常顺利,普遍感觉到月底一切都会安排妥当。卡斯尔雷很高兴地向内阁汇报,一切与他们希望的一样,对卡斯尔雷而言这再次表明了会议外交的益处。到目前为止,保持了四国同盟,确保了新的外交体系的永久性。但很快,分歧来了。

英国政府对在和平时期承担大陆义务持严重的疑虑态度,因为这是它一直所反对的。英国民众的态度是越来越反对新的国际体系,认为它不仅仅会威胁到其他国家人民的自由,也有可能在将来的某个时候限制了英国本国的自由。正如卡斯尔雷向亚历山大皇帝所指出的那样,"英国内阁现在不得不应对一个将主要精力投入到和平和经济上的新议会、新民众"。推动一项全新的政策将会威胁到已经从议会那里批准的有关承担欧洲大陆义务的条约。在之前提到的议会备忘录中,已经规定各国之间的条约必须在"议会上下两院于 1816 年 5 月都获得批准"、其条款"几乎不允许再做增补"、任何修改的努力都"会导致观点的严重分歧"。到目前为止,事实上,英国内阁与其说希望继续履行进一步的义务,不如说更希望从已经缠身的一些义务中解脱出来。卡斯尔

---

①　Edward Hertslet,ed.,The Map of Europe by Treaty,Vol. 1,London,1967, pp. 571—572.

②　F. R. Bridge and Roger Bullen, The Great Powers and the European States System 1815—1914,NewYork ,Longmon, 1984, p. 36.

雷曾经在俄国备忘录陈述之前寄送给巴瑟斯特一封信,信中预言了谈判最后可能的结果。殖民大臣巴瑟斯特回复了一封落款日期为10月20日的长信,在回复中,就是否应该无论如何通过一项新法案向欧洲宣布:在规定的时间间隔举行连续的会议是各列强的意愿,他表示怀疑。他写道:"我们承认联盟条约中的第六条就在酝酿这些会议,我们对会议目前存在的情况也很满意,当同盟国部队从法国撤军后,让法国人民感到他们仍然在受监督是最为重要的。因此我们同意这个观点:同盟各国应当约定某一段时间来举行另一次会议。这样做就不会招致反对意见。我们认为,如果现在就宣布把召开一系列这种会议纳为一个永久体系的一部分,会有人反对。当法国政府已经证明它可以维持和平,就没有召开会议的必要;尽管有人会前瞻性地看到,在将来的某些情况下,这些会议可能有很多优势,但同时它们也有可能造成十分难堪的境地。在目前的情况下,第六条几乎是不可能被接受的。我们不希望废除它,但是我们不认为用任何具有普遍性质的、新的声明来修补它会有战略性意义。"[1]坎宁也激烈反对继续会议体系的想法。实际上,由坎宁领导的内阁中的一派反对与英国对外政策传统相反的定期会议制度。坎宁认为:"定期会议体系是崭新的、令人生疑的政策,它必将使我们深深卷入大陆政治,相反我们真正的政策总是不干涉,除非遇到重大紧急情势,那就要以支配性的力量介入。"[2]无论如何,他认为条约第六条仅适用于法国。他谈到其他国家的反对和会议已成为大国密谋的场所。英国公众舆论反对与筹划对抗革命的专制君主会晤,内阁是不同意坎宁的意见,但以为其他人或许持同样观点,因此他们恳求卡斯尔雷不要公开发表宣言,并给卡斯尔雷发出了训令:"……这种会晤行动在欧洲其他国家中产生了很大程度的嫉妒心,当法国政府证明它能维护国内安宁,与他国保持和平关系时,对他们而言,这种显著的必要将停止存在……在目前的这种情况下,同盟条约第六条不可能被采纳。我们决不希望看到它被放弃,但我们认为通过一个新的普遍性质

---

① C. K. Webster, The Foreign Policy of Castlereagh 1815—1822, London, Bell and Sons Ltd. , 1925, p. 147.

② Harold Nicolson , The Congress of Vienna , London, Constable Co Ltd, 1946, p. 264.

的宣言加强它是不明智的。"①

与此同时,沙皇想把为处理外交事务而建立的体系转变为管理整个欧洲的宏大机制,提议成立一个有所有欧洲国家参加的"团结同盟",相互担保现有的王位和领土现状,一致反对由于发生革命或由于扩张野心而对这一现状构成威胁的国家。这个建议将使欧洲成为一个严密的组织,并允许各国实际上取得互相干预内政的无限权力。但这个方案使俄国对外扩张的手动弹不得,无法在东方浑水摸鱼,也堵住了普鲁士黩武主义的口,使它不能反对盟军结束对法国的占领。梅特涅见既可借此防止革命运动和压制被统治者的反抗,又可借此限制俄国对外扩张和普鲁士军国主义,因而欣然表示接受。对于卡斯尔雷来说,即便是面对这种恒久的和平盛世前景的诱惑,如果要让欧洲屈服于一个"国际警察组织",而且其中最主要的力量来自沙皇俄国的军队,这个代价仍然太大。想到俄国军队为了扑灭革命即将开赴欧洲各地,确实不寒而栗。很显然,卡斯尔雷不可能接受这个方案。因为,"英国对于目前尚未发生或者不致立即发生的事情,向来不与别国缔结任何条约,理由很简单,一切有关和平和战争问题的正式条约,必须提交议会讨论,如果一个条约使英国对于目前尚未能预见到的偶然事件负有作战义务的话,议会多半不会通过"②。

但卡斯尔雷没有用备忘录的方式回应,他邀请各国代表自由讨论。在讨论中,英国代表强硬地重申了他们承担义务的有限性。依据条约,他们维护法国现有疆界,并承担反对法国的明确责任。除此之外,英国别无所求。一种特定范围内的,针对明确目的的同盟是一回事;一个广泛的同盟,针对未来不可知的情况下承诺采取共同的行动,完全是另外一回事。另外,允许一些小国家进入欧洲的议会将导致更多的分歧,这些在小一点的同盟内就不会那么明显。还有如何恰当分配各成员权力的问题,这个问题在德意志邦联里有很好的体现。为了争取一些不合比例的小的国家的选票,使得奥地利和普鲁士发生了矛盾。从目前经

---

① C. K. Webster, The Foreign Policy of Castlereagh 1815－1822, London, Bell and Sons Ltd., 1925, p.147.

② 〔英〕哈罗德·尼科松:《外交学》,世界知识出版社,1957年,第101页。

验来看,在这样一个联盟里面,最有决定性的因素仍然是武力最强大的国家的意见。简而言之,有人害怕亚历山大甚至自己都没意识到,他伪装在福音主义的旗号下,实际上却野心勃勃地希望在欧洲得到奥地利刚刚在德意志邦联中得到的占尽优势的地位。

既然是这样,那么最重要的就是尽量"拉拢"俄国。如果要达到这个目的,关键在于保持沙皇的思想和会议的思想基本一致。针对这个目的,要展示我们的原则,并且同时以他的思维方式来展示。通过回复俄国议会的备忘录,卡斯尔雷达到了这个目的。

开始的段落就定义了英国对于神圣同盟的态度。备忘录写道:"1815 年 9 月 26 日的同盟的良好的准则可以认为是组成了欧洲在政治认识方面的体系。"但是,如果把这个神圣的条约和国与国之间普通的外交职责混为一谈,就是对条约的一种贬损了。这些条约有两类:一类是把国家联合起来的条约,另一类是针对特殊国家的特殊条约。第一类条款包括两次巴黎和约和维也纳条约,它们共同构建了恢复后的欧洲领土体系的原则。条约内的各款都是关于领土的,而且不包括针对某些条约规定马上采取行动的承诺,也没有直接的保证来表示一定按照条款内容执行。如果不遵守条款规定可能会遭到集体或某些国家的憎恨,但是签约各国却没有义务去采取行动。在如此不便的情况下,这种同盟如何能够完善的运作,至今也尚未弄清。因此可以说,这些条约并没有组成同盟,至多是一个规定了各方疆界的公约。这个公约没有给签约国特殊保证,但也不包括那些不受这些谈判约束且有以前条约规定平等主权的国家。

11 月 20 日的四国同盟条约和肖蒙条约属于第二类条约。这些条约是严格意义字面上的同盟条约。① 条约中所宣称的目标是欧洲的重建,以及阻止来自法国的新的威胁;但是这些条约中没有考虑这样一种可能性:也即法国政府任何微小的变化,不论是合法生效的还是间接造成的,都将成为条约中所涉及的事项,除非这种变化威胁到同盟的安

① 英国认为这是"契约",规定了明确的目的和严格的义务。这反映了英国根深蒂固的普通法的传统,与欧洲大陆的罗马法的传统形成鲜明的对照。Harold Nicolson , The Congress of Vienna ,London , Constable Co Ltd,1946, p. 262. John Clark , British Diplomacy and Foreign Policy 1782—1865,London, Unwin Hyman,1986,pp. 149—150.

全。后面的这种可能性是四国同盟条约第五条中所考虑的唯一事项，而且不能支持这些国家通过干涉别国内政来阻止其合法或不合法的变化的权力，因为外国又怎能去断定别国的变化是否合法呢？

唯一安全的原则是这些国家的法律——没有一个国家有权通过其内部活动来威胁邻国，如果这些国家有合理的考虑，则其介入别国内政的权力也十分清楚。这一权力就是根据四国同盟条约而最终干涉法国的依据。无论这一问题何时出现，同盟国总是对判断这一问题有着共同的兴趣，但直到这一情况出现时，这些缔约方才都达成了最终一致的决定。

这份备忘录接下了讨论了沙皇关于统一联盟的设想。"建立一个旨在谋求世界和平与幸福的普遍同盟一直是思考和希望的问题，但这种设想从未实践过。如果一个想法受制于它的难度，那将永远无法付诸实践。但是你们可以在实践中接近它，而且这种想法从未像在过去四年中那样被实现着。在过去这段动荡时期，根据共同规定的原则而形成的四国同盟，以其自治的体现，和内阁所体现出来的空前统一的设想，突破了其当前的责任，同时也没有违反这些国家的任何法律，侵害到这些国家的任何正当权利，从而形成了更为普遍的同盟……提供它们的帮助以解决同他国的分歧，主动维护欧洲的安全，并最终确保条约的履行。""在此普遍同盟的设想中，每个国家有义务支持其他国家的继承权、政府和财产免受暴力和袭击，前提是这些国家自身得到类似保障，这种设想暗示出之前建立的共同政府机制是为所有的君主和国家提供了一套和平和正义的内部机制。在构建这种机制的模型被设想出来以前，其结果都是难以认可的，对各国政府来说，最不道德、最有损其声誉的行动莫过于主张轻易动员各国军队前去支持一个现有政权，而根本不考虑滥用权利的可能。除非通过一个由所有国家组成的共同联盟来管理欧洲的设想能够被简化成可供实践的形式，所有关于普遍的无条件的保障的设想都要被摒弃。各国应依靠自己制度的公正和智慧以及其他国家依据国际法提供的援助来谋求安全。"[1]这就是英国和大

---

① Walter Alison Phillips, The Confederation of Europe, New York, Howard Fertig, Inc., 1966, pp. 173—174.

陆在同盟基本形式上的分歧。英国的国际事务观念是防御性的,仅仅在发生最大危险时,英国才采取合作行动。但是大陆国家的政策是预防性的,首仗最为关键,他们要努力阻止巨大危险的实现。英国想限制侵略的范围,大陆国家试图全然阻止侵略的发生。卡斯尔雷认为,会议制度只能处理外交问题,不应介入国家内部的政治结构。俄国代表根本无力反驳。亚琛会议上的辩论及其结果,表明当时被指控向"神圣同盟"暴君献媚的英国政府,将同盟视为和平,而非保守主义的必要工具,其根本职能不是专制,而是调解。①

从英国政府的角度来说,所有事情都进行得有条不紊。11 月 9日,卡斯尔雷报告说有关普遍保证问题的讨论又被重新开启了,而这一次的发起者不是俄国,而是普鲁士。它希望在集体安全体系内寻求安全。由于组成普鲁士的两个主要地区被飞地隔开,因此,普鲁士提议缔结保证条约,保证主要国家的领土并且包括尼德兰和德意志邦联。沙皇深为赞赏,因为这意味着俄国的自我约束,并可减少普鲁士军方对奥的敌视,梅特涅也愿意接受。他敦促英国可以仅仅给予道义上的支持,同时缩减巴黎和维也纳条约签字各方的相互保证,而德意志邦联则视作一个整体。经过了这样的修改,卡斯尔雷一度认为这个方案还可以考虑,因为并没有给英国带来任何负担,同时可以抵制俄国入侵土耳其。但经过考虑之后,对于这个设想的反对逐渐萌生。威灵顿和他得以说服普鲁士和奥地利的大臣们将此设想搁置起来。内阁表示推迟到适当的时候再考虑,事实上它再没被提及。

普鲁士不情愿地放弃该计划,转而提议在布鲁塞尔建立一支由威灵顿公爵任总司令的欧洲军队。威灵顿和卡斯尔雷强烈反对,因为俄国军队将成为欧洲军队的主力,"他们将有不可抗拒的理由来进入所有同盟国的领域,直至欧洲的最远端,来实现其对于保证的承诺"②。而且他们认为:"针对法国的先发制人的策略(预防性策略)只能由秘密议

---

① A. W. Ward and G. P. Gooch,ed.,The Cambridge History of British Foreign Policy, London, Cambridge University Press,1923,Vol. Ⅱ, p. 31.

② A. W. Ward and G. P. Gooch,ed.,The Cambridge History of British Foreign Policy, London, Cambridge University Press,1923,Vol. Ⅱ, p. 28.

定书重申的四国同盟决定。"①无论冒什么风险,佯装完全信任法国也比建立所谓的"防御体系"要更为妥当,因为一旦激怒了法国,只会适得其反。

1818 年 9 月底召开的亚琛会议证明了会议外交的有效性,消除了彼此间的误解,再次展现了良好的愿望不言自明的益处。卡斯尔雷充满信心地表示:"我真的觉得,这是欧洲政治中的一种新发现,一下子消除了外交方面模糊人们眼界的那些陈腐的污垢……使各大国的协商富有成效,几乎像处理一个国家的事务那样单纯。"②会议找到了解决欧洲政治紧迫问题的方法。撤出了占领军,法国履行了条约并加入大国协调。法俄结盟已不可能,俄奥关系得到改善。消除了大国之间的许多猜疑。会议的许多和谐结果很显然归功于卡斯尔雷的外交技艺和对其他成员的个人影响力。"这次会议……挽救了欧洲,使互相竞争的国家不至于重新联合成敌对的集团。"③

## 4.2　第一波自由主义/民族主义运动与　特洛波—莱巴赫会议

拿破仑战后的西班牙满目疮痍,政府所依靠的美洲岁入和贸易已被切断,工商业凋敝,多年积累的财富在战争中已消耗殆尽,农业被毁,政治上分为互相对立的两派。最糟糕的是"1813 年后的西班牙没有实现真正的和平"④。国王斐迪南德七世想医治战争的创伤,进行改革,而深层的问题是国王愿意给予的和西班牙人民想获得、国家所需要的存在着巨大的鸿沟。最迫切的问题是由于战争和欧洲的萧条使西班牙财政拮据。国王坚持要重新征服美洲恢复西班牙帝国。1820 年 1 月 1

　　①　C. K. Webster, The Foreign Policy of Castlereagh 1815—1822, London, Bell and Sons ltd. , 1925, p.164.

　　②　H. G. Schenk, The Aftermath of The Napoleonic Wars :the Concert of Europe — an Experiment , London,Kegan Paul, 1974, p.126.

　　③　〔英〕阿尔衣杰·塞西尔:《梅特涅》,上海人民出版社,1974 年,第 200 页。

　　④　Paul Schroeder, The Transformation of European Politics 1763 — 1848, Oxford, Clarendon Press,1994, p.607.

日,西班牙准备派往南美洲的一支远征军在西班牙的加迪斯港发动兵变。使革命获得力量的是"士兵厌恶乘船前往美洲",这种厌恶心情第一次引起士兵们对革命的直接兴趣。英国领事认为这次叛乱"将会自生自灭",它之所以取得成功,是因为政府软弱无力,未能集结力量去与之战斗。大多数民众对此漠不关心,认为是国王和军队之间的争论与己无关。到了3月份,起义者控制了政府,国王被迫满足他们的要求,宣布恢复激进的不现实的1812年宪法,把真正的权力移交给民选的议会。军方试图把资产阶级立宪体制强加给国王和一个缺乏富有的中产阶级的国家。[1]

西班牙的政治混乱没有引起大国冲突,仅仅反映了大国冲突。俄国驻马德里大使向沙皇汇报说,西班牙革命将很快蔓延到意大利和葡萄牙。沙皇非常关注西班牙问题,建议在革命席卷欧洲之前,由同盟采取集体行动帮助国王镇压革命。由于法国的地理位置和西法两国王室的家族关系,法国非常关心西班牙事态的发展。法国政府认为这是分化瓦解反法同盟的良机。尽管由于条约的束缚,法国无法恢复波旁王朝的家族公约,但它没有放弃在西欧恢复法国统治地位的目标。黎塞留政府寻求建立法国对西班牙的影响,宣称法国国王特别感兴趣西班牙国王的命运,建议法王致信西班牙国王,希望他选择立宪体制。英国担心法国趁机恢复在伊比利亚半岛的影响。作为西班牙盟友的英国决不允许法国作为同盟的代表镇压西班牙革命,在欧洲的授权下实现拿破仑未曾完成的目标。普鲁士倾向于支持俄国的建议,但它急于了解英国的态度。哈登堡致信卡斯尔雷,强调了西班牙革命可能对法国产生糟糕影响的危险。毫无疑问,革命震惊了梅特涅,但是在西班牙事件上,他遵循卡斯尔雷的领导。从一开始他就决心在采取行动前等待伦敦的消息,希望革命自生自灭。俄军假道奥地利去解救西班牙国王的这种举动是梅特涅最不愿意见到的。梅特涅担心俄国军队横穿欧洲的前景和法国恢复在半岛的统治地位。专注于德意志事务的梅特涅希望西班牙激进主义的表现会对俄法关系产生微妙的影响,他并不认为革

---

[1]　有关西班牙事件的详细过程,见 Frederick B. Artz, Reaction and Revolution 1814—1832,New York,Harper& Brothers,1934, pp.152—156.

命会传播开来。

英国政府密切观察着西班牙事件的发展。英国担心同盟镇压完西班牙革命后,会进一步援助西班牙国王镇压美洲起义。而美洲起义受到了英国的赞同甚至鼓励,传统的对西班牙的偏见增强了大众舆论对革命的同情,他们希望革命打破西班牙对美洲贸易的垄断。虽然英国政府渴望看到在西班牙一个温和的宪政体系的建立。英国表示严守中立,拒绝任何形式的干涉[①]行动。但如果西班牙国王的生命受到威胁或葡萄牙受到革命政权攻击,英国将保留采取行动的自由。在内阁讨论解决整个问题之前,卡斯尔雷拒绝承担义务,满足他们干涉的迫切要求。在与外国使节的会晤中,他毫不掩饰对西班牙局势的担忧,表达个人的观点,所有的外国干涉是危险的,甚至是不可能的。

在卡斯尔雷和威灵顿合作起草提交给内阁的备忘录中阐明了这个观点,送交内阁详审。威灵顿认为,西班牙革命本质是军事上的,军队在西班牙是唯一的权威。但外国列强的干涉是不必要的也是不可能的。因为"在欧洲没有一个国家比西班牙让干涉者可以获得更少的利益。没有一个国家像西班牙这样不喜欢甚至是憎恨外国人,并且人生观和生活习惯和欧洲其他国家没有一点志趣相投之处。傲慢与偏见的西班牙人……都倾向于夸大他们自己的实力并蔑视外国人"[②]。他还列举了入侵西班牙的战略上的困难来加强这个结论,特别是针对法国的军队,会非常不安全。他认为对西班牙来说,所有的外国人中最憎恨的是法国人。这个备忘录只简单地谈了军事方面的,没有讨论政治方面和盟国的责任。这个任务就自然落到卡斯尔雷身上。

由卡斯尔雷亲自起草的政府文件于 1820 年 5 月 5 日在议会表决

---

① 19 世纪初,政治家和外交家使用干涉以此来描述一国使用武力干涉他国的内部事务。传统观念认为,干涉是某种外部势力(集团)专断或强制性地介入一国或一个独立政治实体内部事务的行为。Hedley Bull, ed., Intervention in World Politics, Oxford, Clarendon Press,1984, p. 8. 和 R. J. Vincent, Nonintervention and International Order, Princeton University Press,1974, p. 13. 约翰·斯图亚特·穆勒提出了干涉的四个合法条件:自卫、继承、援助某个被侵略的国家、(被干涉国的)极端残暴。Michael Walzer, Just and Unjust War, Harmondsworth, Penguin,1977.

② C. K. Webster, The Foreign Policy of Castlereagh 1815—1822, London, Bell and Sons Ltd., 1925, p. 235.

通过。"该文件形成了卡斯尔雷余生甚至以后英国对外政策的基础。"①它直截了当地拒绝集体干涉,认为既没有直接的军事危险需要这么办,而且这也可能使西班牙人恼火。卡斯尔雷的态度是坚决的,作为西班牙十余年盟友的英国决不允许法国作为四国同盟的代表,打着欧洲授权的旗号干涉西班牙。而俄军跨越欧洲进入西班牙也是不能接受的。卡斯尔雷作出了强烈的回应,再次重申了同盟的原则和义务,同盟是针对法国的,"它是为了把欧陆大部分国家从法国的军事统治中解放而成立的。……但它从未以成为世界政府联盟或以监督他国内政为宗旨"。同盟的成立是为了对抗具有军事色彩的革命运动,"为了反对革命,同盟打算采取预防性措施,而不是反对遍及整个欧洲大陆的民主原则"。换句话说,卡斯尔雷认为,只有在革命势力发动了显而易见的侵略情况下,才会采取集体反击行动。他坚持认为任何国家都没有权力干涉另一个国家的内政,甚至反对民族主义和自由主义革命,除非这种革命具有非常明显的侵略性质。"通过武力对别国内政进行干涉的原则……一直是在道德上和政治上都可能非常微妙的问题……要概括这样的原则,想把它变成一种体制,或者将其强加为一种义务,都将是一种不切实际而令人反感的计划。"英国是代议制国家,它不赞成这种原则。"英国也许具有同其他国家一样使自己对付一种实际可见的危险的力量,它能够诉诸民族情感:——当欧洲的领土均势受到破坏时,它可以有效地进行干涉,但它是欧洲最不能加以期望,或者最不能冒险在任何具有抽象性质问题上承担义务的政府。……如果欧洲体制真正受到威胁的话,我们将坚守自己的岗位。但我们不能也决不会因为抽象的、冒险的预防性原则而采取行动。现在的这一同盟在当初组成时并未考虑到这样一种作用。如果有的话,议会根本不会同意。"②毫无疑问,卡斯尔雷坚信这样的话语,但他也要反击英国国内的强烈的政治趋势,这种趋势已不赞成英国对欧洲大陆事务继续保持高度的外交参与。但该文件坚持,只有限制使用的限度,欧洲合作才有效。因为面临

---

① John Clark, British Diplomacy and Foreign Policy 1782—1865,London, Unwin Hyman,1989,p. 157.

② A. W. Ward and G. P. Gooch,ed. , The Cambridge History of British Foreign Policy, London, Cambridge University Press,1923,Vol. Ⅱ , pp. 623—633.

巨大危险,盟国有共同利益能够共同行动,用武力支持的建议才不会受到轻视。

除非是首要的危险,西方宪政国家和东方专制国家在国内体制上的差异不可能采取共同行动。双方对危险性质的基本分歧没有改变,大陆政治家把社会动乱看作是首要威胁,试图作为一个国际问题来处理,"社会与国际变动是同一枚硬币的两面"①。但是卡斯尔雷仅承认采取公开侵略行动的政治威胁,甚至要限制英国承担大陆义务。

这种分歧更多的是由于两者之间历史的差异。英国已经成长为一个民族国家,自由主义与功利主义政治经济学密不可分,虽然偶尔也发生使用暴力攻击现有秩序的,但民族凝聚力超越了任何国内分歧。政府和改革者都认为这是内政问题。而在大陆,打着法国大革命旗帜的自由主义超越了对国家的政治忠诚。作为普遍性原则的运用,革命有重要的象征意义。但是对英国而言,革命只有实际意义。在大陆,只有通过推翻国际秩序,自由主义运动和民族主义运动才能实现自己的目的。镇压和改革都是外交政策急需处理的国际问题。在英国,寻求变革是国内问题,镇压和改革在国内政策的范畴内。当卡斯尔雷谈到首要危险时,他指的是实现普世性统治的企图,而大陆政治家把社会动乱看作是首要威胁。②

卡斯尔雷的文件没有公开寄送给四大盟国。其他一些国家也反对干涉。卡斯尔雷私下里警告梅特涅,他国管理西班牙内政的企图会导致法国的干涉。卡斯尔雷确信在半岛出现的法军比持续的西班牙叛乱对欧洲和平构成的危险更大。他相信革命会渐渐消失或通过达成协议解决。事实上,文件取得了成功。除俄国外,其他大国放弃了共同干涉。

然而,"一国的革命直接催生了另一国的革命"③。那不勒斯起义更大程度上是由于不喜欢外国势力超过了反抗国内暴政。虽然军人的

---

① F. R. Bridge, The Habsburg Monarchy among the Great Power, 1815—1918, Berg Publishers Limited, 1990, p. 29.

② Henry A. Kissinger, A World Restored, Gloucester, Mass. , 1973, p. 250.

③ Harold Nicolson, The Congress of Vienna, London, Constable Co Ltd, 1946, p. 155.

利益在 1815 年已得到保证,军队中的缪拉派军官憎恨在奥地利将军的手下服役,感到他们受到了不公正的歧视,难以晋级。这次革命被烧炭党人接了过来。他们迫使国王宣布忠于 1812 年的西班牙宪法。民族主义与自由主义运动首次汇合在一起。那不勒斯是意大利最大的城邦,通过条约与奥地利紧密联系在一起。那不勒斯革命对奥地利明显构成了威胁。如果革命在意大利南部取得成功,将会很快蔓延到意大利和德意志。如果在意大利和德意志诸国确立了宪政体制,将会危及由专制王朝统治的奥地利王国自身。"民族原则否定法治,挑战了哈布斯堡的生存。"①

伦敦的反应并未使梅特涅失望。坎宁等人立刻向奥地利大使表示那不勒斯革命远比西班牙严重。内阁对那不勒斯革命与西班牙革命持完全不同的看法。尽管 1820 年 5 月的国情咨文没有改变,"但两场革命的不同环境完全改变了它们的含义"②。新的革命远比西班牙革命更直接地威胁到其他意大利城邦。从英国政府的角度来说,奥地利为了保护本国领土安全而进行的行动,决不等同于亚历山大根据其所谓抽象的权力而到处进行的干涉。而且奥地利的干涉请求拥有法律基础,因为斐迪南德七世在宣誓实行新宪法的同时,也违背了其在 1816 年 6 月 12 日与奥地利签订的秘密协议,在这份协议中他承诺不允许在他的国家内发生任何违背古代君王统治体系,或者违背奥地利国王对于意大利属国的内部管理原则的变化。因此,如果奥地利认为适宜,那么它就有权进行干涉。英国政府将持中立态度,因为不论托利党内阁对西西里的波旁政权持什么态度,他们对于通过军事政变进行改革的做法肯定是毫不同情的。对于从英吉利海峡思考大陆事务的卡斯尔雷而言,解决办法显而易见。既然那不勒斯革命首先危及奥地利,应由奥地利负责镇压。如果军事干涉必要,应根据自卫权而不是普遍干涉权进行。他向奥地利大使表示这是摆在奥地利面前的微妙而光荣的任务,英国同意但不参加,他催促奥地利采取单边行动镇压那不勒斯起

---

　　① A. J. p. Taylor, The Habsburg Monarchy 1809—1918, The University of Chicago Press,1976, p. 35.

　　② C. K. Webster, The Foreign Policy of Castlereagh 1815—1822, London, Bell and Sons Ltd. , 1925, p. 262.

义,并讨论了入侵的可能性和取胜所使用的兵力。威灵顿更直接地表示,8 万奥地利军队足够取胜。但与此同时,卡斯尔雷向梅特涅明确表示,不要企望英国的援助甚至是公开赞同。卡斯尔雷表示英国反对使用四国同盟来镇压革命,根据他的观点,每个大国应根据其自身利益在自己的势力范围内采取行动。作为奥地利的选择,它可以自由处理意大利革命,但决不能成为干涉小国内部事务的普遍权利。卡斯尔雷知道内阁和议会都不会同意英国参加的同盟用于此种目的。如果英国继续作为同盟一员,必须限定同盟的范围。

　　法国采取了不同的立场。尽管奥地利声称他的目的是防御性的,事实是奥地利在那不勒斯的成功会更有利于奥地利扩大在意大利的影响。"同意奥地利有权不受拘束地处理意大利问题是令人厌倦的。"[①]为了阻止这种危险,法国提议集体干预。8 月 9 日,法国照会各大国,表示由于奥地利的地理位置使之最适于成为欧洲行动的代表,出于技术原因同意奥地利进行干涉。同时建议由于与那不勒斯波旁王朝的联系,法国深受那不勒斯的影响,提议召开国际会议。因为没有道德支持的物质力量仅能激起罪恶,这是一个不祥的警告。如果奥地利采取单边行动,意大利城邦会求助于传统的保护者法国。巴黎考虑如果集体干涉那不勒斯的宪政体制,法国会自动成为其保护国,动摇了奥地利在德意志和意大利的整个专制统治。此外,集体干涉会分化英奥关系,由法俄主导会议。此外,首相黎塞留担心如果法国无所作为而奥地利获胜,其内阁会岌岌可危。梅特涅尽力阻止法国的计划,建议在维也纳召开大使级会议,授权奥地利干涉那不勒斯革命。革命削弱了沙皇的自由主义情结,激发了他干涉的本能。鉴于事态的严重性,8 月 31 日,亚历山大建议依据亚琛会议的模式召开五大国会议。俄国把它看作一个扩大影响力的机会,因此俄国支持法国要求召开欧洲会议的建议。梅特涅努力劝阻沙皇或者使沙皇接受其他替代建议,但没有成功。

　　梅特涅有特别的理由来坚持认为,无论奥地利采取什么行动,至少应该得到同盟道义上的支持。意大利的自由主义骚动曾被俄国间谍煽动;那不勒斯的革命党人公开宣称他们得到了亚历山大大大帝的道义支

　　①　Alan Sked, Europe's Balance of Power, London, Macmillan, 1979, p. 41.

持;因此,在他看来,最为重要的是获得沙皇对于奥地利采取的任何行动的公开支持,从而清楚地表明,未来的革命散播者不会倚仗沙皇的支持。梅特涅担心俄法两国会趁机谋取自身利益,但大陆国家采取集体行动会导致英国撤出同盟,使奥地利只能依靠沙皇的意愿。因此,梅特涅决定暂时按兵不动,向意大利各宫廷发出照会,宣布如果必要时奥地利会采取武力保卫意大利的和平。托斯坎那大公否认需要奥地利的帮助,而教皇国国务大臣孔萨尔维表示奥地利不妥协会激起那不勒斯人的抵抗。再没有得到俄国的确切消息之前,梅特涅按兵不动。权衡利弊后,梅特涅向沙皇求助,希望亚历山大同意奥地利干涉意大利,这样可以隔离法国,保持与英国的公开联系,但没有成功。沙皇坚持"干涉必须是欧洲的而不是奥地利的"①。

此时,梅特涅向卡斯尔雷求助。希望英国不承认那不勒斯的新政府,想了解如果西西里宣布独立并向英国求助,英国如何应对。8月底,在与奥地利驻英国大使埃斯特哈赛亲王的谈话中,卡斯尔雷将英国能够接受的欧洲同盟的极限表述得十分清楚。他说:"如果希望同盟扩张并接纳任何现在和将来的、已知的和未知的对象,那将会使我们越走越远,我们也将会得到坚持我们既定路线的又一个理由,原因是存在一种风险:当我们还没有退出同盟之际,同盟就已经弃我们远去了。"② 9月6日,卡斯尔雷再次表示,依据国际法,奥地利可以合法地进行干涉。在与俄国大使的交谈中,卡斯尔雷重申英国同情同盟,但只能保持善意中立。"我们给了该事业更强的道义支持,革命只能被看作一个特殊而不是普遍的问题,是一个意大利而不是欧洲问题,因此是在奥地利而不是同盟范围内的问题。"③他答应奥地利大使不接受新任那不勒斯使节,拒绝来自西西里的所有请求。为了阻止法国抢先采取行动使局势复杂,英国加强了地中海舰队,给予梅特涅以道义上的支持。但英国仍

---

① C. K. Webster, The Foreign Policy of Castlereagh 1815—1822, London, Bell and Sons Ltd., 1925, p. 265.

② A. W. Ward and G. P. Gooch, ed., The Cambridge history of British Foreign Policy, London, Cambridge University Press,1923,Vol. Ⅱ, p. 37.

③ C. K. Webster, The Foreign Policy of Castlereagh 1815—1822, London, Bell and Sons Ltd., 1925, p. 271.

对各方表示严守中立,卡斯尔雷的行动立刻获得了国内的支持。

9 月 20 日,在与俄国大使列文的会面中,卡斯尔雷获悉沙皇考虑特洛波会议采取五国会议的形式。卡斯尔雷表示强烈抗议,反对采取亚琛会议的模式,并且讨论西班牙和葡萄牙革命。梅特涅承认从英国的角度来讲,卡斯尔雷的反对是正确的,但它们不适合奥地利。俄国断然拒绝了梅特涅的最后建议。此时,梅特涅甚至担心卡斯尔雷拒绝派英国大使仅作为观察员出席会议,表示尽力把英国参与程度降低到最低限度。英国国内的反对党要求政府解释那不勒斯问题,首相利物浦被迫表示决不对奥地利承担责任。9 月底,梅特涅向沙皇让步了。尽管卡斯尔雷反对五国会议,但与此同时,他并不想与同盟绝交。为了避免更糟糕的局面,卡斯尔雷允许他同父异母的兄弟斯图尔特爵士在严格限制下(无权行动,无权签订议定书)作为观察员与会。他的唯一任务是关注"由最近条约解决的欧洲领土体系的完整"①。卡斯尔雷避免了与同盟的公开决裂,但其政策明显与俄国、奥地利的要求相反。

这使得同盟内部观点的分歧公开化。9 月 22 日,卡斯尔雷向法国大使抱怨:"亚历山大皇帝想使所有问题成为同盟的问题。因此,五国将成为一个普遍的欧洲政府……在巴黎和亚琛决定了同盟的条款,该条款不能被扩大。把它们使用于所有的革命事件……违背了原则。那是沙皇设想的神圣同盟,我无法采纳。各国应努力避免产生争议性的原则,专注于特殊事件,否则英国将被迫从同盟撤出。"②

梅特涅获得同盟统一支持的希望破灭了。他只能在采取单边行动和屈从于俄法共同行动的要求中作出选择。如果法国公开反对奥地利对意大利的政策的话,法国会乘机恢复在意大利的影响;俄国的公开反对会鼓励各地的革命者。如果奥地利军集中在意大利,梅特涅担心庞大的俄军会出现在奥地利的北部边界。公开拒绝恐怕会导致俄法两国的合作。当奥地利与俄法发生冲突时,作为海洋大国的英国给予奥地利的帮助十分有限。由于托利党内阁深陷国王与王后的离婚案中,内

---

①　C. K. Webster, The Foreign Policy of Castlereagh 1815－1822, London, Bell and Sons Ltd., 1925, p. 278.

②　Alan Sked, Europe's Balance of Power, London, Macmillan, 1979, pp. 41－42.

阁很有可能倒台。在英国和急于镇压大陆革命的俄国之间,梅特涅选择了俄国,同意在特洛波召开五大国会议。

法国的态度发生了强烈转变,法国需要保持同东方三国的联系以维持法国在五头统治中的地位;另一方面也担心与东方三国的过度亲密会把欧洲自由保护者的桂冠拱手让与英国。法国在会议上只能作为俄国计划的支持者,而且会给国内自由主义者攻击政府的机会。由于极端保王派和内阁失和导致法国政府不稳定无所作为,首相或外交大臣不在巴黎并非明智之举。法国担心与神圣同盟在一起反对英国。而且,如果法国阻止奥地利镇压那不勒斯革命,不是法国,英国或许会在那不勒斯取得优势。此外,尽管卡斯尔雷不愿把英国与镇压革命联系在一起,但他会阻止他国阻挡奥地利的行动。所以,他明确向法国表示,英国不会支持法国企图恢复与那不勒斯波旁王朝的家族公约。法国失望地看到俄奥已走在了一起。遭到俄英拒绝后,法国放弃了在会议上作为宪政国家代言人的选择,为了掩饰失败,他们决定效仿英国仅派观察员与会,但同时命令其代表要获得俄国的支持,严格控制奥地利在意大利的干涉行动,并在那不勒斯建立宪政体制。

1820 年 10 月 20 日,在奥地利西里西亚的小城召开了特洛波会议。俄国和奥地利在会上有两点分歧:亚历山大希望不仅要处理那不勒斯问题,而且要处理普遍的革命问题,保证各国的王冠。梅特涅希望那不勒斯问题优先。其次,俄外交大臣希望依据法国的模式,各国君主施行温和的宪政改革。对于后一点,梅特涅认为与接受革命制度一样糟糕,决心一定要阻止它。卡波迪斯特里亚斯坚持要知道梅特涅的那不勒斯计划,梅特涅主要关切的是阻止俄国在奥地利和那不勒斯的革命体制之间进行任何调解。梅特涅很快说服沙皇放弃任何调解,因为这样只能鼓舞欧洲的革命。10 月 23 日,在第一次全体会议上梅特涅提出了奥地利的计划,既要满足沙皇寻求同盟团结的愿望,又不能迫使英国公开地进入孤立状态。梅特涅宣称除非他国内政在国外产生了影响,否则任何国家都无权干涉他国内部事务。但是,反之,当他国内部变化危及它自己的体制时,各国有权干涉。实质上,梅特涅要求欧洲同意不干涉原则,以此为名,他建议镇压那不勒斯革命。10 月 29 日,在第二次全体会议上,普鲁士完全赞同奥地利的建议。梅特涅坚持同盟的唯一任务是通过恢复国王的行动自由使之回到各国协调之中,任何进一步的干涉都会限制国王的主权并否定了干涉的目的。

在这个庄严的会议上,英国和法国的全权特使都没有出席。这种情况对梅特涅来说并非是令人不快的,因为英法两大宪政国家代表的身份较低,因此就有理由将他们排除在三国组成的核心会议之外。斯图尔特在所有这些争论中无足轻重,他完全接受了奥地利的保证,没有任何反对,同意把他完全从重要讨论中排除出去的建议。他似乎没有意识到这种体系把英国降低到二流国家的地位。

1820 年 11 月 14 日,俄国谢莫诺夫禁卫团兵变的消息传到特洛波,帮助了梅特涅。归根结底,这次事件不过是一次普通的哗变,其原因则是长官态度粗暴,甚为士兵憎恶。但是,该团是沙皇近卫部队中威名卓著的团队,而且反抗又发生在首都。沙皇感到震惊,认为所有革命是由法国思想激发,甚至由法国组织的。在亚历山大看来,十分明显的是一个巨大的国际组织正在把它的分支机构伸向欧洲各个角落。这个中央委员会理所当然的是在巴黎。梅特涅正是这样判断的,沙皇对此深信不疑。法国曾于 1789 年在本国推行变革,今天他们有意在全世界推广。这里面有政治因素,革命党人想要毁掉俄国的军队。这使得他更接近了梅特涅。沙皇向梅特涅表示:"你不明白为什么我已不再是过去的我,现在让我告诉你。从 1813 年到 1820 年,七年过去了,这七年对我来说无异是一个世纪。我在任何代价下,不会在 1820 年干我在1813 年干过的事。你没有变化,但我有。你没有什么要后悔的:我对自己却不能这么说。"[1]"告诉我你希望什么,你希望我做什么,我将照办。"[2]最终,俄方作出让步,原则上同意了梅特涅提出的折中计划。

11 月 19 日,梅特涅把已由东方三国代表签完字,涉及普遍革命和同盟有权用武力镇压革命的特洛波议定书交给英法两国代表,希望迫使两国代表接受既成事实。议定书宣布:任何革命使内部统治有了改变,这个政府就失去了欧洲联盟成员国的资格并被排除在同盟之外,直

---

① 〔美〕巴巴拉·杰拉维奇:《俄国外交政策的一世纪 1814—1914》,商务印书馆,1978年,第 42 页。

② Walter Alison Phillips, The Confederation of Europe, NewYork, Howard Fertig, Inc.,1966, p. 206.

至情势可以保障法律秩序和政治稳定为止;如果这种宪政改革被证明可能威胁邻国的安全,同盟各国可以采取步骤使之改正,回到同盟里来;首先可以通过交涉谈判,谈判无效,只有使用武力,对之施加惩戒。①

此时,西方代表突然发现他们面对着一个既成事实。斯图尔特拒绝签字。梅特涅徒劳地试图将这个声明的重要性降到最低,并向英国政府指出这个声明与英国政府的原则并不抵触,因为声明中没有表明在一国内政尚未引起外部影响时会采取集体干涉行动。但卡斯尔雷依然拒绝放弃自己的立场。在12月4日发给斯图尔特的一份紧急公文中,他重申了英国在那不勒斯问题上的中立立场,而且抗议"重新讨论建立一个针对领土和政治的共同保障体系,因为在亚琛会议的各方已经一致认为这个议题过于困难而不予讨论"。英国政府"劝说各国不要试图寻找任何抽象原则来干涉别国内政"。他认为:"法国革命因其压倒一切的特点成为一个例外,此种情况下采取的政策不能应用到所有的问题中。"②12月14日在给斯图尔特的公文中,卡斯尔雷再次重申了英国的观点:通过使用武力把某些国家驱逐出同盟并改变其体制违背了国际法和现有的条约。

这种抗议引发的结果是,那些在没有将这份协议给法国和英国代表过目时就已签字的专制国家撤回了签字,同时严肃声明这份文书只是一份草案,希望获得其他不赞成的盟国对于这些原则的遵守。但是这种希望也在12月16日卡斯尔雷给斯图尔特的紧急公文中被粉碎了,在这封紧急公文中,卡斯尔雷对于协议中的条款以及其深层次的原则都给予了毁灭性的评论。他否认"这份协议号召出来盟国的巨大力量"在和约中具有任何的基础。如果这样,是否建议要求所有其他国家加入,服从于同盟的管辖?如果有的国家拒绝加入同盟,其位置如何界定呢?这种建议中的体系会对政府和人民的关系、各国之间的关系产生灾难性的影响。协议中所宣称的权利,被假设是在协议各方之间互

---

① Walter Alison Phillips, The Confederation of Europe, NewYork, Howard Fertig, Inc.,1966, pp.208—209.

② A. W. Ward and G. P. Gooch,ed., The Cambridge History of British Foreign Policy, London, Cambridge University Press,1923,Vol. Ⅱ, p.38.

换的。那么,欧洲列强是否已经准备接受在必要情况下,各国互相敞开领土的原则呢? 就英国而言,任何一个建议国王批准这一原则的特使都可能被弹劾。国与国之间干涉的极端权利是基于自卫法则的,而决不应该成为"同盟的特性或书面的条款"。英国反对这份协议所基于的全部原则,也就是任何同盟干涉主权国家内政的权利;而且这种反对意见不会因为文书任何条款的修订而发生变化。因为,这种原则会立刻产生出一个欧洲共同政府,阻碍内部主权国家的所有正确的提议。尽管英国肯定各国有自卫的权利,但坚持英国"身为同盟成员之一,不会承担维持一支欧洲警察的道德责任"①。卡斯尔雷发现欧洲协调把岛国的不干涉观念与大陆的预防性政策混在了一起。但他仍希望耐心和友善使同盟回到战时的亲密关系上来,他不反对同盟的目的而是反对官方的公告。大陆国家把同盟看作是反对当前危险的武器,社会斗争压倒一切,而卡斯尔雷拒绝把社会斗争看作国际问题。卡斯尔雷无法阻止同盟把特洛波议定书传达给欧洲各国,文件甚至暗示英国也同意了这些论点。

为了便于与斐迪南德国王协商,1821 年 1 月 8 日会议在接近革命现场的奥属莱巴赫召开,所有的意大利王公出席。在接下来的会议中,他们再次提出了"亚历山大皇帝的全部关于共同保障的论点和在特洛波采取的措施"。斯图尔特在会议中提供了有关英国就此问题与同盟国具有不同立场的文件作为反对;当这些记录被证明无效以后,他在所有代表前宣读了卡斯尔雷谴责特洛波协议和明确英国态度的外交照会和紧急公文。这一声明引发了最大的不快,梅特涅甚至说,如果英国根本不参加会议会更好。对于其他各国十分清楚的一点是,如果他们没有说服英国加入,那么就得甩开英国采取行动。3 月 29 日,斯图尔特向卡斯尔雷汇报了会议闭幕的情况。奥地利获得了干涉那不勒斯的授权,而且随之产生的声明也是英国难以反对的。

斯图尔特在莱巴赫会议如同在特洛波会议上扮演了几乎同样的角色。但是随着英国议会期的临近和反对派猛烈抨击外部对独立国家的干涉,卡斯尔雷不能满意斯图尔特的无效抗议。为了回应特洛波宣言,

---

① 　Harold Nicolson, The Congress of Vienna ,London, Constable Co Ltd,1946, p. 271.

英国内阁在国内的强烈指责下决定公开提出抗议。1821年1月19日,发布同文照会再次阐述了英国的观点。该照会表明卡斯尔雷希望不至于在同盟中产生分裂。他承认奥地利有权在意大利采取行动,并重申同盟在"条约真正包括在内的各点"上完全协调一致,而且积极实施。但谴责同盟有权镇压各地的革命,普遍干涉权与英国的基本法律相对立。即使不存在这种对立,英国也不会成为其中一员,因为在缺乏仁慈的君主手中,它可能导致暴政。原则上,英国内阁不拒绝干涉,它经常认可基于自卫的干涉是必要的,但它不能基于普遍的干涉权。干涉是一种例外,决不能成为国际行动的规则。卡斯尔雷仍对同盟充满信心,强调英国注意到东方三国目的纯正,感情上的分歧不会影响同盟在其他问题上的团结与和谐。伦敦不是阻止他们采取行动,而是与之保持距离。卡斯尔雷表示,"只要他们提供合理的保证,确保他们的意图并不是直接指向扩张,颠覆由最近条约确立的欧洲领土体系"①,他就会在一旁观望,而不是妨碍这些同伴。

1821年1月21日,卡斯尔雷被迫公布了1820年5月的政府文件,产生了英国与神圣同盟的第一次公开分裂。然而,这种分歧更多的是具有意识形态色彩而不是实际意义。并且"意识形态的分歧……事实上被夸大了"②,两者之间并不存在铁幕。正如一位法国外交官注意到那样,英国和奥地利"就像大学里没有断交,相互间无话不谈的朋友"③。奥地利大使试图改变卡斯尔雷的观点,但卡斯尔雷只是反复表示:"你们本该做了再说。"④

同盟授权奥地利出兵干涉,8万奥军迅速占领了那不勒斯。当奥

---

① Norman Rich, Great Power Diplomacy, New York, McGraw—Hill, Inc., 1992, p. 38. 全文见 I. H. Vienner, ed., Great Britain:Foreign Policy and the Span of Empire 1689—1971, a Documentary History, NewYork, McGRAW Hill Book CO., 1972, Vol. I, pp. 253—255.

② Michael Sheehan, The Balance of Power:History and Theory, London, Routledge, 1996, p. 130.

③ F. R. Bridge,The Habsburg Monarchy among the Great Power,1815—1918,Berg Publishers Limited,1990, p. 29. 。

④ C. K. Webster, The Foreign Policy of Castlereagh 1815—1822, London, Bell and Sons Ltd., 1925, p. 302. 奥地利大使评论说:"卡斯尔雷有如热爱音乐者坐在教堂中,想鼓掌却不敢造次。"〔美〕亨利·基辛格:《大外交》,海南出版社,1998年,第60页。

地利逼近那不勒斯时，3 月 10 日，皮埃蒙特爆发了革命。一部分军队在桑托瑞将军的领导下要求国王颁布宪法，领导国家把意大利从奥地利的统治下解放出来。都灵政府立刻要求奥地利帮助，皮埃蒙特国王维克多·伊曼纽尔宣布退位让与其弟。梅特涅并不急于干涉皮埃蒙特，担心激起意大利和欧洲公众的敌视，会导致革命的进一步传播。俄国立刻表示了对奥地利的完全支持，法国保持沉默，忠于王室的皮埃蒙特军队在奥地利军队的支持下于 4 月初镇压了革命，但奥地利没有恢复 18 世纪末利用干涉兼并的他国领土。奥地利的干涉使它有限的财政资源更加紧张。罗思柴尔德家族贷款给奥地利，斐迪南德复辟后由他偿还。对所有大国而言，干涉是最后诸诉的政策。只有当他们控制和管理其卫星国内部事务的通常方式失败了，大国才使用武力。"干涉是大国和小国政府对失控的政治危机做出的反应"[①]，干涉是这些国家为其大国地位付出的代价。

尽管莱巴赫会议削弱了英国对同盟的领导，但奥地利对意大利的干涉加强了其对半岛的控制。而这是英国一直期望的目标，英国的威望而不是利益受到了不利的影响。

---

① Alan Sked, Europe's Balance of Power, London, Macmillan, 1979, p. 59.

# 第5章　东方问题

## 5.1　希腊起义

　　莱巴赫会议结束前,希腊人起义的消息传来。希腊革命是"一件全欧意义的事件"[①],"在道义和现实上产生了完全不同于近期中欧事件的问题"[②]。奥斯曼帝国与欧洲宗教信仰截然不同,也不是神圣同盟的一员。对俄国而言,干涉巴尔干无疑有利可图。奥斯曼帝国和其统治下基督教人民的命运长期萦绕在亚历山大皇帝的脑海中。1804年,他就向皮特表达了对被奥斯曼帝国统治的民族的同情,并提议俄国和英国应该提前协调行动以应对奥斯曼帝国的解体。但是,《提尔西特和约》改变了他的观点,和约规定俄军可以在多瑙河两公国自由行动。1812年拿破仑的侵俄战争迫使沙皇与苏丹签订了《布加勒斯特条约》。根据条约的相关条款,雅西和布加勒斯特的官员由苏丹政府任命但必须经俄方同意,并从希腊贵族中选拔。该条约不仅确保了俄国从黑海到高加索南部的地位,更是将俄国在欧洲的边境推进到同土耳其接壤

---

　　① 〔美〕巴巴拉·杰拉维奇:《俄国外交政策的一世纪 1814—1914》,商务印书馆,1978年,第54页。

　　② Henry A. Kissinger, A World Restored, Gloucester, Mass. ,1973, p. 286.

的普鲁特河,并且俄国宣布拥有特殊权利保护自治的巴尔干半岛各国。拿破仑战争结束后,亚历山大在维也纳表示,同盟应该确保土耳其的领土完整。但土耳其苏丹拒绝谈判,其理由是一个疆域没有确定的国家保持领土完整明显是不可能的。[①]

形势激化的东方问题的突然出现,对于欧洲协调的和谐是一个严重的威胁。1821 年 3 月 6 日,曾在俄军中服役深受亚历山大喜爱的希腊军官易普息兰梯斯率领一小部分军队跨过普鲁特河进入摩尔达维亚,希望在多瑙河两公国领导大规模的起义,反对土耳其的统治。他勇敢地宣称有一个大国准备支持他,这一声明是一个谎言,整个愚蠢悲剧式的冒险行为的特征就是虚张声势。并且以基督教的名义向沙皇求援。但是,对于英国和奥地利来说,保持土耳其的领土完整是其首要的政治信念。在两国看来,起义的消息能够在莱巴赫传给亚历山大是万幸的,梅特涅可以竭力运用新获得的影响力来劝说他用“欧洲”的视角来看待问题。

沙皇的理想主义将他带到了一个非常尴尬的处境。沙皇亚历山大一世最不欢迎新的东方危机,他面临着困难和尴尬的选择。从 1696 年彼得大帝占领亚速港起,俄国有以牺牲土耳其帝国向南方进行领土扩张的传统。1774 年的俄土战争中,叶卡捷琳娜二世大获全胜,在黑海获得了一个永久的出口。1784 年,克里米亚成为了俄国的领土。1792 年扩大了在黑海的据点。19 世纪初,俄国的边境已推进到高加索地区。最终,在 1812 年,亚历山大一世获得了比萨拉比亚的大部分领土,西南边境已远至普鲁特。因此到 1821 年,俄土之间的敌对有根深蒂固的传统。在君士坦丁堡,不断扩张的北方邻国被看作是所有对土耳其权势结构最大的威胁。对俄国来说,新获得地区的经济价值迅速增长。此外,对巴尔干地区的东正教徒的感情也日益深厚,一切有头脑的人都为这场圣战所激动。沙皇作为基督教信仰的捍卫者,能听任东正教的兄弟被打败吗?亚历山大进退两难:从宗教与感情出发,他应当帮助希腊人;但是,他既憎恶一切起义,就必然会反对起来反抗土耳其主人的

---

① Walter Alison Phillips, The Confederation of Europe, New York, Howard Fertig, Inc. ,1966, p. 220.

希腊人。可是这一次,副外交大臣卡波迪斯特里亚却坚持请求出兵援助希腊革命者。作为一个希腊人,他觉得要求沙皇对土耳其采取强有力的行动,一则可以报效祖国,二则可以维护俄罗斯的光荣伟大。沙皇家族的所有传统都会让他成为希腊东正教徒的保护者来反抗压迫他们的伊斯兰异教徒,顺便将神圣俄国的边境以消灭异教徒为借口向南方推进。对于大臣的好战建议,亚历山大一口拒绝。他深知,倘若俄土发生冲突,他将不能指望盟国给予支持。

土耳其不是维也纳条约和神圣同盟的缔约国,因此无法得到同盟的保护。俄国是否要在巴尔干扮演奥地利在中欧那不勒斯的角色呢?梅特涅决不允许这种情景出现。奥地利虽然在中欧事务中是俄国的盟友,但是在奥斯曼帝国问题上,却常常与俄国格格不入。首先哈布斯堡帝国出于纯粹军事和战略上的考虑,不可能允许俄国在它的南翼尽量发展势力。此外,它本身包含许多斯拉夫人民,因此不希望看到,在相邻的帝国内爆发大规模的解放运动,因为这可能影响它本国的国民。这样,俄国在土耳其势力范围的任何重大发展,它在民族解放的旗号下鼓动巴尔干基督徒起来造反的任何企图,都必然遭到奥地利的反对。但奥地利在意大利和德意志保持势力,又需要俄国的支持,因而它的立场十分复杂。它不愿在巴尔干让步,以换取俄国在中欧对它的支持。奥斯曼局势的变化又能产生持久的混乱,所以,奥地利一般是主张维持现状和强调正统的。早在1808年,它就宣布维持奥斯曼帝国的完整是奥地利利益所在,确保奥地利南部边境的安全。但阻止俄国袭击土耳其不像希望的那样简单。奥地利的主要力量在意大利,他与拥兵百万的俄国开战无论如何是无法想象的。梅特涅设法使沙皇相信,这次造反正是欧洲革命精神的再一次表现。易普息兰梯斯与意大利烧炭党人有着某种联系,而希腊起义一旦成功,势将引起邻国骚乱。[1] 这是革命者的阴谋,想要俄国退出西方完全关注东方,离间奥俄两国的君主。对于梅特涅的教海,沙皇洗耳恭听。他告诉梅特涅,多瑙河革命是一场新灾难,企图毁灭神圣同盟宣布的基督教原则。并且声称:"如果我们用

---

[1] 见 Alan Palmer , The Chancelleries of Europe, London, George Allen & Unwin, 1983, p. 34.

战争来回答土耳其人,设在巴黎的领导委员会就会胜利,各国政府都将会被推翻。"他在写给大臣戈里岑的信中又说:"毫无疑问,这一起义运动也是由巴黎的中央委员会直接策动的,其目的在于支援那不勒斯,牵制我们,阻止我们摧毁撒旦的犹太教分支,这些教派纯粹是为了宣传和散布其反基督教的理论而建立起来的。"①沙皇向奥地利保证俄国决不会在东南欧单独采取行动。"友谊提供了力量无法提供的镣铐"②,亚历山大通知奥斯曼帝国政府,他个人反对一切颠覆活动,只希望恪守两国间签订的条约。易普息兰梯斯遭到公开谴责并被革除俄军军籍,在这种情况下,土耳其人很容易地镇压了起义。6月初,易普息兰梯斯战败逃入奥地利境内,被捕入狱。③

　　然而,革命逐渐发展成为燎原之势。3月底,希腊人再次在摩里亚举行起义,不到三个月就把土耳其人赶出了伯罗奔尼撒半岛,到年底起义者几乎控制了整个摩里亚地区,长达 10 年的希腊独立战争开始了。东方问题的发展进入了一个新阶段,东方问题成为欧洲外交的中心问题。

　　在苏丹的欧洲属国中,希腊占有有力的地位,它是巴尔干的文化和经济中心。土耳其海军主要由希腊人组成,多瑙河两公国的大公出身于希腊贵族。因此,希腊起义是对奥斯曼帝国结构的道义攻击。起义一旦成功,苏丹将失去对爱琴海的控制权,更无法保有更边远的省份。土耳其对摩里亚的陷落痛心疾首,更对希腊人向同教教友呼吁援助而愤怒。土耳其苏丹报以残酷的镇压,境内的希腊人惨遭杀害。土耳其政府还打击来往于俄国南部沿海的悬挂俄国旗帜的希腊商船,造成俄国黑海贸易的损失。土耳其违反俄土条约,把军队开进多瑙河两公国。1821 年复活节之夜,东正教君士坦丁堡教区总主教格里高利三世和其他几位主教被吊死在教堂门口。"俄国感到挑战了它作为东正教保护者的地位,不能漠视他们的命运,这与帝国反对土耳其和俄国接近地中

　　① 〔法〕亨利·特罗亚:《神秘沙皇——亚历山大一世》,世界知识出版社,1984 年,第297 页。

　　② Henry A. Kissinger, A World Restored, Gloucester, Mass. ,1973, p. 288.

　　③ M. S. Anderson, The Eastern Question 1774－1923, London, Macmillan Press Ltd, 1974. p. 52.

海的复杂问题联系在一起。"①俄土冲突真的似乎只是一个时间问题。
面对公众的压力,甚至抱有和平目的的沙皇也使用了不祥的词句,"俄
国的耐心是有限度的"②。俄国采取行动的时刻似乎到来了。作为彼
得大帝的后裔,开疆拓土自不待言,作为土耳其境内东正教徒的保护
者,在希腊人的请求下进行干涉本来也似乎名正言顺,甚至根据条约义
务,袖手旁观还有损俄国的荣誉。幸运的是,亚历山大还在奥地利逗
留。梅特涅竭力向沙皇表明,俄国在欧洲的基本利益是镇压革命,而不
是报复土耳其帝国的残暴。任何援助希腊革命者的企图将给欧洲带来
无法挽回的灾难。"我们必须与之战斗的邪恶在欧洲而不是土耳其。"③
同样是为了展示同盟的团结,现在要求俄国不要干涉土耳其。在这种
氛围下,已经变得保守的沙皇对土耳其人的屠杀持克制态度。

## 5.2　近东危机的升级与卡斯尔雷的东方政策

　　6月,摆脱了梅特涅影响的沙皇回到圣彼得堡便处在国内主战势
力的强大影响之下。此时,普鲁士大臣安其隆的备忘录也否认奥斯曼
帝国是合法政府,建议授权俄国作为神圣同盟的代表恢复秩序。沙皇
进退两难。他既想要维持与梅特涅的友谊,又不想招致国内对他的批
评;他希望同盟保持团结,但也希望作为希腊东正教的救世主出现。亚
历山大坚决声明忠于莱巴赫精神,但同时也询问奥地利面对土耳其的
暴动,欧洲是否希望他准备行动。他一面控诉大屠杀行动,又向梅特涅
保证他要同盟一起行动,但事态的发展证明战争似乎是不可避免的。
俄国驻土耳其大使态度强硬,而土耳其对待他更傲慢无理。1821年7
月,俄国要求凡被破坏的教堂要立刻重建,以恢复东正教徒进行正常活
动;东正教徒原享有的特权不被剥夺;撤出开进多瑙河两公国的土耳其

---

　　① R. W. Seton—Watson, Britain in Europe 1789—1914,Cambridge University Press,
1937, p. 61

　　② Harold Nicolson , The Congress of Vienna ,London, Constable Co Ltd, 1946,
p. 271.

　　③ Henry A. Kissinger, A World Restored,Gloucester,Mass. ,1973, p. 293.

军队,承认俄军在两公国有自由活动的权利。[①] 土耳其如果拒绝的话,
俄国将与基督教国家共同保护同教教友。限土耳其 8 日内答复。暴怒
的苏丹拒绝考虑俄国的要求。7 月 27 日,俄国大使离开君士坦丁堡,
中断了两国关系,俄土战争大有一触即发之势。

　　希腊事件产生了双重效果,奥地利和英国再次走到一起,因为这两
个国家对于阻止土耳其帝国的崩溃最为关注;同时也偶然地维系了盟
国之间已经松散的纽带,因为两国都认识到这是避免俄国单独行动的
最好办法。在此基础上,卡斯尔雷重新加入了同盟,似乎他从未真正离
开过。这并不是一个因安全地置身事外而采取一个自以为是的漠然政
策的时刻。所有的大国各有各的切身利益和历史传统。英国失去北美
的殖民地后,印度在大英帝国的体系中占有首要地位。东地中海是通
向印度的必经之路,也是通往远东的商业要道,在这里俄国是主要的威
胁。同时,俄国还可以从阿富汗和波斯威胁英国这个富庶的殖民地的
后门。因此,英国对于俄国在黑海的海军建设,以及土耳其海峡的地位
问题,始终是特别敏感的。它不希望在这个地区建立的体制允许俄国
军舰自由出入地中海,以至威胁它的航运,同时又阻碍英国舰队进入黑
海。"英国是不能同意俄国……占领这两个海峡,无论在贸易和政治方
面,对英国实力都是一个沉重的打击,甚至是致命的打击。"[②]它最大的
忧虑是,土耳其帝国由于军事上的软弱,以及圣彼得堡对东正教徒提出
的权利要求,会整个落到俄国手里。出于这种严重的忧虑,英国往往认
为,在任何情况下俄国的政策都是指向这个目标,而且在它看来,俄国
的行动都有侵略意图,哪怕事实上并不尽然。奥斯曼帝国的毁灭可能
导致对地中海和几乎肯定也对近东的控制权的丧失。第一次某一争端
会给英国和奥地利造成同样的威胁。

　　事实上,卡斯尔雷怀疑梅特涅同沙皇俄国联合在一起瓜分了奥斯
曼帝国。[③] 因此,他在 6 月对梅特涅提出在君士坦丁堡采取联合行动
的请求无动于衷。但是,在 7 月 16 日,卡斯尔雷没有同梅特涅做任何

---

　　① 　J. A. Marriot, The Eastern Question,Oxford University Press,1917,p.206.

　　② 　《马克思恩格斯全集》,人民出版社,1961 年,第 35 页。

　　③ 　C. K. Webster, The Foreign Policy of Castlereagh 1815—1822, London, Bell and
Sons Ltd. , 1925, p. 361.

预先安排,单独向沙皇俄国主动表明英国基本的利益之所在,表明他同样可以甚至用最宽泛的解释诉诸同盟。卡斯尔雷在写给亚历山大的一封私人信件中表现出少有的雄辩。卡斯尔雷给亚历山大写信的借口是3年前亚历山大在亚琛会议结束时给予卡斯尔雷的权利。他可以在压倒一切的危机时刻应毫不犹豫地直接向沙皇求助。这封信开头间接地提到沙皇的国内困境,同时也肯定了英国与俄国的联盟关系以及神圣同盟的领导权,称其只是最近才受到令人担忧的限制。卡斯尔雷毫不犹豫地写信给亚历山大肯定道:"无论陛下的神圣帝国受到……国内因素以及贵国人民特殊情绪的何等影响,我私下都坚信陛下对于复杂邪恶势力的态度将同英国政府的态度不谋而合。我无比乐观地怀有坚定信念认为陛下的神圣帝国能够战胜每一个国内阻碍……同样也可以赢得对其他可预见的阻碍的胜利。这些都证明了陛下神圣不可侵犯地维护由最近的和平条约所构筑的欧洲体系的决心。"①卡斯尔雷否认希腊叛乱是一个独立的现象,而认为"希腊人正在形成一种有组织的叛乱精神的支派,这种精神在欧洲不断地被宣传着,并且在一切由于某种原因而放松了统治的地方爆发着"②。

　　卡斯尔雷并不否认土耳其人所犯的暴行"骇人听闻"。但是,他像梅特涅一样坚持认为较之人道的考虑,维护欧洲"神圣的完整结构"更为重要,而这一结构禁不起任何激进的改革。因此,他求助于亚历山大"骄傲地表明陛下神圣帝国的原则以示后代……在这个半开化的国家……通过行使崇高的宗教敬意……对陛下神圣帝国一直强有力支持树立的体系的敬意……在如此挑衅下就足够充分了"。这封信结尾声明最近在同盟内部出现的分歧只是共同目标下的不值得一提的争论,英国同沙皇的联系仍然丝毫未减弱:"我确信……每个国家……会坚持其特殊的行动习惯,但却将会毫不动摇地履行同盟的基本义务。我确信现在的欧洲体系……将会很长期保证欧洲稳定和安宁。"③现在英国的利益受到威胁了,卡斯尔雷无法再认为危险未必是明摆着的,他只能在

　　①　Henry A. Kissinger, A World Restored, Gloucester, Mass. ,1973, pp. 294—295.

　　②　〔苏〕B. Д. 波将金等编:《外交史》第一卷(下),三联书店,1979年,第671页。

　　③　C. K. Webster, The Foreign Policy of Castlereagh 1815—1822, London, Bell and Sons Ltd. , 1925, pp. 361—362.

去年作好准备承认同盟可以作出各种解释。

尽管亚历山大对卡斯尔雷的信件的第一反应并不令人高兴,但是他还是不能抵抗的住两个强大同盟的夹击。他努力了近十年而未能获得表示感激的欧洲国家的赞许,现在只要他开口就能得到了。第一次没有任何琐碎的意见来限制其原则的普遍应用,如果对他的理想的呼吁上升为提倡不受约束的自制,这样的辩护尽管是来晚了仍然也还是决定性的。同时,梅特涅也已经促使普鲁士外交大臣宣布安其隆的备忘录是他的"个人意见",于是所有宣告的友谊也几乎不能掩盖俄国再次被孤立的事实。所有这一切共同使亚历山大退却了。在 8 月初卡波迪斯特里亚劝说亚历山大在巴尔干发动一场战争来恢复其原先和盟国的团结,亚历山大用梅特涅的语言回复道:"如果我们用战争来解决土耳其问题,巴黎革命委员会会胜利,而且没有政府会继续存在了。"①他也禁止卡波迪斯特里亚暗示不久俄国会派遣部队参与战争。8 月 29日,亚历山大以模棱两可的态度回复了卡斯尔雷:"我会尽最大限度容忍。"②

尽管在防止战争很快爆发上取得了很大的进展,但是那些造成局势紧张的因素仍然存在。希腊叛乱双方持续上演着数不清的暴行。卡波迪斯特里亚仍然是俄国的大臣,几乎所有的俄国外交官都支持他的请求,迫切要求采取决定性行动。亚历山大用令人迷糊、模棱两可的态度作为搪塞:每次安抚行为和有战争迹象的声明并存。因此,亚历山大作出的决定给了卡斯尔雷和梅特涅一个喘息的机会,但是没有再多的了。亚历山大告诉英国大使,他们竭力避免战争爆发的灾难,但是盟国若能考虑在他不得不发动战争时采取什么行动也许比较明智。梅特涅的解决方案是诉诸他的老的应急措施:维也纳大使会议。他认为该会议对亚历山大来说是一个团结的象征,梅特涅也有机会阻挠俄国的野心。但是卡斯尔雷担心梅特涅也许表现得太随和了,他认为这一问题在任何情况下都太复杂了而不能委托给大使们解决。两国都认识到联合行动是避免俄国单独行动的最好办法。梅特涅接着就提议同卡斯尔

---

① Alan Sked, Europe's Balance of Power, London, Macmillan, 1979. p. 46.

② Henry A. Kissinger, A World Restored, Gloucester, Mass. , 1973, p. 296.

雷举行私人会晤,将英国国王即将访问其在汉诺威的领地当作借口。

当梅特涅向英国驻维也纳的临时代办戈登提出这一建议时,戈登很冷漠地对待。戈登仍然沉浸在去年卡斯尔雷谨慎的漠然政策之中,而且坚持认为单独的谈判会导致其他方错误的理解和嫉妒甚至恶意的报道。但是他落后于时事变迁,他对同盟的看法仍然停留在处理与英国利益没有直接联系的特洛波和莱巴赫或是法国被认为是唯一威胁的亚琛问题上。但是土耳其的情况不同,卡斯尔雷就理论和实际间的差异作了一番解析:"土耳其问题完全另当别论,在英国我们认为它涉及非理论而是实质上的考虑……"①

乔治四世将梅特涅看作是谨慎、对欧洲有正义感的人。两人的第一次会晤的谈话内容中涉及大不列颠的国内事务远远要多于关于希腊叛乱的讨论。国王下决心逼迫利物浦辞职,并向"革命医生"寻求如何最好达成此目的并将骚乱降到最低程度的建议。对梅特涅来说,尽管他不喜欢利物浦,但是他还是要确保政府的更替不会导致卡斯尔雷辞职。因此他试图劝说卡斯尔雷策划利物浦辞职并自己重新组建新内阁。卡斯尔雷答应了,但是提出利物浦主动辞职的条件,否则他也甩手不干。

当卡斯尔雷和梅特涅最终转到希腊革命的讨论上来时,他们达成了实质性的一致。梅特涅在一份机密的备忘录上明确了奥地利的态度。奥地利的目标是在现有条约的基础上维持和平,因此,奥地利会继续迫使土耳其帝国在布加勒斯特条约同俄国有争议的要点让步并妥协。在另一方面,奥地利拒绝考虑战争问题。梅特涅写道:"俄国方面有明确的承诺,在任何情况下,亚历山大皇帝都不会背离联盟的保守原则。奥地利皇帝受其威严的同盟国之邀并与之达成一致意见,将这份声明作为其信誉保证。我们相信正视这一基础的事实存在充分符合各国总体和特殊的利益。"②并声称奥地利和英国在君士坦丁堡的代表应当努力促使土耳其宫廷作出让步以排除所有战争发生的可能。卡斯尔

---

① 〔美〕亨利·基辛格:《大外交》,海南出版社,1998年,第69页。

② Walter Alison Phillips, The Confederation of Europe, New York, Howard Fertig, Inc., 1966, p. 225.

雷同意其看法，"正告俄罗斯破坏和平将招致危险的后果"，两人达成一致意见决定共同协调努力维护和平、避免俄国要求英国和奥地利明确若战争爆发时的明确态度，以及给奥地利和英国驻俄国大使下达相同的训令。但是每位大使要衡量特殊情况灵活辩解，从而避免表现出奥地利和英国已达成一致反对俄国的迹象。

汉诺威会晤后，卡斯尔雷通过英国驻俄大使巴戈特进一步表明了他的立场。他并没有从盟国的崇高原则出发，而是试图通过表明沙皇鲁莽行动的"不合理性"来说服他。卡斯尔雷并没有利用亚历山大的道德准则来为自己辩解，而是全盘否认了这些准则的可适用性。他认为这次严峻的危机"不仅仅涉及当前欧洲形势的稳定性，还涉及联盟的道义及和谐"，"对于同盟，我们一直怀着真实及慷慨的精神，事实上只有将这条作为规则，才能作出决定"。

遵照在汉诺威所达成的一致意见，卡斯尔雷拒绝回答俄国寻求战争爆发时英国的态度的问题，因为"没有哪个国家能够预测其在如此不祥的争斗中的态度"。甚至如果战争已不可避免，他也不同意其目标是"通过一个亚历山大皇帝强烈谴责的叛乱体系"建立一个希腊国家。卡斯尔雷补充如果俄国大臣建议推行这样的计划，不管其以多么清楚、可理解的方式阐明，都不要期望会从盟国那里获得任何支持；相反，盟国会抗议、反对。在承认土耳其人犯下暴行的同时，他转向考虑这个问题的道德层面。他的语言清晰易懂，完全将他大概的一个态度展现了出来。卡斯尔雷专门讲述了情感和政治才能之间的关系，"对于有良知的及慷慨的人来说，对于沙皇也是这样，实际上当任何善于思考的观察者考虑欧洲土耳其内部情况时，每个人都会有这样的第一印象：这样的一种局面持续存在下去合适吗？土耳其统治者是否应该永远控制住人民的疾苦，禁锢基督教；那些官员赞赏我们教育出来的人才，他们以及他们的后代应该有这样的命运吗？在这个美好的国家在接下来的日子里，远离苦难，即使这些苦难正随着情势的转变，逐步好转"。

"感觉不到这种迫切的要求是不可能；如果允许一个政治家可以按照他内心的意愿及是非准则去行事，而不是按照他对命令指示的理解行事的话，我的确看不出如果给他这样的权利来处理重大事件，其行事会不会有分寸。但是，我们必须时刻铭记其庄严的职责是致力于维护人民的利益、提供和平与保障；铭记不能冒险努力而危及到这一代人的命运，他们正在很大程度上改善自己的未来。所以，我不能任凭我的感觉、我心里的责任感去实施方案计划，将希腊人民的地位重新在这些国家定位，这样的举动不仅在土耳其，也在欧洲可能导致这些国家毁灭性的混乱及不和。假设土耳其人奇迹般地妥协放弃（将他们驱逐会造成灾难及血的代价，所以这点不在我的考虑范围之内），我也绝不会相信希腊人民像现在这种状态维持一年之后会靠他们现有的资源，建立一个没有那么不堪的政府体制，无论是对内还是对外，特别是这个问题又涉及到沙俄，还不如现在这样的无政府状态好。因此，我不能冲动，也不能任凭莽撞的人道主义和修正主义左右，忘记现有条约的束缚，进而危及到已经建立的长期关系，这样的话就有助于希腊叛乱者的造反活动。一旦时机成熟，通过战争叛乱活动可能会导致政权形成，但同时也使欧洲热忱的冒险主义者和政治狂热分子有可乘之机，不仅会危害到他们自己，还危害到我们焦急关注已久的与同盟国最新达成的协定。"他还补充说，希腊人民因此只能"等待时间和上帝的抉择"来实现"那些静静发生的，但必定要起作用的进步"，然而起义暴乱可能会使这样的进步倒退很多年。①

然后，他转向更现实的问题。卡斯尔雷不同意英国政府可能是由于嫉妒沙俄的经济实力而行事的这种看法。他写道："我们自身的经济繁荣必须和其他国家和地区的繁荣富强紧密相连，如果土耳其政府真的对沙俄的产品采取不适当的抑制政策，他们就在一定程度上剥夺了我们享受更广泛更优惠产品的权利。"

最后，他审视了俄国拥有的大家公认的权利，这些权利来源于他所签订的条约，作出的保证希腊人安全的承诺。他大胆地反对沙皇在最后一封信中的断言，称土耳其帝国不在维也纳条约之内。卡斯尔雷提到，"当我们将包括土耳其在内的欧洲现有体系置于长远考虑及全体协约国谨慎保护之下"，他说，"土耳其帝国的性质已经被大家所了解"。当然，这是条约内容延伸出来的义务，但是是以卡斯尔雷反对的方式；

---

① C. K. Webster, The Foreign Policy of Castlereagh 1815—1822, London, Bell and Sons Ltd., 1925, pp, 376—377.

然而他用他的论证来说明,俄国不能以它的权利为借口去颠覆欧洲的土耳其帝国,即俄国不得用战争来主张他们的权利。相反,如果俄国欲主张其权利,就必然收到程度最大的束缚。

卡斯尔雷提出的观点是基于俄国利益的考虑,其中所包含的困难他也充分意识到了,他甚至承认战争也可能是必要的。但是,他没有承认土耳其帝国是可以颠覆的,正如他在紧急公文结尾处的警告:"虽然沙俄政府和人民起初将这种极端的做法当作补救的措施,但是在英国内阁看来坚决不是解决问题的办法,会直接导致不可估量的恶劣后果,这样的后果比他们本性之中蕴含的,他们思想中掺杂的需要祛除的弊病更为恶劣。沙俄皇室的统治,以及整个文明世界都将处于最恐怖的危险之中。"

梅特涅则以较缓和的语气向亚历山大表示了同样的态度,同时,英奥还向苏丹施加压力,以接受俄国的要求。英奥的行动得到了普鲁士和法国的支持。沙皇必然清楚,如果他一意孤行,他将在欧洲孤立无援,更糟的是,有可能独立去对抗叛乱分子。

在欧洲列强联合抵制开衅的情况下,通过英奥两国外交官在圣彼得堡和君士坦丁堡的紧张活动,沙皇同意派遣塔提契夫出席于 1822 年 3 月在维也纳召开的大使级会议。在谈判中,梅特涅表示一定要迫使土耳其政府履行实际上的和道义上的责任,也就是说,保证俄国的条约权利和他的基督教臣民的固有权利。如果土耳其不妥协的话,奥地利将与之断绝外交关系,但前提条件是盟国必须采取一致行动。同时,梅特涅建议依据亚琛会议的方式,9 月在维也纳召开峰会。

不管卡斯尔雷个人对梅特涅熟练的利用同盟有多么强烈的共鸣,英国国内政治体制阻碍了他太直接地投身于此。尽管此时是自亚琛会议以来同盟第一次和英国有同样的目标,卡斯尔雷还是不得不忍痛将其政策解释为英国的而非欧洲的行动。"我开始预见危机就要到来……"他在 4 月 30 日写信给梅特涅谈到:"这一危机可能会迫使奥地利和英国在追求他们共同目标的道路上采取略有差异的态度以求同两国各自政府的性质和资源相吻合,就像两国在莱巴赫所做的那样。土耳其问题的特殊性质……使我们更多地动用了我们的权责,但是当需要决定的最终问题出现时,我们必须采取一个政策……该政策……不会把我们太牵扯进来以至需要……将整个谈判提交议会。"①

梅特涅在他的回复中承认了这一点。他认为即便两国在追求各自目标时会经常选择不同的道路,两国利益的一致性仍然是政策制定的一条基本原则。尽管梅特涅很精明,但他对卡斯尔雷为英国是否参加会议而犹豫的反应表明,梅特涅还是没能理解英国国内局势的根本情况:也就是英国参加任何欧洲会议都变的越来越难得到合法化的认同这一情况。所以他认为卡斯尔雷是因为担心会议的结果而不情愿参加,因此他试图通过说明该会议可以让沙皇更不能轻易地说出致命性的两个字"战争"来让卡斯尔雷放心。梅特涅补充道:"在比赛的这一方,我们是两个人,我并没有看到俄国内阁在 1821 年获得了胜利。那天我会看到亚历山大皇帝接受我们的主张。对于我个人来说,我预感在 1822 年事情会像在 1821 年的那样发展;也就是说一切都会顺利。"②

普奥两国要求沙皇维护同盟团结,牺牲在近东地区的利益,这给沙皇留下深刻印象。他的态度显示了真正理想主义的要素,一种真正的欧洲责任感,为了满足责任感愿意作出牺牲。对亚历山大而言,"意识形态的忠诚比物质利益更重要"③。毫无疑问,其他国家的态度束缚了他的手脚,但这仅仅因为在最后的决策中,他愿意被束缚。亚历山大更感兴趣个人的威望和作为欧洲伟大的基督教和平缔造者的形象,而不是从事巨大的冒险。"大国行为采取一种明显不同于'权力政治'的方式,他们不再追求个体权力的最大化,不总是借他国一时的虚弱而谋求优势,他们相互作出了许多的让步;在他国不顺从时,他们也不准备诉诸战争或以武力威胁。一句话,他们把对他国利益的考虑也包括进了自身政策的制定过程中,对自己的利益要求和行为加以节制。"④他接受了提议。令人不安地沉寂了几个星期之后,传来消息称俄国军队不

① Henry A. Kissinger, A World Restored, Gloucester, Mass. ,1973, p. 307.

② C. K. Webster, The Foreign Policy of Castlereagh 1815—1822, London, Bell and Sons Ltd. , 1925, p, 538.

③ Alan Sked, Europe's Balance of Power, London, Macmillan, 1979. p. 82.

④ Robert Jervis, Security Regimes, in Stephen Krasner, ed. , International Regime, Cornell University Press, 1983, pp. 362—363.

会越过普鲁特河,注定会失败的塔提契夫作为俄国谈判代表前往维也纳。亚历山大的犹豫不决因土耳其的第一次让步行动而结束,他迅速地抓住这一次让步,表现了他渴望同意其盟国的请求。在 5 月初,当土耳其宫廷最终接受条约中的"四点原则",尽管它故意地对于何时付诸实施表示沉默,英国驻土耳其大使仍然将这一举动直接传达到圣彼得堡。沙皇公开声明这一举动足够有理由让其重新建立外交关系。亚历山大对普鲁士公使说道:"我可能受到了希腊人热情的感染","但是我从来不会忘记叛乱的不纯洁起因或我干涉同盟国所冒的危险。利己主义不再是政策制定的基础。我们真正的神圣同盟的基本原则是纯洁的"[1]。6 月 25 日,卡波迪斯特里亚开始长期离职并且再没有回来。

同时,梅特涅竭力劝说卡斯尔雷出席 10 月改在维罗纳举行的会议。"俄国遭受了一次决定性的打击",他写信给卡斯尔雷说道:"但是亚历山大皇帝不会就此认输。他将会把其内阁所犯下的巨大错误解释成为为欧洲利益而作出的牺牲。俄国对外政策会努力在西部采取积极行动来弥补其在东部丧失的力量……(但是)既然(争论)现在处于一个并不适合采取行动的形势内,各国内阁所冒的风险却可以大大降低。制约各国最强有力的法律就是疆界条约……四个(西方)大国因此成为行动的主导;但是各国必须互相理解以确保继续如此。"[2]因此,所有的一切都取决于卡斯尔雷能否参加即将召开的会议,在该会议上无需做任何事情而是要极力避免很多事情。梅特涅在这封信的最后表示:"如果你让我失望,我会变成孤军……这场战斗会变的不平衡。上帝赐予我足够的勇气来面对这场竞争;但是如果让我独自面对原本应该是由互相知根知底、政治观点一致的两国并肩作战的局面,事情会变得非常糟糕。"[3]

7 月 29 日,卡斯尔雷通知梅特涅他决定前往维罗纳。在国内,卡斯尔雷变得越来越孤立。他是内阁中唯一一名经历过战时同盟的那些伟大日子的成员。在那一段短暂易逝的时期,欧洲似乎如此团结以至

① Henry A. Kissinger, A World Restored, Gloucester, Mass., 1973, p. 308.

② Henry A. Kissinger, A World Restored, Gloucester, Mass., 1973, pp. 309—310.

③ C. K. Webster, The Foreign Policy of Castlereagh 1815—1822, London, Bell and Sons Ltd., 1925, p. 541.

于忘记了是共同的危险奠定了团结的基础。他个人创造了会议体制，但是七年过去了，卡斯尔雷创造的这个制度很不稳定，使他的国家无法理解他眼中的欧洲。会议的前景不但没能维护他的政策，相反却指出了他进退两难的境地：他取得成功正变成一种理所当然，但是出于同样的原因，他认为这些成功的真正意义越来越让人难以理解。卡斯尔雷在维罗纳能获得什么呢？所有梅特涅的外交政策都是给予亚历山大形式上而没有任何实质的好处。但是 1822 年英国公众意识的基本事实就是不可能把欧洲协调作为英国作出任何哪怕是形式上的让步的充分理由。英国仍然可以和欧洲大陆合作，但是不是为合作而合作，而只针对有限范围内的特殊问题；换句话说，必须回到卡斯尔雷非常努力地奋斗以超越的这种隔岸观火的态度。对卡斯尔雷来说，会议仍然可以证明欧洲的团结；但是对于英国内阁来说，它暗示了干涉欧洲事务的危险。这两种理解的鸿沟变得无法跨越。在对欧政策上，卡斯尔雷既想保持维也纳会议建立起来的大国会议制度，又忧虑这一制度会加强神圣同盟的地位。他发现自己身陷于个人信念与国家需要的冲突的两难之中，却找不到一条出路。在最后一次晋见英王时，他说："陛下，向欧洲道别已不可避免；唯陛下与微臣了解欧洲并曾解放欧洲；在微臣之后，将无人了解欧洲之事。"[①]这种呼喊来自他意识的最深处。这是在请求辩护，也是对失败的坦承。

卡斯尔雷的压力无疑是沉重异常，他不仅要负责外交部的事务，还要管理整个下议院。此外，三个极其重要的问题尚且悬而未决：希腊革命、西班牙殖民地的归属以及西班牙国内的形势。总之，一切形势尚未明朗，走错任何一步都可能导致严重的、不可预计的后果。他在内阁中取得了一种号令众人的地位，同时又必须负责管理国王的各项事务，这样一来，他便要肩负双重责任。十多年来，他承受了常人无法承受的重压。而那些额外的压力对他来说太过繁重了。1822 年 8 月 12 日，感到精疲力尽、心力交瘁的卡斯尔雷自杀身亡。

---

① 〔美〕亨利·基辛格：《大外交》，海南出版社，1998 年，第 71 页。

## 5.3　卡斯尔雷的逝世及其后果

卡斯尔雷在威斯敏斯特大教堂举行了国葬。大多数的内阁成员以及所有的外交使节都参加了葬礼,街道上聚集了大批的人群。相比卡斯尔雷的朋友的悲痛和伤心,以及他的政治敌人在意识到他们最强有力的对手已经不复存在时给予他的更加深沉的赞美,历史更多地记住了这种侮辱。反对方即使在他死亡这一悲剧时刻也发挥才智找到了取笑的对象,在他的葬礼上暴徒们大声表露他们的欢愉。他所反对的政治对手们取得胜利并持续影响了三代人,对他性格和目标的评价建立在无知和政党的恶意之上。当代人开始意识到英国和欧洲应当感激这位政治家,尽管没有表面上的光彩照人,他却拥有高度的责任感,诚实透明的目标,清晰的判断力,这些品质对于处理事务的人来说,远比其他容易获得群众钦佩的品质更珍贵。

此时的欧洲形势已经发生了变化。在任何情况下,除了卡斯尔雷以外,其他任何人都无法在即将到来的会议上开展他的计划。所有他们所依赖的个人关系以及他通过访问和私人信件所进行的准备都随着他的离去而变得毫无意义了。外国的政治家们对这一形势进行评估,并准备进行新的联盟。法国外交大臣夏托布里昂并不完全了解卡斯尔雷,但他立即预见到了他的去世对即将召开的会议产生的不可估量的影响。"我相信",他在给蒙莫朗西的信中写道:"欧洲(尤其是法国)将从英国外交大臣的去世中获益。我经常跟你谈到他的'反大陆'政策,伦敦德里阁下如果没有去世将在维罗纳作出更多危害大陆的事情。他与梅特涅之间含糊的关系令人担忧;而被剥夺了一个具威胁性的支持者的奥地利会被迫靠向我们。"[①]蒙莫朗西同意这一看法,而这种结果会极大地鼓舞了维莱尔内阁。他们已经在西班牙的形势中看到了重新建立波旁皇族在法国的地位以及法国在欧洲的地位的机会。

---

① C. K. Webster, The Foreign Policy of Castlereagh 1815—1822, London, Bell and Sons Ltd. , 1925, p. 488.

至于梅特涅,他突然表达了一种过度的、利己的悼念。相比拜伦和科贝特的所有辱骂,这更加伤害卡斯尔雷的声誉。但实际上,内心深处他也颇受影响。大家都能看到他是如何依赖卡斯尔雷去阻止沙俄和法国的计划的。现在,他又一次要独自面对沙皇了。"这件事给梅特涅亲王带来的特殊影响非常明显,并且已经达到了最高程度",戈登在 8 月 24 日写道:"他精神沮丧,似乎要说他最好的希望破灭了。"①

事实上,英国的政策即将发生一次变革,坎宁继任为外交大臣。过去英国和同盟的关系取决于卡斯尔雷一个人。这不仅仅是政策的问题,还牵涉到人格问题。除了卡斯尔雷,英国没有任何一个人拥有足够的经验和训练去追随他的曾经的方针和路线,即便他们很想这样。

历史没有可以衡量假设的尺度。如果卡斯尔雷能再一次代表英国出席一次欧洲大会,他的个性和功绩可能会得到他的同代人的不同评价。但是在危机时刻他的职业生涯被切断了。他的工作依赖于他的人格,朋友和敌人都误解了这一点。由于其继任者聪颖精明的个性,他的声誉被掩盖了。既然坎宁自己的机会来临了,那么他通过强调自己的优势以及和卡斯尔雷的区别来强化自己对历史的贡献是不可避免的,而他的朋友和崇拜者不失时机地贬低卡斯尔雷来提高他们自己的领导者的声誉也是很自然的。

然而,对于英国那个不共戴天之敌的被推翻,对于以确保英国的享有最持久和平的方式来缔造一个新欧洲,卡斯尔雷作出的贡献比他那个时代任何别的政治家都要多。这些成就足以使他永远置身于他的国家最伟大的外交大臣之列。卡斯尔雷的性格不能博取公众对他政策的支持。本质上保守的态度使他跟不上未来力量的步伐;他未能将自己的思想与那个时代最深刻的感情联系在一起。然而,即使他设想的国际合作体系是一个不可能实现的任务,但"他为自己确立的目标是这样的崇高伟大,他在克服遇到的重重困难中作出的努力是这样的英勇顽强,以至不能不对他富有胆略的政治家才能肃然起敬"。尽管卡斯尔雷性格内向,沉默寡言,但就其工作所言,卡斯尔雷的功绩不容抹煞。虽

---

① C. K. Webster, The Foreign Policy of Castlereagh 1815—1822, London, Bell and Sons Ltd. , 1925, p. 488.

然会议制度归于失败,但这种在处理国际事务时的协商精神为处理近代国际关系提出了可供探索的新思路。在卡斯尔雷死后一个世纪,英国外交大臣奥斯丁·张伯伦对他的工作倍加推崇,张伯伦在 1926 年说:"在卡斯尔雷时代,大不列颠作为新欧洲的和平缔造者和调停人而重新走上前台。"①

---

　　① 〔英〕约翰·劳尔:《英国与英国外交 1815－1885》,上海译文出版社,2003 年,第 33 页。

# 结　语

　　1812 年 3 月卡斯尔雷复任英国外交大臣,是英国外交政策进一步转变的重要因素之一。其重要意义就如同 1940 年丘吉尔而不是哈利法克斯接替张伯伦担任首相一样。如果是坎宁上台的话,英国仍将会赢得战争,但不会为建立持久的和平作出贡献。卡斯尔雷相信所有的传统英国目标:赢得战争,恢复反法均势,解放荷兰,建立德意志和意大利作为反法屏障,维护英国更多的殖民利益,维护海权和海上优势。卡斯尔雷不同于他的同僚和国人是因为他具有良好的意识能力,愿意考虑其他人的观点,愿意使英国的政策适应欧洲的现实和需要。卡斯尔雷不仅显示出良好的意识和克制,而且显然对欧洲感兴趣,愿意倾听他们和与他们工作。卡斯尔雷作为英国历史上最具欧洲色彩的伟大政治家,具有同时代的英国人当中没有的广阔的欧洲观和世界观。

　　在反对拿破仑战争的关键时刻,1814 年 1 月,卡斯尔雷作为英国历史上首位出使大陆的外交大臣执行重建欧洲和平的艰巨任务。在其后的两年间,在大陆共停留了 16 个月。作为超然于欧洲大陆领土纠纷的调停人,他耐心地消除了盟友之间的分歧,挽救了濒临解体的同盟。经过不懈的努力,缔结了《肖蒙条约》。卡斯尔雷兴奋地称之为:"我的条约。"[1]该条约维系了同盟,直至战胜拿破仑,使 1814 年和 1815 年的

---

① C. K. Webster, The Foreign Policy of Castlereagh 1812－1815, London, G. Bell and Sons Ltd., 1931, p. 228.

和平方案告成,为战后大国合作奠定了基础。"胜利的前提是全力以赴,而稳定的前提是自我约束。"①在赢得战争胜利之后,占上风的不应该是胜利者的凯旋,而是政治理智和治国之术。只有这样,才能使军事上的胜利有意义。在处置战败的敌人,胜利者设计和平方案时,心态必须由获胜所需要的奋斗到底的精神,调整到为达成持久和平所需要的妥协求全。惩罚性的和平对国际秩序无益,因为它会使战争期间实力已大肆消耗的战胜国,还需要负责压制战败国对和约的不满,决心抑止到底的反弹。卡斯尔雷的态度此时非比寻常,他成为克制的主要倡导者之一,阻止了"绝对安全"的诱惑。把英国的国家利益和国际社会的共同利益恰到好处的结合起来,与法国两次缔结了温和的和约。

那些"同甘共苦、甚至在一起长期吃住"的政治家们比后代人更清楚地懂得,和平是一种多么脆弱而宝贵的东西。卡斯尔雷认为,在一场毁灭性的战争后所建立的国际秩序,惟有靠国际社会所有主要成员,尤其是国内主导人物积极参与,始能获得保证。对他而言,安全必然是集体的。不论英国对个别问题持何种观点,维持整体和平即维持欧陆均势理应符合英国的整体利益。卡斯尔雷首创"欧洲协调"机制,在和平时期保持了一个大国同盟。通过"会议制度",试图用大国合作的办法来预防和阻止侵略的发生,解决他们面临的问题,稳定欧洲大陆新建的国际秩序。这是欧洲政治家们在国际政治中进行的一种崭新的尝试。会议外交可以使政策的制定者亲自进行谈判,节省了时间,保留了较多的回旋余地,增进了各国首脑彼此的了解和信任。以卡斯尔雷为首的外交家以国际会议外交方式处理政治纠纷的办法在开始时曾顺利地解决了一些问题,如同盟国从法国撤军,把法国纳入欧洲协调。维也纳体系给欧洲带来了几十年的和平,如果与 1919 年后的凡尔赛体系相比,维也纳会议后的欧洲和平显然比较长久。这使我们很难否认体系建立的主要参与者卡斯尔雷的功绩。为此,丘吉尔盛赞卡斯尔雷,称他那"对大陆事务所表现出来的不温不火的、松弛而平衡的姿态,将成为尔后近一个世纪内的英国外交政策的最好不过的特色"。但是作为特定国际政治环境产物的"会议制度"的目标的实质是保守的,他们关注的

---

① Henry A. Kissinger, A World Restored, Gloucester, Mass. ,1973, p. 138.

焦点是形成一种势力均衡,用一种相对静止的、呆板的方式来建立安全体系,并在总体安排上忽视了法国大革命所引发的主要社会和文化变化。卡斯尔雷没有意识到革命是深层次的社会力量、社会制度的不平等,资产阶级的产生或其他社会现象的产物。他没有明确区分法国民族主义和共和主义之间的区别。对这两者而言,他建议的解决方法都没有具体的针对作用。相反,任何危及和平的动荡,不管其形式和原因,都必须由列强一致进行镇压。总体来讲和平安排有些落后于时代的发展,未来可能发生的问题被认为是过去存在的问题,即法国革命的蔓延。由于失去了存在的主要理由,会议制度在 1822 年解体是毫不奇怪的。但是,欧洲协调的精神实质,即"各大国应举行会议,通过仲裁和调停来解决它们之间的冲突和分歧,在整个国际关系上仍是公认的原则"①。维也纳的和平缔造者们成功地建立起了对付霸权国家的体系,这不仅是一项意义重大的成就,而且使霸权的威胁在此后的数十年内没有出现。同时民族解放、国家联合以及自由立宪运动已经在欧洲的地平线上浮现,它们是贯穿于 19 世纪的战争的最重要的根源。维也纳的政治家们为一个充满变化的世界建立了一个静态的体系,一个并非源于他们对国际冲突根源的分析的均势,一个认为未来只不过是曾经解决过的问题的再次出现的和平体系。

最后,卡斯尔雷的欧洲外交政策不为国人所理解,一项政策最严峻的考验是它获得国内支持的能力。他们无法认识到英国的安全与大陆的和平紧密相联。欧洲既然实现了和平与均衡,岛国的孤立主义情绪高涨,不愿在和平时期承担大陆义务。英国民众把梅特涅和亚历山大一世的暴政当作卡斯尔雷所参与的罪行,卡斯尔雷的失败在所难免。政治家的天职是克服本国的经验和自己观点之间的差距。如果远远地走在本国人民的前面,会失去人民的信任;如果因袭陈规,会失去驾驭事态发展的能力。衡量政治家是否伟大,主要看有没有远见和魄力,而不是看有没有分析能力。他必须站得高,看得远,当大多数同胞还看不清前面的目标时,他敢于朝目标前进。"附和民众的经验而画地自限的

---

① 〔美〕巴巴拉·杰拉维奇:《俄国外交政策的一世纪 1814—1914》,商务印书馆,1978年,第 35 页。

领导人注定会停止不前；超越民众经验的领导人又有不被谅解的风险。"①"一个领袖如果不愿有时处于孤立地位，他就没有资格充当领袖。他不能仅以铭记当时流行的各种态度为满足。他必须制造一致的意见而不是仅仅利用一致的意见。"②伟大的政治家总是孤单的，他们的不同凡响之处来自于能够站在时代的前端，预见到未来的挑战。因此，政治家就犹如古典剧里的英雄，他预见了未来，但无法证明其是否"真实"。各民族只能从经验中学习；等到他们"领悟"时，要采取行动已为时太晚。然而政治家必须把自己的直觉权且当做实际，把自己的愿望权且当做真理而行动起来。正是由于这个道理，政治家的命运往往同预言家一样，在本国不受尊敬，要使国人采纳自己的计划总是难乎其难，而往往要等到他们的预言已经应验，人们回过头来才能看到他们的伟大之处。因此，政治家必须是教育家，他必须填补本国人民的经验和自己的预见之间、本国的传统和其未来之间的鸿沟。要完成这一任务，政治家拥有的可能性是有限的。无论政治家的政策多么高明，如果超出本国人民的经验太远，就不能得到举国拥护，卡斯尔雷的情况就是这样的。在大陆政治家看来，卡斯尔雷的自由主义色彩太浓厚。在英国民众看来，卡斯尔雷又太保守。实际上，他只是一个中间派。

英国政府与卡斯尔雷在反对法国输出革命和反对拿破仑侵略的斗争中作出了贡献，这是值得肯定的一面。卡斯尔雷创立的欧洲协调和对待战败国时表现出的宽容精神也为后人提供了可借鉴的先例。可以这样说，第一次世界大战后建立的国际联盟和第二次世界大战后建立的联合国或许就是卡斯尔雷"会议制度"的修订版。但是，在维也纳会议上及以后的岁月里，卡斯尔雷从英国自身利益出发，与其他同盟国家一起，以牺牲弱小国家民族利益为代价，支持欧洲大陆国家的社会制度，这可以说是卡斯尔雷外交活动不名誉的一面。通过考察卡斯尔雷的欧洲政策，我们可以看到他正是英国利益的忠实维护者，其奉行的欧洲政策有功有过，获得了成绩，也遭受了失败，无论如何他的得失可供后世外交家和政治家们借鉴。

---

①　〔美〕亨利·基辛格：《大外交》，海南出版社，1998年，第26页。

②　〔美〕亨利·基辛格：《选择的必要》，商务印书馆，1972年，第405页。

# 参考文献

## 英文部分

1. M. S. Anderson, The Eastern Question, 1774－1923, London, Macmillan Press Ltd, 1974.

2. Kyung－won Kim, Revolution and International System, New York, New York University Press,1970.

3. T. G. Otte ed. , The Makers of British Foreign Policy, New York, Palgrave,2002.

4. Arnold Wolfers , Discord and Collaboration ,Essays on International Politics, Baltimore, Johns Hopkins Press,1971.

5. David Armstrong, Revolution and World Order, the Revolutionary State in International Society, Oxford, Clarendon Press, 1993.

6. T. C. W. Blanning, The Origins of the French Revolutionary Wars,London,Longman,1986.

7. E. V. Gulick, Europe's Classical Balance of Power, New York, Cornell University Press,1955.

8. Carsten Holbraad, The Concert of Europe: A Study in German and British International Theory, 1815－1914,New York, Barnes

& Noble,Inc. ,1970.

9. Arthur Nussbaum, A Concise History of the Law of Nations, New York, Macmillan Company,1954.

10. J. A. Marriot, The Eastern Question,Oxford University Press, 1917.

11. David Kaiser, Politics and war, European Conflict from Philip II to Hitler, Harvard University Press,2000.

12. H. G. Schenk, The Aftermath of The Napoleonic Wars : the Concert of Europe—an Experiment , London,Kegan Paul, 1974.

13. R. J. Vincent, Nonintervention and International Order, New Jersey, Princeton University Press, 1974.

14. Evan Luard, The Balance of Power, New York, St. Msrtin's Press, 1992.

15. A. W. Ward and G. P. Gooch,ed. , The Cambridge History of British Foreign Policy, London, Cambridge University Press, Vol. I ,1922. Vol. II ,1923.

16. C. K. Webster, ed. , British Diplomacy 1813—1815, London,G. Bell and Sons Ltd. ,1921.

17. C. K. Webster, The Congress of Vienna , London , G. Bell & Sons Ltd. ,1945.

18. C. K. Webster, The Foreign Policy of Castlereagh 1812—1815, London,G. Bell and Sons Ltd. ,1931.

19. C. K. Webster, The Foreign Policy of Castlereagh 1815—1822, London, Bell and Sons Ltd. , 1925.

20. Henry A. Kissinger, A World Restored,Gloucester,Mass. ,1973.

21. Alan Sked, Europe's Balance of Power,London,Macmillan,1979.

22. Walter Alison Phillips, The Confederation of Europe,NewYork, Howard Fertig,Inc. ,1966.

23. Stephen Krasner, ed. , International Regime, Cornell University Press,1983.

24. Harold Nicolson , The Congress of Vienna , London, Constable

Co Ltd,1946.

25. Michael Sheehan, The Balance of Power: History and Theory, London, Routledge, 1996.

26. F. R. Bridge, The Habsburg Monarchy among the Great Power, 1815—1918, Berg Publishers Limited, 1990.

27. John Clark, British Diplomacy and Foreign Policy 1782—1865, London, Unwin Hyman, 1989.

28. J. A. R. Marriott, Castlereagh, London, Methuen &Co. Ltd., 1936.

29. H. T. Dickinson, ed., Britain and the French Revolution, 1789—1815, New York, St. Martin's Press, 1989.

30. Kalevi J. Holsti, Peace and War: Armed Conflicts and International Order 1648—1989, Cambridge University Press, 1991.

31. Paul Schroeder, The Transformation of European Politics 1763—1848, Oxford, Clarendon Press, 1994.

32. Raymond Aron, peace and War: A Theory of International Relations, New York, Garden City, 1966.

33. R. W. Seton—Watson, Britain in Europe 1789—1914, Cambridge University Press, 1937.

34. Ludwig Dehio, The Precarious Balance: The Politics of Power in Europe 1494—1945, London, Chatto&Windus, 1963.

35. Jennifer Mori, William Pitt and French Revolution 1785—1795, Edingburgh, Keele University Press, 1997.

36. Derek Mckay and H. M. Scott, The Rise of the Great Powers 1648—1815, London, Longman, 1983.

37. William C. Fuller, Jr., Strategy and Power in Russia 1600—1914, The Free Press, 1992.

38. Inis L. Claude, Jr., Swords into Plowshares, New York, Random House, 1956.

39. Barbara Jelavich, Russia's Balkan Entanglements 1806—1914, New York, Cambridge University Press, 1991.

40. W. N. Medlicott, From Metternich to Hitler, London, Routledge and Kegan Paul, 1963.

41. F. H. Hinsley, Power and the Pursuit of Peace, Cambridge University Press, 1963.

42. Michael Howard, The Causes of Wars, Harvard University Press, 1983.

43. Albercheit Carrie, A Diplomatic History of Europe Since the Congress of Vienna, New York, Harper & Row, Publishers, 1973.

44. Martin Wight, Systems of States, Leicester University Press, 1977.

45. Alan James, The Bases of International Order, New York, Oxford University Press, 1973.

46. Herbert Butterfield and Martin Wight, Diplomatic Investigations, Geotge Allen & Unwin Ltd, 1966.

47. Ian Clark, The Hierarchy of States, New York, Cambridge University Press, 1989.

48. Norman Rich, Great Power Diplomacy, New York, McGraw—Hill, Inc. ,1992.

49. Ralph R. Menning, The Art of The Possible: Documents on Great Power Diplomacy, 1814—1914, New York, The McGraw—Hill Companies, Inc. ,1996.

50. G. John Ikenberry, After Victory, Institutions, Strategic Restraint, and the Rebuilding of Order After Major Wars, Princeton University Press, 2001.

51. Helga Haftendorn, Robert O. Keohane, and Celeste A. Wallander, Imperfect Union: Security Institutions over Time and Space, Oxford University Press, 1999.

52. Andreas Osiander, The States System of Europe, Oxford, Clarendon Press, 1994.

53. A. J. P. Taylor, Rumour of War, London, Hamish Hamilton, 1952.

54. Leonard W. Cowie and Robert Wolfson, Years of Nationalism, European History 1815—1890, Edwar Arnold, 1985.

55. Jack Snyder and Robert Jervis, eds., Coping with Complexity in the International System, Westview Press, 1993.

56. Frederick B. Artz, Reaction and Revolution 1814—1832, New York, Harper& Brothers, 1934.

57. Hedley Bull, ed., Intervention in World Politics, Oxford, Clarendon Press, 1984.

58. I. H. Vienner, ed., Great Britain: Foreign Policy and the Span of Empire 1689—1971, a Documentary History, New York, McGRAW Hill Book CO., 1972.

# 中文部分

## (1)专著

1.〔美〕巴巴拉·杰拉维奇:《俄国外交政策的一世纪 1814—1914》,商务印书馆,1978 年。

2.〔苏〕B. Д. 波将金等编:《外交史》,三联书店,1979 年。

3.〔美〕保罗·肯尼迪:《大国的兴衰》,求实出版社,1988 年。

4.《关于拿破仑》,上海师范大学历史系,1975 年。

5.《国际条约集 1648—1871》,世界知识出版社,1984 年。

6.〔美〕汉斯·摩根索:《国际纵横策论——争强权、求和平》,上海译文出版社,1995 年。

7.〔德〕赫尔穆特·施密特:《均势战略》,上海人民出版社,1976 年。

8.〔美〕亨利·基辛格:《大外交》,海南出版社,1998 年。

9.李元明:《拿破仑评传》,中国社会科学出版社,1984 年。

10.《拿破仑文选》,商务印书馆,1980 年。

11.倪世雄、金应忠:《当代美国国际关系理论流派文选》,学林出版社,1987 年。

12.〔美〕小约瑟夫·奈:《理解国际冲突》,上海人民出版社,2002年。

13.〔英〕约翰·劳尔:《英国与英国外交1815－1885》,上海译文出版社,2003年。

14.〔英〕温斯顿·丘吉尔:《英语国家史略》,新华出版社,1985年。

15.〔英〕A. G. P. 泰勒:《争夺欧洲霸权的斗争1848－1918》,商务印书馆,1987年。

16.杨泽伟:《宏观国际法史》,武汉大学出版社,2001年。

17.〔苏〕叶·维·塔尔列:《拿破仑传》,商务印书馆,1995年。

18.〔英〕约翰·霍兰·罗斯:《拿破仑一世传》,商务印书馆,1977年。

19.〔美〕詹姆斯·多尔蒂、小罗伯特·普法尔茨格拉夫:《争论中的国际关系理论》,世界知识出版社,2003年。

20.〔法〕亨利·特罗亚:《神秘沙皇——亚历山大一世》,世界知识出版社,1984年。

21.〔美〕威廉森·默里、〔英〕麦格雷戈·诺克斯、〔美〕阿尔文·伯恩斯坦编:《缔造战略:统治者、国家与战争》,世界知识出版社,2004年。

22.〔美〕保罗·肯尼迪编:《战争与和平的大战略》,世界知识出版社,2005年。

23.〔英〕阿尔农杰·塞西尔:《梅特涅》,上海人民出版社,1974年。

24.〔英〕哈罗德·尼科松:《外交学》,世界知识出版社,1957年。

25.〔美〕戈登·克雷格、亚历山大·乔治:《武力与治国方略——我们时代的外交问题》,商务印书馆,2004年。

26.〔英〕萨道义:《外交实践指南》,上海译文出版社,1984年。

27.〔美〕威廉·奥尔森、戴维·麦克莱伦、弗雷德·桑德曼:《国际关系的理论与实践》,中国社会科学出版社,1987年。

28.王杰:《国际机制论》,新华出版社,2002年。

29.周启朋、杨闯等编译:《国外外交学》,中国人民公安大学出版社,1980年。

30.〔苏〕费尔德曼、巴斯金:《国际法史》,法律出版社,1992年。

31.〔英〕菲力普·圭达拉:《威灵顿》,军事科学出版社,2006年。

32.〔法〕阿尔贝·索布尔:《法国大革命史》,中国社会科学出版社,1989年。

33.〔美〕约翰·米尔斯海默:《大国政治的悲剧》,上海人民出版社,2003年。

34. 时殷弘:《国际政治与国家方略》,北京大学出版社,2006年。

35. 时殷弘:《国际政治——理论探究·历史概观·战略思考》,当代世界出版社,2002年。

36. 时殷弘:《新趋势·新格局·新规范》,法律出版社,2000年。

37.〔英〕弗·哈利迪:《革命与世界政治》,世界知识出版社,2006年。

38.〔美〕亨利·赫坦巴哈等著:《俄罗斯帝国主义——从伊凡大帝到革命前》,生活·读书·新知三联书店,1978年。

39. 王养冲、陈崇武选编:《拿破仑书信文件集》,上海人民出版社,1986年。

40.〔美〕罗伯特·基欧汉:《霸权之后——世界政治经济中的合作与纷争》,上海人民出版社,2001年。

41.〔法〕皮埃尔·热尔贝:《欧洲统一的历史与现实》,中国社会科学出版社,1989年。

42. 时殷弘:《现当代国际关系史(从16世纪到20世纪末)》,中国人民大学出版社,2006年。

43. 李宏图:《西欧近代民族主义思潮研究——从启蒙运动到拿破仑时代》,上海社会科学院出版社,1997年。

44. 计秋枫、冯梁等著:《英国文化与外交》,世界知识出版社,2002年。

45.〔美〕斯蒂芬·沃尔特:《联盟的起源》,北京大学出版社,2007年。

46.〔美〕约翰·鲁杰:《多边主义》,浙江人民出版社,2003年。

47. 阎照祥:《英国政治制度史》,人民出版社,1999年。

48. 程汉大:《英国政治制度史》,中国社会科学出版社,1995年。

49.〔英〕杰弗里·帕克:《地缘政治学》,新华出版社,2003年。

50.〔美〕詹姆斯·德·代元主编:《国际关系理论批判》,浙江人民出版社,2003年。

51. 钱乘旦、陈晓律:《在传统与变革之间——英国文化模式溯源》,浙江人民出版社,1991年。

52.〔英〕麦尼尔:《竞逐富强》,学林出版社,1996年。

53. 资中筠主编:《国际政治理论探索在中国》,上海人民出版社,

1998 年。

54.〔加拿大〕罗伯特·W.考克斯:《生产、权力和世界秩序——社会力量在缔造历史中的作用》,世界知识出版社,2004 年。

55.〔英〕赫德利·布尔:《无政府社会——世界政治秩序研究》,世界知识出版社,2003 年。

56.〔美〕罗伯特·杰维斯:《国际政治中的知觉与错觉》,世界知识出版社,2003 年。

57.〔美〕詹姆斯·罗西瑙:《没有政府的治理》,江西人民出版社,2001 年。

58.〔法〕乔治·勒费弗尔:《拿破仑时代》,商务印书馆,1978 年。

59.杨公素:《希腊近代史》,商务印书馆,1997 年。

60.〔英〕艾伦·帕尔默:《夹缝中的六国——维也纳会议以来的中东欧历史》,商务印书馆,1997 年。

61.〔奥〕阿·菲德罗斯等:《国际法》,商务印书馆,1981 年。

62.〔法〕拿破仑:《拿破仑流放日记》,海南出版社,2007 年。

63.〔法〕拿破仑·波拿巴:《拿破仑日记——一代王者的心灵史》,中共党史出版社,2007 年。

64.〔德〕艾米尔·路德维希:《德国人》,三联书店,1991 年。

65.〔法〕科兰古:《随拿破仑远征俄罗斯》,广东人民出版社,1986 年。

66.〔德〕弗兰茨·法比安:《克劳塞维茨传》,中国对外翻译出版公司,1984 年。

67.〔法〕安德烈·卡斯特洛:《塔列朗传》,陕西人民出版社,1991 年。

68.〔美〕罗伯特·吉尔平:《世界政治中的战争与变革》,中国人民大学出版社,1994 年。

69.〔法〕布里昂:《拿破仑传》,天津人民出版社,1986 年。

70.〔美〕希奥多·A.哥伦比斯、杰姆斯·H.沃尔夫:《权力与正义》,华夏出版社,1990 年。

71.〔德〕威廉·冯·施拉姆:《克劳塞维茨传》,商务印书馆,1998 年。

**(2)论文**

1.陈文艺:《均势原则的特点及其在近代国际关系中的作用》,《河南师范大学学报》1982 年第 2 期。

2.管佩韦:《论拿破仑的大陆封锁制度》,《杭州大学学报》1991 年第
  4 期。

3.蒋立文:《论拿破仑时代欧洲国际政局演变的特点》,《东北师大学报》
  1991 年第 4 期。

4.历史系《法国史》编写小组:《评拿破仑》,《杭州大学学报》1978 年第
  2 期。

5.刘靖华:《力量均衡,还是制度霸权?——当代国际关系中两条逻辑
  的分析》,《欧洲》1997 年第 1 期。

6.倪世雄、王国明:《均势理论纵横谈》,《政治学研究》1986 年第 3 期。

7.宁骚:《论国际关系中的均势问题》,《北京大学学报》1986 年第 3 期。

8.王绳祖:《略论均势原则在近代欧洲史上的作用》,《南京大学学报》
  1979 年第 3 期。

9.吴木生:《试论 1815 年维也纳均势体系的特点》,《南开学报》1997 年
  第 3 期。

10.吴木生:《1815 年维也纳会议新论》,《世界历史》1997 年第 4 期。

11.徐云霞:《十九世纪三十—四十年代俄国与东方问题》,《苏联历史》
   1986 年第 1 期。

12.于春苓:《关于均势理论的研究与运用》,《世界历史》1995 年第
   3 期。

13.张之毅、鲁毅:《均势外交在近代国际关系史上的地位和作用》,《世
   界历史》1982 年第 3 期。

14.时殷弘:《国际政治中的对外干预——兼论冷战后美国的对外干
   预》,《美国研究》1996 年第 4 期。

15.朱寿庆:《论卡斯尔雷的欧洲政策》,《山东师大学报》1996 年第
   3 期。

16.王晓焰、朱寿庆:《论卡斯尔雷的对欧政策》,《四川师大学报》2002
   年第 5 期。

17.任东来:《对国际体制和国际制度的理解和翻译》,《国际问题研究》
   2006 年第 6 期。